21世纪高等教育精品规划教材

外经贸会计实务

Practice of Foreign Economics & Trade Accounting

（第2版）

于　强　穆延荣　主　编
李向红　副主编
魏祖唐　主　审

天津大学出版社
TIANJIN UNIVERSITY PRESS

内容提要

本书按照我国现行的企业会计准则的要求，详细介绍了外经贸企业会计核算的方法和实务操作技能。具体内容包括：外经贸会计概述、借贷记账法、货币资金的核算、贸易术语与国际结算、外币业务的核算、存货、固定资产及无形资产的核算、内销业务的核算、进口业务的核算、出口业务的核算、加工贸易的核算、费用的核算、关税及出口退税的核算、利润、财务会计报告、会计报表分析等内容。

全书突出外经贸会计实务的基本特征，强调会计技能培养，书中辅以大量外经贸企业会计实务工作所涉及的原始凭证及业务案例，如进出口发票、进出口结算单据和其他实务单据，以帮助学习者熟悉外经贸企业业务流程并迅速掌握外经贸会计实务操作技能。

本书可供本科院校及高职高专院校会计专业、经济管理专业的学生使用，也可作为相关从业人员进修或自学参考用书。

图书在版编目(CIP)数据

外经贸会计实务/于强，穆延荣主编. —天津：天津大学出版社，2008.1(2017.2重印)
21世纪高等教育精品规划教材
ISBN 978-7-5618-2600-3

Ⅰ.外… Ⅱ.①于…②穆… Ⅲ.对外贸易－会计 Ⅳ.F740.45

中国版本图书馆CIP数据核字(2008)第006080号

出版发行 天津大学出版社
地　　址 天津市卫津路92号天津大学内(邮编：300072)
电　　话 发行部：022-27403647
网　　址 publish.tju.edu.cn
印　　刷 天津泰宇印务有限公司
经　　销 全国各地新华书店
开　　本 169mm×239mm
印　　张 17.75
字　　数 369千
版　　次 2008年1月第1版　2011年1月第2版
印　　次 2017年2月第4次
印　　数 8 001－11 000
定　　价 35.00元

修订前言

本书在2008年第1版的基础上根据近几年我国财会及税收方面的变化进行了修订。最近几年我国的经济形势发生了很大的变化,对外经济贸易不断增长,国家为使我国经济得以顺利增长,陆续颁布了一系列新的法规、政策,包括对出口退税政策的调整,新的《增值税暂行条例》颁布实施,《企业会计准则》实施范围逐步扩大等,对外经贸会计实务产生了较大的影响。为了适应这些变化和实际工作的需求,我们在深入学习、调研的基础上,组织有关人员再版了《外经贸会计实务》一书,以适应教学和实际工作的需要。

本书具有以下特点。

1. 体现最新《企业会计准则》和有关法规的要求。

本书以最新的《企业会计准则》为依据,阐述了外经贸企业的会计处理方法,体现了最新会计准则对会计实务的要求。根据我国最新的税法规定,介绍了外经贸企业的业务处理过程,诸如出口退税业务的处理等。

2. 反映会计实务处理的全过程,并辅以实务中的原始案例。

本书按照外经贸企业经济业务的流程,较详细地阐述了其会计处理的基本方法和要求。采用了大量的外经贸业务中的原始案例,并通过原始凭证的形式以增强直观性,缩短了学习者与会计实务的距离。

3. 体现会计技能培养的要求,以适应实际工作的需要。

本书在注重体现最新准则和法规要求的同时,充分强调了会计基本技能培养的要求。在简明阐述外经贸会计基本理论的基础上,重点介绍了外经贸会计实务处理的技能要求和目标,以适应学习者未来从业的需要。

本书由于强、穆延荣任主编,负责拟定编写大纲并对全书进行修改和审定。天津外经贸会计学会常务理事、原副会长、高级会计师魏祖唐任主审,魏老认真审阅了全书并提出了中肯的修改意见。李向红老师负责本书有关原始凭证的收集整理并参与了本书的审定工作。参加编写人员有:于强、穆延荣、李向红、王兴城、赵春燕、杨文侠、赵丽、杨福强、王桂姿、刘军华、周恩荣。

我们也由衷地感谢天津利和集团财务部穆燕、胡萱对本书实践业务模块所给予的帮助。本书的修订主要由于强、杨福强负责,他们付出了大量时间、精力,也得到了天津大学出版社赵宏志编辑的大力支持,在此致以谢意。

由于编者的水平所限,书中的不足之处在所难免,希望广大读者提出宝贵的批评和建议,我们将不胜感激。

编者

2011年1月

目　录

1 总论

本章学习要点

• 了解外经贸会计的职能及特点。

• 熟悉外经贸企业的资金运动过程。

• 理解并掌握会计核算的基本假设和会计信息的质量要求以及会计要素及会计等式等有关内容。

• 熟悉外经贸企业的会计科目。

1.1 外经贸会计概述

1.1.1 外经贸会计的职能与作用

1.1.1.1 外经贸会计职能

外经贸会计也称对外经济贸易会计，是应用于外经、外贸企业和其他企业外经贸交易的一种专业会计。它是以货币作为主要计量单位，对外经贸企业的经济活动信息通过收集、加工，提供真实的会计信息，并对经济活动进行控制、分析、预测和决策的一种经济管理活动。

外经贸会计具有会计核算和会计监督两大基本职能。

(1)会计核算职能是指将外经贸企业已经发生的个别的、大量的经济业务，通过确认、计量、记录汇总和报告,转化为全面、连续、系统的会计信息,以反映外经贸企业经济活动的全过程及其结果。

(2)会计监督职能是指控制和规范外经贸企业经济活动的运行,使其达到预定的目标。会计机构、会计人员要监督企业的经济活动是否符合国家的财经政策和财经纪律;监督会计核算反映的会计信息是否真实完整;监督经济活动是否按照事先确定的财务目标和编制的各项预算运行;及时反馈脱离预算的偏差,并及时采取措施,予以调整。

会计核算与会计监督这两大职能是相辅相成的。会计核算是会计监督的基础,只有正确地进行会计核算,会计监督才有真实可靠的依据。而会计监督则是会计核算的继续,只有严格地进行会计监督,才能使经济活动按预期的目的运行,会计核算才能在企业的经济管理中充分地发挥作用。

1.1.1.2 外经贸会计的作用

1. 为外经贸企业加强管理、进一步参与国际竞争提供可靠的信息

外经贸会计核算可以为企业开展业务经营提供重要信息,真实客观地反映企业各项商品、财产和资金的增减变动,全面系统地记录与核算进出口贸易收入、成本、费用、支出、利润(或亏损)的形成和分配等,这些重要信息为外经贸企业加强经营管理、进一步参与国际竞争提供保证。

2. 促进外经贸企业经济效益的提高

通过行之有效的会计核算,特别是通过会计人员预测经济成果和积极参与决策,可以促进外经贸企业管好、用好各项资金,加强财务管理,努力降低成本,节约费用,多创利润,不断提高经济效益,为进一步发展对外经济贸易服务。

3. 迅速收汇,合理付汇,保护企业利益

外经贸会计的核算与监督职能有助于外经贸企业合理付汇,安全迅速地收汇。同时,外经贸企业掌握着大量的商品、物资、设备和货币资金,外经贸会计人员可以通过有效的会计核算方法以及财产清查等手段来保护企业财产的安全完整。

4. 维护财经纪律,保护国家利益

外经贸会计通过对会计凭证和账簿的审核,可以检查和监督外经贸企业在经济活动中遵守财经纪律的情况,促使外经贸企业严格遵守各项财经法规和制度,维护国家利益。

1.1.2 外经贸会计的对象及特点

1.1.2.1 外经贸会计对象

外经贸会计对象,就是外经贸企业的资金运动。外经贸企业资金运动的主要内容,是组织国家间的进出口商品流通,其主要经营活动包括出口业务与进口业务。外经贸企业所从事的商品流通活动,与一般的国内商品流通企业有很大的不同,具体表现是外经贸企业的商品流通,要通过国内、国际两个市场,涉及国内、国际两种价格,使用本国货币与外币两种以上的货币。因此,外经贸企业经营过程的货币资金运动形态表现为"外币—人民币"或"人民币—外币"的转换过程。这就是说,在出口经营活动中,企业要将出口商品销售所得外汇,按照国家规定在银行结汇;而在进口经营活动中,又要用人民币向银行购买外汇以支付货款。外经贸企业在其资金循环过程中所持有的本币与外币之间的不断转换过程,形成了外经贸企业资金运动的特殊性。外经贸企业资金运动的特点如图 1-1、图 1-2 所示。

图 1-1 出口业务资金运动图示

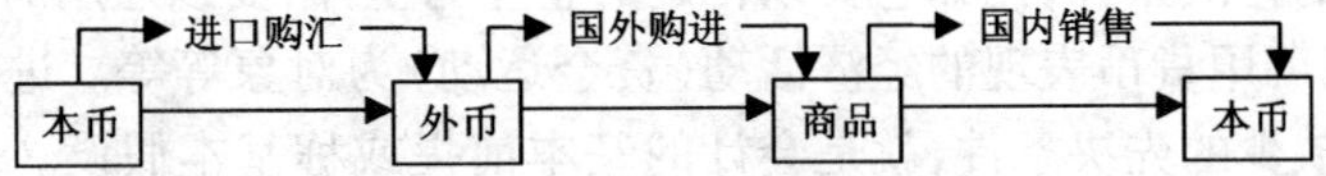

图 1-2 进口业务资金运动图示

1.1.2.2 外经贸会计特点

外经贸会计的特点是由外经贸经营业务的特点所决定的,主要有以下五点。

1. 采用复币记账

外经贸企业经营的出口和进口业务都涉及外币结算,而我国外经贸企业是以人民币为记账本位币,因此涉及的外汇业务在填制记账凭证和登记会计账簿时,应填制和登记外币数额,并以外币的数额为基数,按照外汇汇率填制、登记人民币数额,同时核算人民币和外币,即对外币业务应做出"双重记录"。

2. 反映汇兑损益

在现行汇率制度下,外币与人民币的汇率会经常发生波动,从而产生了汇兑损益。为了反映汇兑损益对外经贸企业经营成果的影响,设置"汇兑损益"账户进行核算。

3. 价格核算差异

由于进出口业务会涉及不同的价格条件,而不同的价格条件下的交易条件及价值构成也不尽相同,因此,不同价格条件下的出口商品销售收入和进口商品的成本的确认与计量也有很大的差别,在不同的价格条件下,如何对出口商品销售收入和进口商品的成本予以确认和计量以及在进出口贸易会计处理中如何依据不同价格条件进行核算,形成了外经贸会计的一大特点。

4. 结算方式不同

在外经贸会计核算中凡涉及商品、费用的资金结算,属于国内部分,则采用委托收款、托收承付等多种结算方式办理。若涉及国外的,则使用国际通用的汇付、托收、信用证等结算方式办理。

5. 核算出口退税

国家为了使外经贸企业能够公平地在国际市场上参与竞争，对出口商品采取了国际上通行的退税政策，外经贸企业通过对出口退税的核算，以掌握出口退税额对企业经营情况的影响。

1.2 会计核算的基本前提与基础

1.2.1 会计核算的基本前提

外经贸会计同其他专业会计一样，是企业会计的一个分支。任何企业会计都有其发生和发展的先决条件，比如它要以特定的企业为主体，要以通用的货币为主要计量单位，又要以可用货币表现的经济活动（资金运动）为对象等等。进行企业会计管理活动时不可缺少的先决条件，就是会计的基本前提或称基本假设。会计核算的基本前提是会计理论最基本的概念。我国会计核算的基本前提包括会计主体、持续经营、会计分期和货币计量。

1.2.1.1 会计主体

会计主体是会计管理活动为之服务的经济实体。有了会计主体，才能确定其核算和监督的对象。一切会计行为都从一个独立的会计主体出发。会计主体可以是一个企业或企业的基层单位，也可以是联合企业，跨地区、跨行业的专业公司、股份公司、中外合资企业、大型跨国公司等。会计主体是独立于企业所有者（业主）以外的经济实体。企业作为独立核算的经济实体，必须拥有经济资源并承担经济义务，实行所有权与经营权的分离。会计主体不同于法律主体，一般来说，法律主体必然是一个会计主体，会计主体不一定是法律主体。例如，对于一个企业集团来说，母、子公司虽然是不同的法律主体，但是，为了全面反映企业集团的财务状况、经营成果和现金流量，就有必要将这个企业集团作为一个会计主体，来编制合并会计报表。

1.2.1.2 持续经营

持续经营是指作为会计主体的企业，它的生产经营活动是持续进行的，而且将无限期地进行下去。只有这样，企业才能按原定的用途去使用现有的资产，按现时承诺的条件去清偿各种债务。在这个基本前提下，企业的会计管理活动才能正常进行。持续经营的基本假设为会计核算的正常进行提供了依据，它解决了财产计量、费用、成本和收益的确定等问题。例如，企业经营中可供长期使用的固定资产和无形资产的价值，按使用年限或受益期限分期进行折旧或摊销，从而转化为企业各期的成本或费用，并从各期的收益中得到补偿，就是以持续经营为基本假设的。如果企业经营状况恶化，处于破产的境地，那么，这一基本假设就不能成立，因此对尚存的资产就不能以账面上的历史成本为准，而应按变现的实际价值计量，同时，也不一定能按原先承诺的条件清偿债务。资产按清算时实际变现的价值计量，就能如实地反映企业的剩余财产，以有助于正确处理各方面的权益。

1.2.1.3 会计分期

会计分期是指将会计主体持续不断的经营活动人为地划分为不同的时期，以便分期结算账目和编制财务会计报告。会计分期假设要求企业应当以权责发生制为基础进行会计确认、计量和报告。

为了使会计这个信息系统充分地发挥作用，以满足企业内部管理和外部决策的需要，就必须将持续不断的生产经营活动人为地划分为许多相等的、较短的期间，作为提供会计信息的期限。

会计分期的划分，通常有年度和中期，中期可分为半年期、季度和月份。在我国将会计年度规定为从公历每年1月1日起至12月31日止。企业应该按期结算账目，通过该期间的费用与收益总额的比较，确定企业的利润。

1.2.1.4 货币计量

货币计量是指会计核算以货币作为统一的计量尺度，而且假设货币本身的价值稳定。会计将货币作为统一的计量单位，这是货币本身的特性决定的。货币是一种共同的价值尺度，是一般等价物，只有货币单位才能把实物单位和劳动单位换算为统一的价值度。因此，会计以货币作为统一的计量单位，以便能连续、系统、全面地记录、汇总、分析企业的生产经营过程和财务成果，这就产生了货币计量这一会计核算的前提。根据《企业会计制度》规定，企业的会计核算以人民币为记账本位币。业务收支以外币为主的企业，可以选定外币作为记账本位币，但是编报的财务会计报告应当折算为人民币。在境外设立的中国企业向国内报送的财务会计报告，应当折算为人民币。

在以货币作为统一计量单位的条件下，还要假设货币本身的价值稳定。按照国际会计惯例，当货币本身的价值波动不大，或前后波动能相互抵消时，会计核算可以不考虑这些波动，仍按照稳定的币值计量进行会计处理。

1.2.2 会计核算基础——权责发生制

我国自2007年1月1日起施行新的《企业会计准则——基本准则》。该准则强调指出企业应当以权责发生制作为会计确认、计量和报告的基础。

在会计实践中，有两种确认本期收益与费用的方法：权责发生制和收付实现制。权责发生制以款项的应收应付为计算标准来确定本期的收益与费用。凡在本期内实际发生、应属本期的收益与费用，不论其款项是否收到和付出均作为本期的收益与费用处理。收付实现制以款项的实际收付为计算标准来确定本期的收益与费用。凡在本期实际收到款项的收益和付出款项的费用，不论其应否属于本期，均作为本期的收益与费用处理。权责发生制是在收付实现制的基础上发展起来的，对期间的收益与费用的确定，其正确性远远超过收付实现制。所以现代企业会计均采用权责发生制作为会计确认、计量和报告的基础。

1.3 会计信息质量要求

1.3.1 客观性原则

客观性原则也称真实性原则，是指企业应当以实际发生的交易或者事项为依据进行会计确认、计量和报告，如实反映符合确认和计量要求的各项会计要素及其他相关信息，保证会计信息真实可靠、内容完整。

按照客观性的要求，会计核算应当以实际发生的交易或事项为依据，这些交易或事项要有合法的证据；会计核算具有客观性，即所应用的方法和标准应该符合经济业务的特点；还要求会计核算成果的会计报告也应该是客观的，即财务会计报告应该根据合法的会计账簿进行编制，而不能凭空捏造，更不能出现账簿记录与财务会计报告不相符合的现象。总之，客观性是会计信息的生命，要使会计信息客观公正，就必须在会计记录和会计报告过程中做到真实准确。

1.3.2 相关性原则

相关性原则是指企业提供的会计信息应当与财务会计报告使用者的经济决策需要相关，有助于财务会计报告使用者对企业过去、现在或者未来的情况做出评价或者预测。

企业应当编制财务会计报告，财务会计报告的目标是向财务会计报告使用者提供与企业财务状况、经营成果和现金流量等有关的会计信息，而提供会计信息的目的是为了有助于会计信息使用者做出正确的经济决策。因此，衡量会计信息质量的一个重要标准，就是要看其是否有助于财务会计报告的使用者及时、正确地做出经济决策。

1.3.3 明晰性原则

明晰性原则是指企业提供的会计信息应当清晰明了，便于财务会计报告使用者理解和使用。

提供会计信息的目的在于使用，要使用会计信息首先必须了解会计信息的内涵，弄清会计信息的内容，这就要求会计核算和财务会计报告必须清晰明了。否则，就谈不上会计信息的使用。在会计核算工作中，坚持明晰性原则，会计记录应当准确、清晰，填制会计凭证、登记会计账簿，必须做到依据合法、账户对应关系清楚、文字摘要完整；在编制财务会计报告时，项目钩稽关系清楚、项目完整、数字准确。

1.3.4 可比性原则

可比性原则是指企业提供的会计信息应当具有可比性。可比性原则包含两层含义。

一是要求同一企业不同时期发生的相同或者相似的交易或者事项，应当采用一致的会计政策，不得随意变更。也就是说企业的会计处理方法前后期应当保持一致。

在会计核算中,经常会遇到有多种可供选择的情况,如存货计价方法、固定资产折旧方法、费用分配标准及产品成本计算方法等。为保证会计核算资料有关数据的前后期可比性,会计处理方法就应当保持一致,不得随意变更,如确有必要变更,应当将变更的内容,变更的累积影响数以及累积影响数不能合理确定的理由等,在财务会计报告附注中加以说明。

二是要求不同企业发生的相同或者相似的交易或者事项,应当采用规定的会计政策,确保会计信息口径一致、相互可比。

为了保证企业之间开展公平竞争,要求不同企业之间的会计信息可以进行比较。在市场经济条件下,只有不同的行业和不同的企业都采用大致相同的会计核算方法,才有可能对其所提供的会计信息相互可比,才有助于在宏观上调节经济活动。可比性原则首先表现在财务会计报告指标口径一致,其次是表现在所选择的会计处理方法的可比。

1.3.5 实质重于形式原则

实质重于形式原则是指企业应当按照交易或者事项的经济实质进行会计确认、计量和报告,不应仅以交易或者事项的法律形式为依据。

在实际工作中,交易或事项的外在法律形式或人为形式并不能完全真实地反映其实质内容,所以,会计信息要想反映其所拟反映的交易或事项,就必须根据交易或事项的实质和经济现实,而不能仅仅根据它们的法律形式进行核算和反映。

1.3.6 重要性原则

重要性原则是指企业提供的会计信息应当反映与企业财务状况、经营成果和现金流量等有关的所有重要交易或者事项。

对资产、负债、损益等有较大影响,并进而影响财务会计报告使用者据以做出合理判断的重要会计事项,必须按照规定的会计方法和程序进行处理,并在财务会计报告中予以充分、准确地披露;对于次要的会计事项,在不影响会计信息真实性和不至于误导财务会计报告使用者做出正确判断的前提下,可适当简化处理。

1.3.7 谨慎性原则

谨慎性原则又称稳健性原则,是指企业对交易或者事项进行会计确认、计量和报告应当保持应有的谨慎,不应高估资产或者收益、低估负债或者费用

企业在进行会计核算时,应当遵循谨慎性原则的要求,不得多计资产或收益、少计负债或费用,但不得计提秘密准备。在会计核算工作中坚持谨慎性原则,要求企业在面临不确定因素的情况下做出职业判断时,应当保持必要的谨慎,以不高估资产或收益,也不低估负债或费用。例如,要求企业定期或者至少每年年度终了,对可能发生的各项资产损失计提资产减值准备等,就充分体现了谨慎性原则。

1.3.8 及时性原则

及时性原则是指企业对于已经发生的交易或者事项,应当及时地进行会计确认、

计量和报告,不得提前或延后。

及时性原则包括三方面的含义:一是要求及时收集会计信息,即在经济业务发生后,及时收集各种原始单据;二是及时处理会计信息,即在国家统一的会计制度规定的时限内,及时编制出财务会计报告;三是及时传递会计信息,即在国家统一的会计制度规定的时限内,及时将编制的财务会计报告传递给使用者。

1.4 会计要素与会计等式

1.4.1 会计要素

会计要素是对会计对象的个体内容所做的基本分类,它是会计对象的组成部分,是会计报表内容的基本框架,也是账户的归并和概括。企业应当按照交易或者事项的经济特征确定会计要素。会计要素包括资产、负债、所有者权益、收入、费用和利润六个方面。

1.4.1.1 资产

资产是指由过去的交易或事项形成、并由企业拥有或控制的能以货币计量的经济资源,该资源预期会给企业带来经济利益。它包括各种财产、债权和其他权利,是企业经营必备的物质基础。

1. 资产的基本特征

1)资产是由过去的交易所形成

企业所能利用的经济资源能否列作资产,其区分标志之一就是是否由已经发生的交易所引起。预期在未来发生的交易或事项不形成资产。

2)资产应能为企业所实际拥有或控制

在这里,“拥有”是指企业拥有资产的所有权;“控制”则是指企业虽没有某些资产的所有权,但实际上可以对其自由支配和使用,例如融资租入的固定资产等。

3)资产必须能以货币计量

货币计量假设限定了会计系统所容纳的计量内容,作为会计要素之一的资产也应是指那些能用货币计量的项目。

4)资产能为企业带来未来经济利益

在这里,所谓“未来经济利益”,是指直接或间接地为未来的现金净流入做出贡献的能力。这种贡献,可以是直接增加未来的现金流入,也可以是因耗用(如存货)或提供经济效用(如对各种非流动资产的使用)而减少未来的现金流出。

2. 资产的分类

资产可分为流动资产和非流动资产两类,而非流动资产中又分为长期投资、固定资产、无形资产、递延资产和其他非流动资产。

(1)流动资产是指可以在一年或者超过一年的一个营业周期内变现或耗用的资产,包括现金和各种存款、交易性金融资产、应收及预付款项、存货等。对外经贸企业而言,还应包括外汇存款、应收外汇账款、预付外汇账款、在途物资、库存进口(出口)商品等。

(2)长期投资是指不准备在一年内变现的股权投资。对外经贸企业而言,还应包括境外长期投资。

(3)固定资产是指使用年限在一年以上,单位价值在规定标准以上、并在使用过程中保持原有物质形态的资产,包括房屋及建筑物、机器设备、运输设备、工具器具等。

(4)无形资产是指企业拥有或控制的没有实物形态的可辨认的非货币性资产,包括专利权、非专利技术、商标权、著作权、土地使用权、特许权等。

(5)递延资产即长期待摊费用,是指不能全部计入当期损益,应在以后年度内分期摊销的各种费用,包括开办费、租入固定资产的改良支出等。

(6)其他非流动资产则是指除以上各项目以外的资产,包括待处理财产等。

1.4.1.2 负债

1. 负债的基本特征

负债是指企业过去的交易或事项形成的、预期会导致经济利益流出企业的现时义务。它是企业筹措资金的重要渠道,但不能归企业永久支配使用,必须按期归还或偿付。它实质上反映了企业与债权人之间的一种债务债权关系。负债有如下基本特征。

(1)与资产一样,负债应由企业过去的交易所引起。未来发生的交易或事项形成的义务,不属于现时义务,不应当确认为负债。

(2)负债必须在未来某个时点(通常有确切的受款人和偿付日期)通过转让资产或提供劳务来清偿。

(3)负债是能用货币进行计量的债务责任。

2. 负债的分类

负债按偿还期的长短可分为流动负债和非流动负债。

(1)流动负债是指将在一年或者超过一年的一个经营周期内偿还的债务,对外经贸企业而言,包括短期借款、短期外汇借款、应付账款、应付外汇账款、应付票据、预收账款及预收外汇账款、其他应付款、应付职工薪酬、应交税费等。

(2)非流动负债是指偿还期在一年或者超过一年的一个经营周期以上的债务,包括长期借款、长期外汇借款、应付债券、长期应付款等。

1.4.1.3 所有者权益

所有者权益是指企业资产扣除负债后由所有者享有的剩余权益。是投资人对企业净资产的所有权,包括企业投资人对企业的投入资本、直接计入所有者权益的利得和损失以及形成的盈余公积和未分配利润等。它与负债相比较,除非发生减资和清算,通常不需要企业偿还。

(1)投入资本是指投资者实际投入企业经营活动的各种财产物资,包括国家投入资本、法人投入资本、个人投入资本和外商投入资本等。

(2)直接计入所有者权益的利得和损失,是指不应计入当期损益、会导致所有者权益发生增减变动的、与所有者投入资本或者向所有者分配利润无关的利得或者损失。利得是指由企业非日常经营活动所形成的、会导致所有者权益增加的、与所有者投入资本无关的经济利益的流入;损失是指由企业非日常活动所形成的、会导致所有者权益减少的、与向所有者分配利润无关的经济利益的流出。

(3)盈余公积是指按照国家有关规定从利润中提取的公积金。

(4)未分配利润是企业留于以后年度分配或待分配利润。

上述第(3)、(4)项的合计金额为企业的留存收益,即企业以往年度的经营成果经过分配后留在企业的累计金额,其中盈余公积部分已指定了特殊用途,而未分配利润留待以后年度分配。

1.4.1.4 收入

收入是指企业在日常活动中形成的、会导致所有者权益增加的、与所有者投入资本无关的经济利益的总流入。收入包括主营业务收入和其他业务收入。收入是经营所得。非经营原因的收入,如投资所得、营业外收入都不包括在内。收入会引起资产的增加或负债的减少,并能可靠地加以计量。在会计实务中,收入的确认包括时间和金额两个方面。

1.4.1.5 费用

费用是指企业在日常活动中发生的、会导致所有者权益减少的、与向所有者分配利润无关的经济利益的总流出。费用是为取得收入而付出的代价。

1.4.1.6 利润

利润是企业在一定会计期间内经营活动的财务成果。利润包括收入减去费用后的净额、直接计入当期利润的利得和损失等。利润分为营业利润、利润总额和净利润。

1.4.2 会计等式

前已述及了会计要素的含义及内容,实际上,这些要素之间存在着十分密切的联系。反映会计诸要素数量关系的等式即为会计等式。

任何企业为了从事生产经营活动,都必须拥有一定数量的经济资源,这些经济资源在会计上总称为资产;企业的任何资产也都必然会有一定的归属,或者说形成有关各方对该项资产的求偿权,这在会计上称之为权益。一个企业的全部资产,应当等于其所属有关各方的权益总计,用公式表示为

资产=权益

资产表明企业拥有的经济资源的种类及数额;而权益则表示这些资源的归属,即谁对这些资产拥有求偿权。因此,资产与权益是一个事物的两个方面,两者之间相互依存,即资产离不开权益的存在,权益要以资产为载体;没有无资产的权益,也没有无权益的资产。从数量上来讲,有一定数额的资产,就必然有一定数额的权益与之对

应;反过来,有一定数额的权益,也必然有一定数额的资产与之对应,一个企业的资产总额必定会等于其权益总额。这就是会计上的平衡关系,亦即会计基本等式。

企业的资产不是归属于债权人,就是归属于企业的所有者,所以企业的权益又可分为债权人权益(即负债)和所有者权益。前者是企业所承担的到期必须无条件偿付的义务,后者是企业主对企业净资产的求偿权,这样,上述公式可以演变为

资产 = 负债 + 所有者权益

1.5 会计计量

企业在将符合确认条件的会计要素登记入账并列报于会计报表及附注时,应当按照规定的会计计量属性进行计量,确定其金额。会计计量属性主要包括以下内容。

1.5.1 历史成本

在历史成本计量下,资产按照购置时支付的现金或者现金等价物的金额,或者按照购置资产时所付出的公允价值计量。负债按照因承担现时义务而实际收到的款项或者资产的金额,或者承担现时义务的合同金额;或者按照日常活动中为偿还负债预期需要支付的现金或者现金等价物的金额计量。

1.5.2 重置成本

在重置成本计量下,资产按照现在购买相同或者相似资产所需支付的现金或者现金等价物的金额计量。负债按照现在偿付该项债务所需支付的现金或者现金等价物的金额计量。

1.5.3 可变现净值

在可变现净值计量下,资产按照其正常对外销售所能收到现金或者现金等价物的金额扣减该资产至完工时估计将要发生的成本、估计的销售费用以及相关税费后的金额计量。

1.5.4 现值

在现值计量下,资产按照预计从其持续使用和最终的处置中所产生的未来净现金流入量的折现金额计量。负债按照预计期限内需要偿还的未来净现金流出量的折现金额计量。

1.5.5 公允价值

在公允价值计量下,资产和负债按照在公平交易中熟悉情况的交易双方自愿进行资产交换或者债务清偿的金额计量。

企业在对会计要素进行计量时,一般应当采用历史成本,采用重置成本、可变现净值、现值、公允价值计量的,应当保证所确定的会计要素金额能够取得并可靠计量。

1.6 外经贸企业的会计科目

1.6.1 会计科目及设置原则

1.6.1.1 会计科目的含义

会计科目是指为记录各项经济业务而对会计要素按其经济内容所进行分类的项目。为了提供系统的、有效的会计资料,要进行综合的和详细的分类核算。会计科目是会计核算的基点,会计科目的适当设置具有重要的意义。

1.6.1.2 会计科目的设置原则

为了更好地发挥会计科目的作用,设置会计科目一般应遵循以下原则:

(1)统一性与灵活性相结合;

(2)满足企业内部管理的需要;

(3)遵守规范、明晰清楚。

会计科目(包括各级明细科目)的设置要尽可能地规范、明晰,各会计科目的内涵要清楚,外延要明确,便于企业外部人员正确地阅读和理解企业会计核算的资料,从而充分发挥会计这一国际通用的商业语言的作用。

1.6.2 外经贸企业的会计科目

外经贸企业的会计科目,按照其反映的经济内容,可以划分为资产类、负债类、成本类、所有者权益类科目和损益类科目五个大类。外经贸企业的会计科目如表 1-1 所示。

表 1-1 外经贸企业的会计科目

序号	编号	会计科目名称	序号	编号	会计科目名称
		一、资产类	12	1401	材料采购
1	1001	库存现金	13	1402	在途物资
2	1002	银行存款	14	1403	原材料
3	1012	其他货币资金	15	1404	材料成本差异
4	1101	交易性金融资产	16	1405	库存商品
5	1121	应收票据	17	1406	发出商品
6	1122	应收账款	18	1407	商品进销差价
7	1123	预付账款	19	1408	委托加工物资
8	1131	应收股利	20	1411	周转材料
9	1132	应收利息	21	1471	存货跌价准备
10	1221	其他应收款	22	1501	持有至到期投资
11	1231	坏账准备	23	1502	持有至到期投资减值准备

续表

序号	编号	会计科目名称	序号	编号	会计科目名称
24	1503	可供出售金融资产	56	2701	长期应付款
25	1511	长期股权投资	57	2702	未确认融资费用
26	1512	长期股权投资减值准备	58	2711	专项应付款
27	1521	投资性房地产	59	2801	预计负债
28	1531	长期应收款	60	2901	递延所得税负债
29	1532	未实现融资收益			三、所有者权益类
30	1601	固定资产	61	4001	实收资本
31	1602	累计折旧	62	4002	资本公积
32	1603	固定资产减值准备	63	4101	盈余公积
33	1604	在建工程	64	4103	本年利润
34	1605	工程物资	65	4104	利润分配
35	1606	固定资产清理			四、成本类
36	1701	无形资产	66	5001	生产成本
37	1702	累计摊销	67	5101	制造费用
38	1703	无形资产减值准备	68	5201	劳务成本
39	1711	商誉	69	5301	研发支出
40	1801	长期待摊费用			五、损益类
41	1811	递延所得税资产	70	6001	主营业务收入
42	1901	待处理财产损益	71	6051	其他业务收入
		二、负债类	72	6101	公允价值变动损益
43	2001	短期借款	73	6111	投资收益
44	2101	交易性金融负债	74	6301	营业外收入
45	2201	应付票据	75	6401	主营业务成本
46	2202	应付账款	76	6402	其他业务成本
47	2203	预收账款	77	6403	营业税金及附加
48	2211	应付职工薪酬	78	6601	销售费用
49	2221	应交税费	79	6602	管理费用
50	2231	应付利息	80	6603	财务费用
51	2232	应付股利	81	6701	资产减值损失
52	2241	其他应付款	82	6711	营业外支出
53	2401	递延收益	83	6801	所得税费用
54	2501	长期借款	84	6901	以前年度损益调整
55	2502	应付债券			

2

借贷记账法

本章学习要点

- 掌握借贷记账法的特点。
- 熟练运用借贷记账法编制会计分录。
- 掌握账户登记的基本方法。

2.1 借贷记账法概述

为了全面反映外经贸企业所发生的经济业务，按照要求必须采用借贷记账法记录其所发生的经济业务。借贷记账法大约产生于13世纪的意大利，以后逐步推广到世界各地。借贷记账法属于复式记账法。在外经贸企业的生产经营活动中，每一项经济业务的发生，都会引起两个或两个以上会计要素的增减变化，这就需要采用复式记账的方法加以记录。复式记账法的理论依据是"资产 = 负债 + 所有者权益"的会计等式所反映的资金平衡关系。

2.1.1 借贷记账法

2.1.1.1 借贷记账法的定义

借贷记账法是以"借"和"贷"作为记账符号，在账户中记录各会计要素增减变化情况和结果的一种复式记账法。

2.1.1.2 借贷记账法的特点

1. 以“借”和“贷”作为记账符号

借贷记账法以“借”和“贷”作为记账符号，这里的“借”和“贷”只是单纯的记账符号，用以表示记账的方向。在借贷记账法下，以“借”表示资产和成本、费用的增加，负债、所有者权益和收入、利润的减少；以“贷”表示负债、所有者权益和收入、利润的增加，资产和成本、费用的减少。

2. 以“有借必有贷，借贷必相等”作为记账规则

采用借贷记账法，对于每项经济业务，都要在记入一个账户借方的同时，记入另一个或几个账户的贷方；或者在记入一个账户贷方的同时，记入另一个或几个账户的借方。而且记入借方的金额必须等于记入贷方的金额。

3. 对账户不要求固定分类

在借贷记账法下，按资产等于权益的平衡关系，账户可固定划分为资产类账户和权益类账户，还可以根据需要，设置双重性质的账户，这些账户的性质并不确定，要根据期末余额的方向来判断其性质。

4. 试算平衡公式

试算平衡公式为

借方合计 = 贷方合计

在借贷记账法下，根据“有借必有贷，借贷必相等”的记账规则，对每项经济业务都以相等的金额在相应账户的借方和贷方进行登记，这就保证了每一项经济业务借、贷双方的平衡。因此，在一个会计期间内发生的经济业务全部登记入账后，所有账户的本期借方发生额合计数与所有账户的本期贷方发生额合计数必然相等；所有账户的借方期末余额合计数与所有账户贷方期末余额合计数也必然相等。无论是“发生额平衡”，还是“余额平衡”都是依据资产等于权益的平衡原理及记账规则推导出来的。

2.1.2 借贷记账法的账户结构

2.1.2.1 账户的基本结构

账户是根据会计科目开设的，具有一定格式和结构，用于分类反映会计要素增减变动及其结果的一种工具。设置账户是会计核算的一种专门方法。

账户的结构是指账户的组成部分。为正确记录各项经济业务发生，必须为账户确定相应的格式。企业的经济业务繁杂，从数量变化来看，不外乎增加和减少两种情况，采用借贷记账法进行会计核算时，即包括“借”或“贷”两个方向，分别登记增加额和减少额。其基本结构如图 2-1 所示。

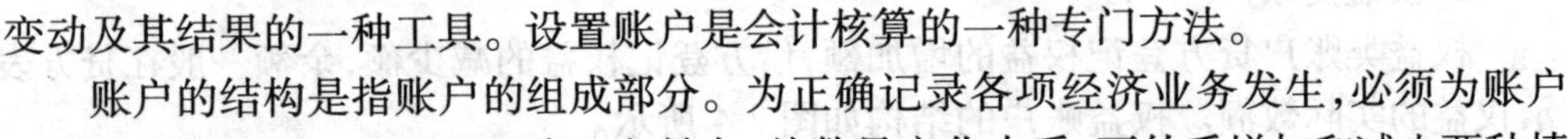

图 2-1 账户的基本结构

一定时期内账户登记的增加额和减少额，统称为账户的本期发生额，增减相抵后

的差额,称为账户的余额,按照余额时间的不同,分为期初余额和期末余额。账户四项金额的关系可以用下列公式表示:

期末余额 = 期初余额 + 本期增加发生额 - 本期减少发生额

上述"T"字形账户只是账户的简单图示,具体还应包括账户名称(会计科目)、日期和摘要(登记经济业务的日期和经济业务内容的概述)、凭证编号(说明账户记录的依据)、增加和减少的金额及余额。账户的一般结构如图 2-2 所示。

日期	凭证编号	摘要	借方	贷方	借或贷	余额

图 2-2 账户名称(会计科目)

2.1.2.2 不同性质账户的结构

1. 资产类账户

资产类账户借方登记资产的增加额,贷方登记资产的减少额,余额一般在借方,表示资产的结存额。资产类账户的结构如图 2-3 所示。

借方	资产账户:XX 账户		贷方
期初余额	×××		
本期增加额	×××	本期减少额	×××
	……		……
本期发生额合计	×××	本期发生额合计	×××
期末余额	×××		

图 2-3 资产类账户的结构

登记资产账户时,首先将上期的期末余额作为本期的期初余额登入余额栏内。本期发生的涉及资产的经济业务,应按发生时间的先后顺序登入账内,本期发生的增加额登记在借方,减少额登记在贷方。期末计算出本期借方发生额合计和贷方发生额合计,最后计算出期末余额。其计算公式如下:

资产类账户的期末借方余额 = 期初借方余额 + 本期借方发生额 - 本期贷方发生额

2. 权益类账户

权益类账户贷方登记权益的增加额,借方登记权益的减少额,余额一般在贷方表示权益的实际数额。权益账户的结构如图 2-4 所示。

借方	权益账户(例如:实收资本、应付账款)		贷方
		期初余额	×××
本期减少额	×××	本期增加额	×××
	……		……
本期发生额合计	×××	本期发生额合计	×××
		期末余额	×××

图 2-4 权益账户结构

登记权益账户时，首先将上期的期末余额作为本期的期初余额登入余额栏内。本期发生的涉及权益（负债和所有者权益）的经济业务，应按发生时间的先后顺序登入账内，本期发生的增加额登记在贷方，减少额登记在借方。期末计算出本期借方发生额合计和贷方发生额合计，最后计算出期末余额。其计算公式如下：

权益类账户的期末贷方余额 = 期初贷方余额 + 本期贷方发生额 − 本期借方发生额

3. 收入类账户

收入类账户的结构与权益类账户的结构基本相同，贷方登记收入的增加额，借方登记收入的减少额和结转额，期末一般没有余额。收入账户的结构如图 2-5 所示。

借方	收入账户（例如：主营业务收入）		贷方
本期减少额	×××	本期增加额	×××
	……		……
本期发生额合计	×××	本期发生额合计	×××

图 2-5　收入类账户结构

4. 费用、成本类账户

费用及成本类账户的结构与资产类账户的结构基本相同，借方登记成本、费用的增加额，贷方登记费用的减少额和结转额，期末一般没有余额。费用、成本账户的结构如图 2-6 所示。

借方	费用、成本账户（例如：管理费用、生产成本）		贷方
本期增加额	×××	本期减少额	×××
	……		……
本期发生额合计	×××	本期发生额合计	×××

图 2-6　费用成本账户结构

2.2　借贷记账法的运用

2.2.1　确定会计分录

所谓会计分录是指为保证正确记录并便于检查，在经济业务发生时，记入账户前按一定格式确定账户对应关系、记账方向和金额的记录。借贷记账法下，会计分录具体表现为应借、应贷账户的名称及其金额的记录。编制会计分录一般按以下步骤进行：确定会计科目、确定记账方向、确定应记金额。现以泰佛公司 2007 年 9 月发生的经济业务为例说明如下。

【例 1】　5 日，收到投资人合利集团投入的资本金 800 000 元，存入银行存款户。

该笔经济业务的发生，一方面使所有者权益方面的实收资本增加 800 000 元，应记入“实收资本”账户的贷方，另一方面使资产方面的银行存款增加 800 000 元，应记入“银行存款”账户的借方。编制会计分录如下：

借：银行存款　　　　800 000

　贷：实收资本——合利集团　　　　800 000

【例2】 8日，购入运输用汽车一辆，价值150 000元，用银行存款支付，汽车交付使用。

该笔经济业务的发生，一方面使资产方面的固定资产增加150 000元，应记入“固定资产”账户的借方，另一方面使资产方面的银行存款减少150 000元，应记入“银行存款”账户的贷方。编制会计分录如下：

借：固定资产　　　　150 000

　贷：银行存款　　　　150 000

【例3】 以银行存款偿还到期的短期借款70 000元。

该笔经济业务的发生，一方面使负债方面的短期借款减少70 000元，应记入“短期借款”账户的借方，另一方面使资产方面的银行存款减少70 000元，应记入“银行存款”账户的贷方。编制会计分录如下：

借：短期借款　　　　70 000

　贷：银行存款　　　　70 000

【例4】 由华丰公司购入商品一批，价值20 000元，货款尚未支付。

该笔经济业务的发生，一方面使公司资产方面的库存商品增加20 000元，应记入“库存商品”账户的借方，另一方面使负债方面的应付账款增加20 000元，应记入“应付账款”账户的贷方。编制会计分录如下：

借：库存商品　　　　20 000

　贷：应付账款　　　　20 000

从前面的举例中可以看出，每项经济业务发生后所登记的账户之间存在着相互依存的关系，有时是一个账户的借方对另一个账户的贷方；有时是一个账户的借方（或贷方）对几个账户的贷方（或借方）。账户之间这种相互依存的关系，称为账户对应关系，存在着对应关系的账户，称对应账户。

2.2.2 登记账户

各项经济业务编制会计分录以后，即应记入有关账户，这个记账步骤通常称为“过账”。过账后一般要在月末进行结账，即结算出各账户的本期借方发生额合计和贷方发生额合计，最后计算出期末余额。现以泰佛公司为例，简要说明如下。

假设泰佛公司2007年9月有关账户期初余额如表2-1所示。

表 2-1 泰佛公司总分类账户期初余额表

账户名称	借方余额	账户名称	贷方余额
库存现金	4 250	短期借款	240 000
银行存款	165 000	实收资本	1 000 000
库存商品	256 000	盈余公积	30 250
固定资产	845 000		
合计	1 270 250	合计	1 270 250

现将泰佛公司9月份发生的四笔经济业务的会计分录记入有关账户,各账户记录如下:

借　　库存现金　　贷

期初余额	4 250		
本期发生额	0	本期发生额	0
期末余额	4 250		

借　　短期借款　　贷

		期初余额	240 000
(3)	70 000		
本期发生额	70 000	本期发生额	0
		期末余额	170 000

借　　银行存款　　贷

期初余额	165 000		
(1)	800 000	(2)	150 000
		(3)	70 000
本期发生额	800 000	本期发生额	220 000
期末余额	745 000		

借　　实收资本　　贷

		期初余额	1 000 000
		(1)	800 000
本期发生额	0	本期发生额	800 000
		期末余额	1 800 000

借　　　　库存商品　　　　贷

借方		贷方	
期初余额	256 000		
(4)	20 000		
本期发生额	20 000	本期发生额	0
期末余额	276 000		

借　　　　盈余公积　　　　贷

借方		贷方	
		期初余额	30 250
本期发生额	0	本期发生额	0
		期末余额	30 250

借　　　　固定资产　　　　贷

借方		贷方	
期初余额	845 000		
(2)	150 000		
本期发生额	150 000	本期发生额	0
期末余额	995 000		

借　　　　应付账款　　　　贷

借方		贷方	
		期初余额	—
		(4)	20 000
本期发生额	0	本期发生额	20 000
		期末余额	20 000

2.2.3　试算平衡

2.2.3.1　试算平衡的含义

试算平衡是根据资产、权益之间的平衡关系和记账规则来检查账户记录是否正确、完整的一种验证方法。

在借贷记账法下,对每一项经济业务都是用借、贷相等的金额来记录,因此全部账户的借方发生额和贷方发生额也必然相等,从而全部账户的借方余额与贷方余额也必然相等。因此为了检查和验证账户记录是否正确,以便及时找出差错及其原因,并予以更正,就必须进行试算平衡。

2.2.3.2　试算平衡的方法

借贷记账法的试算平衡有发生额的试算平衡和余额的试算平衡。

1. 发生额试算平衡

发生额试算平衡:

全部账户借方本期发生额合计 = 全部账户贷方本期发生额合计

2. 余额试算平衡

余额试算平衡：

全部账户借方期末余额合计 = 全部账户贷方期末余额合计

上述平衡关系，可以用来检查账户记录的正确性。在实际工作中进行试算平衡通常是通过编制试算平衡表来完成的。现根据前例，编制泰佛公司2007年9月发生额及余额的试算平衡表，如表2-2所示。

表2-2 泰佛公司试算平衡表

2007年9月30日

账户名称	期初余额		本期发生额		期末余额	
	借方	贷方	借方	贷方	借方	贷方
库存现金	4 250		0	0	4 250	
银行存款	165 000		800 000	220 000	745 000	
库存商品	256 000		20 000		276 000	
固定资产	845 000		150 000		995 000	
短期借款		240 000	70 000			170 000
实收资本	1 000 000			800 000		1 800 000
盈余公积		30 250				30 250
应付账款				20 000		20 000
合计	1 270 250	1 270 250	1 040 000	1 040 000	2 020 250	2 020 250

通过编制试算平衡表，有利于及时检查和发现记账过程中的错误。但应该指出的是，试算平衡能够核查出账户记录的错误，但不能发现记账过程中的所有错误。因为平衡只能说明记入借贷两方的金额相等，而如为用错账户、记错方向、错记金额等错误，并不影响借贷平衡，所以在实际工作中，还需要对全部会计记录进行日常或定期的复核，以保证账簿记录的正确性。

3

货币资金的核算

本章学习要点

- 了解货币资金的内容。
- 掌握货币资金的核算方法。
- 熟练审核货币资金业务的原始凭证。
- 掌握货币资金的账务处理。

3.1 货币资金概述

3.1.1 货币资金的性质与范围

3.1.1.1 货币资金的性质

货币资金是指可以立即投入流通,用以购买商品或劳务,或用以偿还债务的货币性资产。

在流动资产中,货币资金的流动性最强,并且是唯一能够直接转化为其他任何资产形态的流动性资产,也是最能够代表企业现实购买力水平的资产。为了确保生产经营活动的正常进行,企业必须拥有一定数量的货币资金,以便购买材料、缴纳税金、发放工资、支付利息及股利或进行投资等。企业所拥有的货币资金量是分析判断企业偿债能力与支付能力的重要指标。

3.1.1.2 货币资金的范围

货币资金一般包括硬币、纸币、存于银行或其他金融机构的活期存款以及本票和汇票存款等可以立即支付使用的交换媒介。凡是不能立即支付使用的(如银行冻结存款等),一般不能视为货币资金。

外经贸企业面临着国内和国际两个市场,在购销货款结算中,既有人民币资金的收付业务,又有外币资金的收付业务。根据我国外汇管理的有关规定,外经贸企业出口业务实现的销售收入,一部分可以保留现汇;另一部分必须在国家指定的专业银行结汇。外经贸企业进口业务所需要的外汇,有现汇的企业,可以直接用现汇支付;没有现汇或现汇不足的企业,可以按照有关规定在国家的外汇指定银行购汇支付。

3.1.2 货币资金的分类

(1)外经贸企业货币资金按其表现形态,可分为人民币货币资金和外币货币资金。

(2)货币资金按其存放地点和用途的不同,可以分为库存现金、银行存款(包括外汇存款)和其他货币资金。

3.2 库存现金的核算

3.2.1 库存现金的管理

库存现金是指存放于企业财会部门、由出纳人员经管的货币。库存现金是企业流动性最强的资产。

3.2.1.1 现金的使用范围

企业可用现金支付的款项有:

(1)职工工资、津贴;

(2)个人劳务报酬;

(3)根据国家规定颁发给个人的科学技术、文化艺术、体育等各种奖金;

(4)各种劳保、福利费用以及国家规定的对个人的其他支出;

(5)向个人收购农副产品和其他物资的款项;

(6)出差人员必须随身携带的差旅费;

(7)结算起点以下的零星支出,结算起点一般为1 000元;

(8)中国人民银行确定需要支付现金的其他支出。

除上述情况可以用现金支付外,其他款项的支付应通过银行转账结算。

3.2.1.2 库存现金的限额

现金的限额是指为了保证企业日常零星开支的需要,允许单位留存现金的最高数额。这一限额由开户银行根据单位的实际需要核定,一般按照单位3~5天日常零星开支的需要确定,边远地区和交通不便地区开户单位的库存现金限额,可按多于5

天但不超过15天的日常零星开支的需要确定。核定后的现金限额,开户单位必须严格遵守,超过部分应于当日终了前存入银行。需要增加或减少现金限额的单位,应向开户银行提出申请,由开户银行核定。

3.2.2 现金的核算

3.2.2.1 现金的总分类核算

为了总括地反映企业库存现金的收支和结存情况,应设置"库存现金"账户,该账户属于资产类账户,该科目的借方反映企业现金的增加,贷方反映现金的减少,月末借方余额反映库存现金的实存余额。"库存现金"科目可以定期或在月份终了时,根据汇总收付款凭证或科目汇总表等登记入账。

3.2.2.2 现金日记账的登记

为了详细反映现金收支及结存的具体情况,企业除了设置"库存现金"账户对现金进行总分类核算以外,还必须设置现金日记账进行序时记录。现金日记账一般采用三栏式订本账格式,由出纳人员根据审核以后的原始凭证或现金收款凭证、现金付款凭证等逐日逐笔序时登记,每日营业终了计算当日现金收入、现金支出及现金结存额,并与库存现金实存额核对相符。月末,现金日记账余额应与库存现金总账余额核对一致。现金日记账的一般格式详见表3-1所示。

表3-1 现金日记账

20××年		凭证字号		摘要	对方科目	类页	借方	贷方	余额
月	日								
4	8			承前页	略	略			70.00
4	8	记	15	提现			500.00		
4	8	记	36	销货			351.00		921.00
4	9	记	40	预借差旅费				300.00	
4	9	记	41	报销办公费				60.00	
4	9	记	44	支付电话费				105.00	456.00

3.2.2.3 现金收付实例

【例3-1】 天津泰佛进出口有限公司根据发生的有关现金收付业务,编制记账凭证如下。

(1)2007年4月9日签发现金支票,从银行提取现金5 000元备用。

原始凭证:现金支票存根见图3-1所示。

中国银行

现金支票 存根（津）

$\frac{GB}{02}$00475607

附加信息

出票日期 2007 年 4 月 9 日

收款人：	
金额：5000	
用途：零用	

单位主管 李金新 会计

图 3-1 现金支票存根

根据原始凭证填制记账凭证见表 3-2 所示。

表 3-2 记账凭证

特 种 凭 证

SPECIAL VOUCHER

第 11 号

Date 2007 年 4 月 10 日 外币 For C ________

摘要 Explanation	总账科目 Gen Leg A/C	明细科目 Sub Leg A/C	外币金额 For C Amount	兑换率 Rate of Ex	记账 P R	借方金额 Debit	记账 P R	贷方金额 Credit
提取现金	库存现金					5 000.00		
	银行存款							5 000.00
合 计 Total						¥5 000.00		¥5 000.00

附单据 1 张 Attachments

会计主管 Chief Accountant　记 账 Entered by　审 核 Checked　制 单 赵华 Prepared by

(2)2007 年 4 月 14 日行政部门报销办公费用 694 元。

原始凭证:购货发票见表 3-3 所示。

表 3-3　购货发票

天津市商业统一发票

客户名称：天津泰佛进出口有限公司　　　　2007年4月4日　　　　NO112006

货号	品名及规格	单位	数量	单价	金额							
					超十万元无效	万	千	百	十	元	角	分
	计算器	个	5	125				6	9	4	0	0
	工作手册	本	25	0.80								
	碳素墨水	瓶	40	0.60								
	稿纸	本	50	0.50								
合计金额	(大写)：×万[illegible]陆佰玖拾肆元整						¥	6	9	4	0	0
付款方式	现金	开户银行及账号										

（印章：天津市文化用品商店　行号：2875　2003.12.21　业务章）

收款企业(盖章有效)　　　　收款人：刘 美　　　　开票人：路 兰

根据原始凭证填制记账凭证见表 3-4 所示。

表 3-4　记账凭证

特　种　凭　证

SPECIAL VOUCHER

第　18　号

外币

Date　2007　年 4 月 14 日　　For　C ________

摘要 Explanation	总账科目 Gen Leg A/C	明细科目 Sub Leg A/C	外币金额 For C Amount	兑换率 Rate of Ex	记账 PR	借方金额 Debit	记账 PR	贷方金额 Credit
购买办公用品	管理费用					694.00		
	库存现金							694.00
合　计 Total						￥694. 00		￥694. 00

附单据 1 张 Attachments

会计主管 Chief Accountant　　记　账 Entered by　　审　核 Checked　　制　单 Prepared by　赵华

3.2.3　现金的清查

为了确保账实相符，应对现金进行清查。现金清查包括两部分内容，一是出纳人员每日营业终了进行账款核对；二是清查小组进行定期或不定期的盘点和核对。现金清查的方法采用账实核对法。

对现金实存额进行盘点，必须以现金管理的有关规定为依据，不得以白条顶库，不得超限额保管现金。对现金进行账实核对，如发现账实不符，应立即查明原因，及时更正，对发生的长款或短款，应查找原因，并按规定进行处理，不得以今日长款弥补他日短款。现金清查和核对后，应及时编制“现金盘点报告表”，列明现金账存额、现金实存额、差异额及其原因，对无法确定原因的差异，应及时报告有关负责人。

现金清查中发现的长款或短款，应根据“现金盘点报告表”进行处理，以确保账实相符，并对长、短款做出处理。现金长款、短款一般通过“待处理财产损益——待处理流动资产损益”科目进行核算，待查明原因后，再根据不同原因及处理结果，将其转入有关科目。

3.2.3.1 现金短缺的处理

(1)属于由责任人赔偿的部分，借记“其他应收款——应收现金短缺款(××个人)”或“库存现金”等科目，贷记“待处理财产损益——待处理流动资产损益”科目。

(2)属于应由保险公司赔偿的部分，借记“其他应收款——应收保险赔款”科目，贷记“待处理财产损益——待处理流动资产损益”科目。

(3)属于无法查明的其他原因，根据管理权限，经批准后处理，借记“管理费用——现金短缺”科目，贷记“待处理财产损益——待处理流动资产损益”科目。

3.2.3.2 现金溢余的处理

(1)属于应支付给有关人员或单位的，应借记“待处理财产损益——待处理流动资产损益”科目，贷记“其他应付款——应付现金溢余(××个人或单位)”科目。

(2)属于无法查明原因的现金溢余，经批准后，借记“待处理财产损益——待处理流动资产损益”科目，贷记“营业外收入——现金溢余”科目。

3.2.3.3 现金清查的业务处理

【例3-2】 天津泰佛进出口有限公司根据发生的有关现金清查业务，编制会计分录如下。

(1)企业进行现金清查，发现长款90元，原因待查。

借:库存现金 90

　贷:待处理财产损益——待处理流动资产损益 90

(2)经反复核查，仍无法查明长款90元的具体原因，经单位领导批准，将其转为企业的营业外收入。

借:待处理财产损益——待处理流动资产损益 90

　贷:营业外收入 90

(3)现金清查中发现有无法查明具体原因的现金短款40元。

借:待处理财产损益——待处理流动资产损益 40

　贷:库存现金 40

(4)经核查，上述现金短款系出纳人员责任造成，应由出纳赔偿，向出纳人员发出赔偿通知书。

借:其他应收款——出纳员××　　　　　　　　　　　　40

　　贷:待处理财产损益——待处理流动资产损益　　　　　　40

3.3 银行存款的核算

3.3.1 银行存款的核算

3.3.1.1 银行存款的总分类核算

企业设立“银行存款”账户核算银行存款的增加、减少及结存情况。该账户为资产类账户,借方登记银行存款的增加数额、贷方登记银行存款的减少数额,余额在借方,反映银行存款的结余金额。银行存款总分类账可以根据记账凭证汇总表汇总登记。

3.3.1.2 银行存款日记账的登记

银行存款日记账按照不同开户银行及币种分别开设,反映银行存款收付详细情况的账户,银行存款日记账由出纳员根据银行收款凭证或付款凭证逐笔登记,每日终了应结出余额。月末,银行存款日记账的余额经过调整未达账项后必须与银行对账单相符。银行存款日记账的一般格式详见表3-5所示。

表3-5　银行存款日记账　　　　账号:

年		凭证		摘要	结算凭证		对方科目	借方	贷方	余额
					种类	号数				
月	日	字	号	承前页						486 297
3	15	银收	28	存入货款	转支	8 652	主营业务收入	2 340		488 637
	15	银收	28	预收销货款	转支	5 784	预收账款	4 000		492 637
	15	银收	28	收回销货款	信汇		应收账款	5 850		498 487
	15	银收	37	购进原材料	转支	4 364	原材料		9 360	489 127
	15	银付	38	支付销售费用	转支	4 365	销售费用		300	488 827
	16	银付	39	提现金备用	现支	6 287	现金		4 700	484 127

3.3.1.3 银行存款收付实例

【例3-3】 天津泰佛进出口有限公司根据发生的有关银行存款收付业务,编制记账凭证如下。

(1)2007年4月21日,收回上月销售产品的货款100 000元存入银行。

原始凭证:银行进账单见表3-6所示。

表 3-6 银行进账单

中国银行天津分行进账单(收账通知)3

2007 年 04 月 02 日

出票人	全称	天津市中山纸业有限公司	收款人	全称	天津泰伟进出口有限公司
	账号	800787828		账号	126981-429207887
	开户银行	6199		开户银行	126981

金额	亿	千	百	十	万	千	百	十	元	角	分
人民币(大写) 壹拾万元整			¥	1	0	0	0	0	0	0	0

票据种类		票据张数	
票据号码			
复核 记账			中国银行天津市河西办事处 银行签章

根据原始凭证填制记账凭证见表 3-7 所示。

表 3-7 记账凭证

特 种 凭 证

第 4 号

SPECIAL VOUCHER

外币

Date 2007 年 4 月 2 日 For C ______

摘 要 Explanation	总账科目 Gen Leg A/C	明细科目 Sub Leg A/C	外币金额 For C Amount	兑换率 Rate of Ex	记账 P R	借方金额 Debit	记账 P R	贷方金额 Credit
收回货款	银行存款					100 000.00		
	应收账款	中山纸业						100 000.00
合 计 Total						¥100 000.00		¥100 000.00

附单据 1 张 Attachments

会计主管 Chief Accountant　　记 账 Entered by　　审 核 Checked　　制 单 赵华 Prepared by

(2)2007 年 4 月 10 日,支付本月电话费 3 780 元。

原始凭证:委托收款单见表 3-8 所示。

表 3-8　委托收款单

委托收款凭证（支款通知）　　　　委收号码：

委托日期 2007 年 4 月 10 日

付款期限 2007 年 4 月 15 日	
短期期限 20　年　月　日	

收款单位	全　称	天津网通（集团）有限公司天津市分公司			付款人	全　称	
	账号	2212012001				账号	213120215
	开户银行		行号	2874		开户银行	
委收金额	大写：叁仟柒佰捌拾元整				千 百 十 万 千 百 十 元 角 分 ¥ 3 7 8 0 0 0		
款项内容		委托收款凭据名称				附寄单证张数	1
备注					付款注意： 1.根据结算方式规定，上列委托收款，如在付款期内未拒付，以此联通知 2.如提前付款或多付少付时，应另写通知 3.如全部或部分拒付，应付款期内另写拒付款理由并送银行办理		

单位主管：　会计：　复核：　记账：　付款银行单位开户行盖章：4 月 13 号

根据原始凭证填制记账凭证见表 3-9 所示。

表 3-9　记账凭证

特　种　凭　证

SPECIAL VOUCHER

№　第　26　号

外币

Date　2 0 0 7 年 4　月 16 日　　For. C. ________

摘　要 Explanation	总账科目 Gen. Leg. A/C	明细科目 Sub. Leg. A/C	外币金额 For. C. Amount	兑换率 Rate of Ex.	记账 P.R	借方金额 Debit	记账 P.R	贷方金额 Credit
支付电话费	管理费用					3 780.00		
	银行存款							3 780.00
合　计 Total						¥3 780. 00		¥3 780. 00

附单据 1 张 Attachments

会计主管 Chief Accountant　　记账 Entered by　　审核 Checked　　制单 赵华 Prepared by

3.3.2 银行存款的核对

由于企业的银行存款收付比较频繁,为了加强对银行存款的管理与监督,保证银行存款账目的正确性,企业的银行存款日记账应经常与银行对账单核对,以做到账实相符,防止发生错弊。银行对账单是一张列示开户人当月存款账户存取金额及结存金额的记录。由于会计凭证在传递过程中的时间差,可能存在一些未达账项,或者是由于银行与企业一方的会计误差,使银行对账单所列企业存款的结余额与企业本身账面所列的结余额不一致。

3.3.2.1 银行存款未达账项产生的原因

(1)存在企业已记账而银行未记账的业务,包括以下两种情况。

①企业已记为存款增加,而银行尚未记为增加。例如在途存款,接近月末,企业把收到的现金或票据已记为存款增加,但因邮局的时间延迟或送存时超过银行的营业与清算时间,因此当月的银行对账单就不会出现这笔存款。

②企业已记存款减少,而银行尚未记为减少。例如未兑现支票,企业因购买商品或劳务而签发支票,在签发时,即记为企业存款减少,但持票人尚未向银行提出兑现,以致银行未将该笔支出从企业存款账户中划出。

(2)存在银行已记账而企业未记账的业务,包括以下两种情况。

①银行已记为企业存款的增加,而企业尚未记为增加。如银行代企业托收的款项或应支付给企业的存款利息,因企业不知银行已将这些项目记为企业存款账户的增加,故产生差异。

②银行已记为企业存款的减少,而企业尚未记为减少。如银行代企业付款的项目或应向企业收费的项目以及客户存款不足而遭退回的支票等,这些业务同样因企业没有得到银行的通知而产生双方存款余额的差异。

另外,银行或企业的某一方因会计差错也会使对账单余额与企业账面存款余额不一致。例如,银行误将其他企业的支票存款记入本企业账户或将本企业的存款记入其他企业账户,还有如果企业有几个开户银行账户时,也可能会产生划账错误或者银行、企业在记账时发生数字错误,如311元记为113元等。

3.3.2.2 银行存款余额调节表的编制方法

银行存款余额调节表是在银行存款日记账余额和银行对账单余额的基础上,加减双方各自的未达账项,使双方的余额达到平衡,其调节公式如下:

银行存款日记账余额+银行已收账而企业尚未收账数-银行已付账而企业尚未付账数=银行对账单余额+企业已收账而银行尚未收账数-企业已付账而银行尚未付账数

【例3-4】 天津泰佛进出口有限公司2006年12月31日银行存款日记账余额为113 980元,同一日银行对账单余额为120 460元。经逐笔核时,发现二者不符是由下列原因造成的。

(1)企业向银行托收振华公司货款4 500元,银行已收款入账,但收款通知未送达企业,企业尚未入账。

(2)企业存款利息收入936元,银行已主动划入企业账户,企业尚未入账。

(3)银行根据有关协议从企业账户支付电话费1 300元,但付款通知未送达企业,企业尚未入账。

(4)企业本月收到并送存银行的南天公司支票3 400元,因付款单位存款余额不足而被退回,银行尚未通知企业。

(5)支付广告费384元,企业误记为348元,少记36元。

(6)企业本月送存宏伟公司用于支付货款的支票5 600元,银行尚未入账。

(7)企业本月开出3 890元的支票一张,支付信宜会计师事务所咨询费,收款单位尚未到银行办理转账手续,银行未入账。

(8)银行发生串户,将一笔不属于本企业的收款7 490元误入本企业账户。

根据以上资料,企业可编制银行存款余额调节表,如表3-10所示。

表3-10 企业银行存款余额调节表

2006年12月31日 单位:元

项目	金额	项目	金额
企业银行存款日记账余额	113 980	银行对账单余额	120 460
加:银行已收,企业未入账		加:企业已收,银行未入账	
振华公司货款	4 500	宏伟公司购货款	5 600
银行存款利息收入	936	减:银行串户	7 490
减:少计广告费	36	减:企业已付,银行未入账	
减:银行已付,企业未入账		信宜会计事务所咨询费	3 890
退回南天公司支票	3 400		
邮电局托收电话费	1 300		
调节后余额	114 680	调节后余额	114 680

调节后的银行存款余额,反映企业月末可以动用的银行存款实际数。对于未达账项不需进行账簿记录的调整,只有等到有关单据到达时,才可进行账务处理。

对于已发现的企业记账错误,应及时编制调整分录,登记入账。本例中企业少记广告费36元,应做如下分录:

借:销售费用——广告费　　36

　　贷:银行存款　　36

3.4 其他货币资金的核算

3.4.1 其他货币资金的内容

其他货币资金是指企业除库存现金、银行存款以外的各种货币资金，主要包括银行汇票存款、银行本票存款、信用卡存款、信用证保证金存款、存出投资款、外埠存款等。

3.4.1.1 银行汇票存款

银行汇票是指由出票银行签发的，由付款银行在见票时按照实际结算金额无条件支付给收款人或者持票人的票据。单位和个人各种款项的结算，均可使用银行汇票。银行汇票可以用于转账，填明“现金”字样的银行汇票也可以用于支取现金。

3.4.1.2 银行本票存款

银行本票是指银行签发的承诺自己在见票时无条件支付确定的金额给收款人或持票人的票据。单位和个人在同一票据交换区域需要支付的各种款项，均可使用银行本票。银行本票可以用于转账，注明“现金”字样的银行本票也可以用于支取现金。

3.4.1.3 信用卡存款

信用卡存款是指企业为取得信用卡而存入银行信用卡专户的款项。信用卡是银行卡的一种。信用卡按使用对象分为单位卡和个人卡；按信用等级分为金卡和普通卡；按是否向发卡银行交存备用金分为贷记卡和准贷记卡。

3.4.1.4 信用证保证金存款

信用证保证金存款是指采用信用证结算方式的企业为开具信用证而存入银行信用证保证金专户的款项。企业向银行申请开立信用证，应按规定向银行提交开证申请书、信用证申请人承诺书和购销合同。

3.4.1.5 存出投资款

存出投资款是指企业已存入证券公司但尚未进行短期投资的资金。

3.4.1.6 外埠存款

外埠存款是指企业为了到外地进行临时或零星采购，而汇往采购地银行开立采购专户的款项。该账户的存款不计利息、只付不收、付完清户，除了采购人员可从中提取少量现金外，一律采用转账结算。

3.4.2 其他货币资金的核算

为了反映和监督其他货币资金的收支和结存情况，企业应当设置“其他货币资金”科目，借方登记其他货币资金的增加数，贷方登记其他货币资金的减少数，期末余额在借方，反映企业实际持有的其他货币资金。本科目应按其他货币资金的种类设置明细科目。

3.4.2.1 银行汇票存款

企业填写“银行汇票申请书”、将款项交存银行时，借记“其他货币资金——银行汇票”科目，贷记“银行存款”科目；企业持银行汇票购货、收到有关发票账单时，借记“材料采购”或“原材料”、“库存商品”、“应交税费——应交增值税(进项税额)”等科目，贷记“其他货币资金——银行汇票”科目；采购完毕收回剩余款项时，借记“银行存款”科目，贷记“其他货币资金——银行汇票”科目。

【例3-5】 天津泰佛进出口有限公司为采购商品，要求银行办理银行汇票180 000元，企业在填送银行汇票申请书后，将180 000元交给银行，取得银行汇票后，根据银行盖章的申请书存根联，编制会计凭证。银行汇票见表3-11、汇票申请书见表3-12、记账凭证见表3-13所示。

表3-11 银行汇票

中国银行
银行汇票　　　　第　　号

出票日期：贰零零柒年零肆月零柒日　　兑付地点：河西兑付行：中行营业部行号：2378
(大写)

收款人：北京钢铁厂　地址：238267313											
出票金额 人 民 币： (大写)											
实际结算 人 民 币：		千	百	十	万	千	百	十	元	角	分
金额　(大写)			¥	1	8	0	0	0	0	0	0

汇款人：天津泰佛进出口有限公司　　账号或地址：2403166818
出票行：[illegible]　行号：2875
汇款用途：购货
出票行盖章
行号：2378

									科目(付) 对方科目(收) 兑付日期 年 月 日 复核　记账
多余金额									
千	百	十	万	千	百	十	元	角	

中国银行天津市河西区办事处
2007.4.7
业务章

表3-12 汇票申请书

中国银行汇票申请书(存根)

申请日期2007年4月6日　　第0128号

收款人	北京钢铁厂			汇款人	天津泰佛进出口有限公司										
账号或住址	238267313			账号或住址	2403166818										
兑付地点		兑付行	中行营业部	汇款用途	购货										
汇兑金额	人 民 币(大写)：壹拾捌万元整					千	百	十	万	千	百	十	元	角	分
							¥	1	8	0	0	0	0	0	0

备 注　　　　科　目 ----------
对方科目 ----------
财务主管　　复核　　经办

表 3-13 记账统计

特 种 凭 证

SPECIAL VOUCHER

№ 第 7 号

外币

Date 2007 年 4 月 8 日

摘要 Explanation	总账科目 Gen. Leg. A/C	明细科目 Sub. Leg. A/C	外币金额 For. C. Amount	兑换率 Rate of Ex.	记账 P.R	借方金额 Debit	记账 P.R	贷方金额 Credit
办理银行汇票	其他货币资金	银行汇票				180 000.00		
	银行存款							180 000.00
合计 Total						¥180 000.00		¥180 000.00

附单据 2 张 Attachments

会计主管 Chief Accountant 记账 Entered by 审核 Checked 制单 赵华 Prepared by

企业使用汇票后，应根据发票账单及开户行转来的银行汇票有关副联等凭证，经核对无误后编制会计分录如下：

借：库存商品 180 000

贷：其他货币资金——银行汇票存款 180 000

银行汇票使用完毕，应贷记“其他货币资金——银行汇票存款”账户。假使这张汇票采购耗用 178 000 元，则多余 2 000 元，此时应编制会计分录如下：

借：银行存款 2 000

贷：其他货币资金——银行汇票存款 2 000

如果该 180 000 元汇票因超过付款期限或其他原因未曾使用而退还银行，则会计分录为：

借：银行存款 180 000

贷：其他货币资金——银行汇票存款 180 000

3.4.2.2 银行本票存款

企业填写“银行本票申请书”、将款项交存银行时，借记“其他货币资金——银行本票”科目，贷记“银行存款”科目；企业持银行本票购货、收到有关发票账单时，借记“材料采购”或“原材料”、“库存商品”、“应交税费——应交增值税（进项税额）”等科目，贷记“其他货币资金——银行本票”科目。企业收到银行本票、填制进账单到开户银行办理款项入账手续时，根据进账单及销货发票等，借记“银行存款”科目，贷记

"主营业务收入"、"应交税费——应交增值税(销项税额)"等科目。

【例3-6】 天津泰佛进出口有限公司为采购商品申请办理银行本票10 000元;在企业向银行提交"银行本票申请书"并将款项交存银行,取得银行本票时,应根据银行盖章后的原申请书存根联编制会计分录如下:

借:其他货币资金——银行本票存款 10 000
　　贷:银行存款 10 000

公司付出银行本票后,应根据发票账单等有关凭证,编制如下分录:

借:库存商品 10 000
　　贷:其他货币资金——银行本票存款 10 000

如因本票超过付款期等原因未曾使用而要求银行退款时,应填制一式二联进账单,连同本票一并交给银行,然后根据银行收回本票时盖章退回的进账单第一联编制如下会计分录:

借:银行存款 10 000
　　贷:其他货币资金——银行本票存款 10 000

3.4.2.3 信用卡存款

企业应填制"信用卡申请表",连同支票和有关资料一并送存发卡银行,根据银行盖章退回的进账单第一联,借记"其他货币资金——信用卡"科目,贷记"银行存款"科目;企业用信用卡购物或支付有关费用,收到开户银行转来的信用卡存款的付款凭证及所附发票账单,借记"管理费用"等科目,贷记"其他货币资金——信用卡"科目;企业信用卡在使用过程中,需要向其账户续存资金的,借记"其他货币资金——信用卡"科目,贷记"银行存款"科目;企业的持卡人如不需要继续使用信用卡时,应持信用卡主动到发卡银行办理销户,销卡时,单位卡科目余额转入企业基本存款户,不得提取现金,借记"银行存款"科目,贷记"其他货币资金——信用卡"科目。

【例3-7】 天津泰佛进出口有限公司欲申办信用卡,经银行审核同意后从其基本存款账户开出转账支票10 000元转入信用卡账户,根据支票存根和盖章退回的进账单第一联做会计分录如下:

借:其他货币资金——信用卡存款 10 000
　　贷:银行存款 10 000

公司持卡向特约单位购进一批办公文具,计2 800元,特约单位根据签购单刷卡后经银行间结算,根据信用卡签购单第一联和银行转来的付款通知等相关单证,做会计分录如下:

借:管理费用——办公费 2 800
　　贷:其他货币资金——信用卡存款 2 800

3.4.2.4 信用证保证金存款

企业填写"信用证申请书",将信用证保证金交存银行时,应根据银行盖章退回的"信用证申请书"回单,借记"其他货币资金——信用证保证金"科目,贷记"银行存款”科目。企业接到开证行通知,根据供货单位信用证结算凭证及所附发票账单,借记“材料采购”或“原材料”、“库存商品”、“应交税费——应交增值税(进项税额)”等科目,贷记“其他货币资金——信用证保证金”科目;将未用完的信用证保证金存款余额转回开户银行时,借记“银行存款”科目,贷记“其他货币资金——信用证保证金”科目。

【例3-8】 天津泰佛进出口有限公司要求银行对境外供货单位开出信用证20 000元时,根据开户银行盖章退回的由企业提交的“信用证申请书”的回单,编制会计分录如下:

借:其他货币资金——信用证存款 20 000
　贷:银行存款 20 000

公司收到境外供货单位信用证结算凭证及所附发票账单,经核对无误后,需编制如下会计分录:

借:库存商品 20 000
　贷:其他货币资金——信用证存款 20 000

如有未用完的信用证保证金余额1 000元转回开户银行,则应该编制会计分录如下:

借:银行存款 1 000
　贷:其他货币资金——信用证存款 1 000

3.4.2.5 *存出投资款*

企业向证券公司划出资金时,应按实际划出的金额,借记“其他货币资金——存出投资款”科目,贷记“银行存款”科目;购买股票、债券等时,借记“交易性金融资产”等科目,贷记“其他货币资金——存出投资款”科目。

【例3-9】 天津泰佛进出口有限公司根据发生的短期投资业务,编制如下会计分录:

(1)将银行存款500 000元划入某证券公司,准备进行短期股票投资。

借:其他货币资金——存出投资款 500 000
　贷:银行存款 500 000

(2)将存入证券公司款项用于购买股票并已成交,购买股票的成本为200 000元。

借:交易性金融资产 200 000
　贷:其他货币资金——存出投资款 200 000

(3)通过银行收回划入某证券公司的存出投资款

借:银行存款 300 000
　贷:其他货币资金——存出投资款 300 000

3.4.2.6 *外埠存款*

企业将款项汇往外地开立采购专用账户时,根据汇出款项凭证,编制付款凭证,进行账务处理,借记“其他货币资金——外埠存款”科目,贷记“银行存款”科目;收到采购人员转来供应单位发票账单等报销凭证时,借记“材料采购”或“原材料”、“库存商品”、“应交税费——应交增值税(进项税额)”等科目,贷记“其他货币资金——外埠存款”科目;采购完毕收回剩余款项时,根据银行的收账通知,借记“银行存款”科目,贷记“其他货币资金——外埠存款”科目。

【例3-10】 天津泰佛进出口有限公司委托当地开户银行汇5 000元给采购地银行开立专户,则应编制会计分录如下:

借:其他货币资金——外埠存款　　5 000

　　贷:银行存款　　5 000

企业收到采购员交来的供应单位发票账单等报销凭证4 850元时,需编制的会计分录如下:

借:库存商品　　4 850

　　贷:其他货币资金——外埠存款　　4 850

采购员完成了采购任务将多余的外埠存款转回当地银行时,根据银行的收账通知,转销“其他货币资金——外埠存款”账户,应编的会计分录如下:

借:银行存款　　150

　　贷:其他货币资金——外埠存款　　150

4

贸易术语与国际结算

本章学习要点

- 了解对外贸易的价格术语。
- 熟悉国际结算的主要形式。
- 掌握各种原始凭证的审核方法。

4.1 贸易术语

贸易术语，又称价格术语、价格条件。国际贸易中，买卖双方所承担的义务，会影响到商品的价格。在长期的国际贸易实践中，逐渐形成了把某些和价格密切相关的贸易条件与价格直接联系在一起，进而形成了若干种报价的模式。每一模式都规定了买卖双方在某些贸易条件中所承担的义务。用来表明这种义务的术语，称之为贸易术语。

贸易术语所表示的贸易条件，主要分两个方面：其一，说明商品的价格构成，是否包括成本以外的主要从属费用，即运费和保险；其二，确定交货条件，即说明买卖双方在交接货物方面彼此所承担的责任、费用和风险的划分。

贸易术语是国际贸易中构成单价条款的重要组成部分。它是在国际贸易实践中产生的，用来表明商品的价格构成，说明货物在交接过程中的风险、责任和费用划分问题的专门用语。在对外报价和签订合同时,涉及价格问题,它都是不可缺少的内容。它明确了双方在货物交接方面各自应承担的责任、费用和风险,说明了商品的价格构成。从而简化了交易磋商的手续,缩短了成交时间。《国际贸易条款(2000年)》中共包括4组13种贸易术语。

4.1.1 E组:发货地交货组

EWX:工厂交货(……指名地) Ex Works(… named place)

工厂交货(……指名地)是指当卖方在其所在地或其他指定的地点(如工场、工厂或仓库)将货物交给买方处置时,即完成交货,卖方不办理出口清关手续或将货物装上任何运输工具。

该术语是卖方承担责任最小的术语。买方必须承担在卖方所在地受领货物的全部费用和风险。

4.1.2 F组:起运地交货,主要运费未付组

F组中包括的三种贸易术语FCA、FAS和FOB,它们在交货地点、风险划分界限以及适用的运输方式等方面并不完全相同,然而它们也有相同之处,其共同点是按这些术语成交时,卖方要负责将货物按规定的时间运到双方约定的交货地点,并按约定的方式完成交货。从交货地点到目的地的运输事项由买方安排,运费由买方负担。买方要指定承运人,订立从交货地至目的地的运输合同,并通知卖方。可见,按这些术语达成交易,卖方承担的费用在交货地点随着风险的转移而相应地转移给了买方。此外采用这三种贸易术语成交时,均由卖方负责货物出口报关的手续和费用;由买方负责货物进口报关的手续和费用。

4.1.2.1 FCA:货交承运人(……指名地) Free Carrier(… named place)

货交承运人(……指名地)是指卖方只要将货物在指定的地点交给买方指定的承运人,并办理了出口清关手续,即完成交货。需要说明的是,交货地点的选择对于在该地点装货和卸货的义务会产生影响。若卖方在其所在地交货,则卖方应负责装货,若卖方在任何其他地点交货,卖方不负责装货。

该术语可用于各种运输方式,包括多式联运。"承运人"指在运输合同中,承诺通过铁路、公路、空运、海运、内河运输或上述运输的联合方式履行运输或由他人履行运输的任何人。若买方指定承运人以外的人领取货物,则当卖方将货物交给此人时,即视为已履行了交货义务。

4.1.2.2 FAS:船边交货(……指名装运港) Free Along Side(… named port of shipment)

船边交货(……指名装运港)是指卖方在指定的装运港将货物交到船边,即完成交货。买方必须承担自那时起货物灭失或损坏的一切风险。"船边"的含义是按照港口的惯用方式,一般是指起重机的吊钩能吊取货物的地点。FAS术语要求卖方办

理出口清关手续。但是,如当事方希望买方办理出口手续,需要在销售合同中明确写明。

4.1.2.3 FOB:船上交货(……指名装运港) Free On Board(… named port of shipment)

船上交货(……指名装运港)是当货物在指定的装运港越过船舷,卖方即完成交货。这意味着买方必须从该点起承担货物灭失或损坏的一切风险。该术语仅适用于海运或内河运输。如当事各方无意越过船舷交货,则应使用 FCA 术语。

FOB 是国际贸易中常用的价格术语之一。卖方承担的基本义务是在合同规定的装运港和规定的期限内,将货物装上买方指派的船只,并及时通知买方。货物在装船时越过船舷,风险即由卖方转移至买方。买方要负责租船订舱,支付运费,并将船期、船名及时通知卖方。货物在装运港越过船舷后的其他责任、费用也都由买方负担,包括取得进口许可证或其他官方证件以及办理货物入境的手续和费用。

4.1.3 C 组:起运地交货,主要运费已付组

C 组包括 CFR、CIF、CPT 和 CIP 四种贸易术语。卖方在约定的装运港(地)交货后,还要负责办理货物从装运港(地)到目的港(地)的运输事项,并承担相关费用,因按本组术语成交,货价构成因素中都包括运费。

C 组术语下,风险划分和费用划分是两个不同的概念,风险划分在装运港(地),运费付至目的港(地)。就是说,卖方虽然承担从交货地至目的地的运输责任,并负担相关费用,但是,他并不承担从交货地至目的地的运输途中货物发生损坏、灭失及延误的风险。CFR 和 CIF 是在装运港交货,风险划分均以船舷为界,适用于水上运输方式;CPT 和 CIP 则是在约定地点向承运人交货,风险划分以货交第一承运人为界,适用于各种运输方式。

4.1.3.1 CFR:成本加运费(……指名目的港) Cost and Freight(… named port of destination)

成本加运费(……指名目的港)是指在装运港货物越过船舷卖方即完成交货,卖方必须支付将货物运至指定的目的港所需的运费和开支。但交货后货物灭失或损坏的风险以及由于各种事件造成的任何额外费用,即由卖方转移到买方。

CFR 术语要求卖方办理出口清关手续。该术语仅适用于海运或内河运输。

4.1.3.2 CIF :成本、保险加运费付至(……指名目的港) Cost, Insurance and Freight (… named port of destination)

成本、保险费加运费(……指名目的港)是指在装运港当货物越过船舷时卖方即完成交货。卖方必须支付将货物运至指定的目的港所需的运费和费用,但交货后货物灭失或损坏的风险及由于各种事件造成的任何额外费用即由卖方转移到买方。但是,在 CIF 条件下,卖方还必须办理买方货物在运输途中灭失或损坏风险的海运保险,由卖方订立保险合同并支付保险费。

CIF 是国际贸易中常用的价格术语,仅适用于海运和内河运输。术语要求卖方

办理货物出口清关手续。

4.1.3.3 CPT:运费付至(……指名目的地) Carriage Paid to(… named place of destination)

运费付至(……指名目的地)是指卖方向其指定的承运人交货,但卖方还必须支付将货物运至目的地的运费。买方承担交货之后一切风险和其他费用。

CPT术语要求卖方办理出口清关手续。该术语可适用于各种运输方式,包括多式联运。如果还使用接运的承运人将货物运至约定目的地,则风险自货物交给第一承运人时转移。

4.1.3.4 CIP:运费、保险费付至(……指名目的地) Carriage and Insurance Paid to (… named place of destination)

运费和保险费付至(……指名目的地)是指卖方向其指定的承运人交货,但卖方还必须支付将货物运至目的地的运费,亦即买方承担卖方交货之后的一切风险和额外费用。但是,按照CIP术语,卖方还必须办理买方货物在运输途中灭失或损坏风险的保险。因此,由卖方订立保险合同并支付保险费。

CIP术语要求卖方办理出口清关手续。该术语可适用于各种运输方式,包括多式联运。

4.1.4 D组:目的地交货组

D组包括DAF、DES、DEQ、DDU和DDP五种贸易术语。采用D组术语,卖方应负责将货物运至边境或目的港或进口国内约定的目的地,并承担货物运至该地以前的全部风险和费用。D组术语条件下,卖方所承担的风险要大于前面各组,按D组术语订立的买卖合同属于到货合同。

4.1.4.1 DAF:边境交货(……指名地点) Delivered At Frontier (… named place)

边境交货(……指名地点)是指当卖方在边境指定的地点和具体交货点,在毗邻国家海关边界前,将仍处于交货的运输工具上尚未卸下的货物交给买方处置,办妥货物出口清关手续但尚未办理进口清关手续时,即完成交货。但是,如当事各方面希望卖方负责从交货运输工具上卸货并承担卸货的风险和费用,则应在销售合同中明确写明。

该术语可用于陆地边界交货的各种运输方式,“边境”一词可用于任何边境,包括出口国边境。因而,用指定地点和具体交货点准确界定所指边境,这是极为重要的。

4.1.4.2 DES:目的港船上交货(……指名目的港) Delivered EX Ship(… named port of destination)

目的港船上交货(……指名目的港)是指在指定的目的港,货物在船上交给买方处置,但不办理货物进口清关手续,卖方即完成交货。卖方必须承担货物运至指定的目的港卸货前的一切风险和费用。只有当货物经由海运或内河运输或多式联运在目的港船上交货时,才能使用该术语。

4.1.4.3 DEQ:目的港码头交货(……指名目的港) Delivered EX Quay(… named port of destination)

目的港码头交货(……指名目的港)是指卖方在指定的目的港码头将货物交给买方处置,不办理进口清关手续,即完成交货。卖方应承担将货物运至指定的目的港并卸至码头的一切风险和费用。只有当货物经由海运、内河运输或多式联运且在目的港码头卸货时,才能使用该术语。

DEQ 术语要求买方办理进口清关手续并在进口时支付一切办理海关手续的费用、关税、税款和其他费用。如果当事方希望卖方负担全部或部分进口时交纳的费用,则应在销售合同中写明。

4.1.4.4 DDU:未完税交货(……指名目的地) Delivered Duty Unpaid(… named place of destination)

未完税交货(……指名目的地)是指卖方在指定的目的地将货物交给买方处置,不办理进口手续,也不从交货的运输工具上将货物卸下,即完成交货。卖方应承担将货物运至指定的目的地的一切风险和费用,不包括在需要办理海关手续时在目的地国进口应交纳的任何"税费"(包括办理海关手续的责任和风险以及交纳手续费、关税税款和其他费用)。买方必须承担此项"税费"和因其未能及时办理货物进口清关手续而引起的费用和风险。但是,如果双方希望卖方办理海关手续并承担由此发生的费用和风险以及在货物进口时应支付的一些费用,则应在销售合同中明确写明。该术语适用于各种运输方式。

4.1.4.5 DDP:完税后交货(……指名目的地) Delivered Duty Paid(… named place of destination)

完税后交货(……指名目的地)是指卖方在指定的目的地,办理完进口清关手续,将在交货运输工具上尚未卸下的货物交与买方,完成交货。卖方必须承担将货物运至指定的目的地的一切风险和费用,包括在需要办理海关手续时在目的地应交纳的任何"税费"(包括办理海关手续的责任和风险以及交纳手续费、关税税款和其他费用)。但是,如当事方希望将任何进口时所要支付的一切费用(如增值税)从卖方的义务中排除,则应在销售合同中明确写明。若卖方不能直接或间接地取得进口许可证,则不应使用此术语。在 DDP 术语下卖方承担最大责任。该术语适用于各种运输方式。

4.1.5 常用贸易术语的价格换算

贸易术语是国际贸易中表示价格的必不可少的内容。报价中使用贸易术语,明确了双方在货物交接方面各自应承担的责任、费用和风险,说明了商品的价格构成,是买卖双方洽谈和签订合同时必须考虑的一个重要问题。国际贸易中常用的价格术语有 FOB、CFR、CIF 三种。企业在会计核算中,自营出口销售收入不论以哪种价格条件成交,一般均以 FOB 价格为基础进行核算,而进口商品的国外进价则以 CIF 价格为基础。所以我们对常用贸易术语的价格换算要有所了解。

4.1.5.1 FOB价换算为其他价

CFR价 = FOB价 + 国外运费

$$\text{CIF价} = \frac{(\text{FOB价} + \text{国外运费})}{1 - (1 + \text{投保加成率}) \times \text{保险费率}}$$

【例3-1】 泰佛公司从美国进口甲商品，FOB价格30 000美元，为甲商品支付国外运费1 500美元，保险费率2%，保险加成10%，求CIF、CFR报价。

CFR价 = 30 000 + 1 500 = 31 500美元

CIF价 = (30 000 + 1 500) ÷ (1 − 110% × 2%) = 32 208.59美元

4.1.5.2 CFR价换算为其他价

FOB价 = CFR价 − 国外运费

$$\text{CIF价} = \frac{\text{CFR价}}{1 - (1 + \text{投保加成率}) \times \text{保险费率}}$$

【例3-2】 泰佛公司出口A商品，CFR价格40 000美元，其中国外运费2 000美元，保险费率1.5%，保险加成10%，求FOB、CIF报价。

FOB价 = 40 000 − 2 000 = 38 000(美元)

CIF价 = 40 000 ÷ (1 − 110% × 1.5%) = 40 671.07(美元)

4.1.5.3 CIF价换算为其他价

FOB价 = CIF价 × [1 − (1 + 投保加成率) × 保险费率] − 国外运费

CFR价 = CIF价 × [1 − (1 + 投保加成率) × 保险费率]

【例3-3】 泰佛公司出口B商品，CIF价格50 000美元，其中国外运费3 000美元，保险费率2.5%，保险加成10%，求FOB、CFR报价。

FOB价 = 50 000 × (1 − 110% × 2.5%) − 3 000 = 45 625(美元)

CFR价 = 50 000 × (1 − 110% × 2.5%) = 48 625(美元)

4.2 国际结算

国际结算是指国家间由于贸易或非贸易活动而引起的货币收支和债权债务的结算，分为贸易结算和非贸易结算两种。其中贸易结算是当前国际结算的主要部分。目前，国际贸易的结算方式主要有信用证、汇付、托收等结算方式。

4.2.1 信用证结算方式(Letter of Credit 简称L/C)

4.2.1.1 信用证结算方式的含义

信用证方式是银行信用介入国际货物买卖价款结算的产物。它的出现不仅在一定程度上解决了买卖双方之间互不信任的矛盾，而且还能使双方在使用信用证结算货款的过程中获得银行资金融通的便利，从而促进了国际贸易的发展。因此，被广泛应用于国际贸易之中，以致成为当今国际贸易中的一种主要的结算方式。

信用证是银行做出的有条件的付款承诺，即银行根据开证申请人的请求和指示，向受益人开具的有一定金额、并在一定期限内凭规定的单据承诺付款的书面文件;或者是银行在规定金额、日期和单据的条件下,愿代开证申请人承购受益人汇票的保证书。

4.2.1.2 信用证的种类

(1)根据信用证项下的汇票是否附有货运单据,划分为跟单信用证和光票信用证。

(2)根据开证行所负的责任为标准,可以分为不可撤销信用证和可撤销信用证。

(3)根据有无另一银行加以保证兑付,可以分为保兑信用证和不保兑信用证。

(4)根据受益人对信用证的权利可否转让,可分为可转让信用证和不可转让信用证。

(5)根据付款期限的不同,可分为即期信用证和远期信用证。

(6)循环信用证。

(7)对开信用证。

(8)对背信用证。

(9)预支信用证。

4.2.1.3 信用证结算方式的一般程序

信用证结算方式的一般程序如图 4-1 所示。

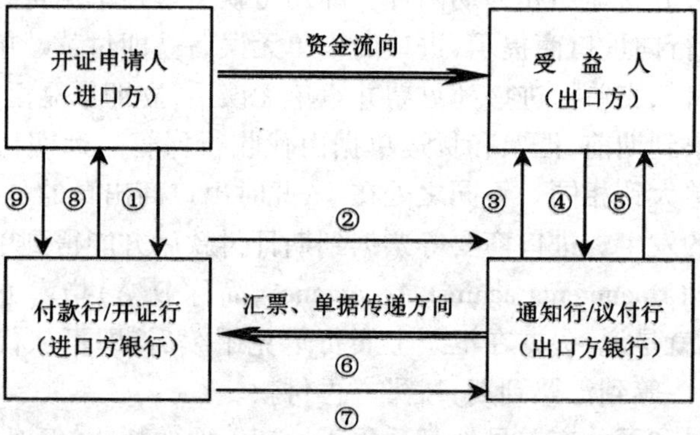

图 4-1 信用证结算的一般程序

①进口人填制开证申请书,交纳押金和手续费,要求开证行开出以出口人为受益人的信用证。

②开证行将信用证寄交出口人所在地的分行或代理行(通知行)。

③通知行核对印鉴无误后,将信用证转交出口人。

④出口人审核信用证与合同相符后,按信用证规定装运货物,并备齐各项货运单据,开具汇票,在信用证有效期内一并送交当地银行(议付行)请求议付。

⑤议付行审核单据与信用证无误后,按汇票金额扣除利息和手续费,将货款垫付给出口人。

⑥议付行将汇票和单据寄交开证行或其指定的付款行索偿。

⑦开证行或其指定的付款行审单无误后,向议付行付款。

⑧开证行通知进口人付款赎单。

⑨进口人向开证行付款赎单,凭单取货。

4.2.2 托收结算方式(Collection)

托收是由债权人(出口商)签发汇票,委托当地银行通过其在债务人所在地的联行或代理行向债务人(进口商)收取款项的结算方式。

4.2.2.1 托收的种类

按托收项下的汇票是否附有货运单据的标准,一般将托收分为光票托收和跟单托收。

1. 光票托收(Clean Collection)

光票托收指不附带货运单据,单凭财务单证所作的托收。由于不涉及货权的转移或货物的处理,光票托收的业务处理非常简单。

光票托收可能基于贸易交易,但多用于非贸易业务的结算,主要适用于向进口商收取货款差额、佣金、样品款或其他贸易从属费用等。

2. 跟单托收(Documentary Collection)

跟单托收指汇票附带有货运单据的托收。国际贸易结算中使用的托收一般都是跟单托收。在跟单托收业务中,单据的移交条件有付款交单和承兑交单两种。

(1)付款交单(Documents against Payment,简称 D/P)指卖方的交单以买方的付款为条件,也就是说,买方支付货款后才能向代收行赎取货运单据,从而获得货物所有权。付款交单又分为即期和远期两种。即期付款交单指单据寄到进口方所在地的代收行后,由代收行向进口商提示,进口商审单无误后立即付款赎单。付款交单多指这一类型。远期付款交单指进口商见票并审单无误后,立即承兑汇票,于汇票到期日付款赎单。在汇票到期前,汇票和货运单据由代收行保管。远期付款交单的业务流程与即期付款交单大致相同。不同之处在于,此时出口商出具的是远期汇票,故有承兑这一票据行为的发生。进口商要等票据到期日付款后方能得到单据。

(2)承兑交单(Documents against Acceptance,简称 D/A)指卖方的交单以买方承兑汇票为条件,也就是说,买方在汇票上履行承兑手续后,即可从代收行取得货运单据,凭此提取货物。等到汇票到期日,买方再付款。

远期付款交单和承兑交单虽然都适用于远期汇票的托收,但对进口方而言,承兑交单更有利。因为进口方只需承兑就能获得单据,提取货物,可以尽早投入生产或销售。而对于出口方而言,承兑交单要冒相当大的风险。因为承兑毕竟不等于付款,一旦交了单就失去了物权,丧失了约束进口商付款的手段。

4.2.2.2 托收的当事人

托收方式的基本当事人有四个:委托人、托收行、代收行和付款人。委托人即开出汇票委托银行向国外付款人收款的出票人,也就是国际贸易中的出口方;托收行即接受委托人的委托,转托国外银行向国外付款人代为收取款项的银行;代收行即接受托收行的委托,代向付款人收款的银行;付款人就是汇票的受票人,即国际贸易中的进口方。根据托收的定义,委托人与托收行,托收行与代收行之间都只是委托代理关系。

托收结算的一般程序如图4-2所示。

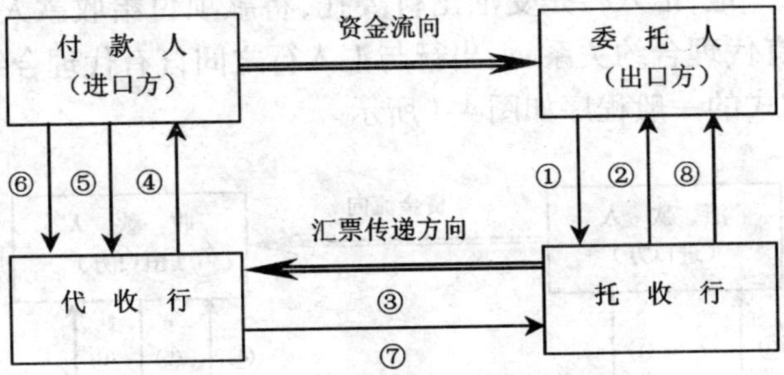

图4-2 托收结算的一般程序

①出口方开出汇票，随附规定的单据，填写托收申请书，送交托收行。

②出口方取得回单。

③托收行填写托收委托书，连同跟单汇票寄国外代收行。

④代收行向进口方提示跟单汇票。

⑤D/P方式进口方付款赎单，D/A方式进口方承兑赎单。

⑥D/A方式，汇票到期进口方付款。

⑦代收行将收妥"贷记通知"寄给托收行。

⑧托收行通知出口方货款已收妥。

4.2.3 汇付结算方式(Remittance)

汇付又称汇款，是通过进出口双方所在地银行的汇兑业务进行结算的，是一种操作较为简便的结算方式。汇付就是由付款人通过银行，使用各种结算工具将货款汇交收款人的一种结算方式。

4.2.3.1 汇付的种类

汇款按资金调拨方式，分为信汇、票汇和电汇。

1. 信汇(Mail Transfer，简称M/T)

即由汇款人向汇出行提出申请，并交付款项，由该银行开具付款委托书，以信函方式委托汇入行将款项付给收款人。信汇费用低，是所有结算方式中最便宜的一种，但速度较慢，适用于小额的商品交易。

2. 电汇(Telegraphic Transfer，简称T/T)

指汇款资金的调拨和汇款委托指示是采用电讯方式送达汇入行的。电汇可使收款人很快收到货款，但电汇费用较高，因此多在比较紧急时使用。

3. 票汇(Demand Draft，简称D/D)

是由汇款人向当地银行购买汇票，自行寄给收款人，由收款人凭以向汇票上指定的银行取款的结算方式。其特点是付款银行无须另行通知收款人，且收款人在必要时可以将汇票背书转让，有流通的便利。

4.2.3.2 汇付的当事人

汇付业务涉及的当事人有四个，即付款人(汇款人)、收款人、汇出行和汇入行。

付款人即进口方;收款人即出口方;汇出行是受付款人委托将款项付给收款人的银行,与汇款人同在一地;汇入行是受汇出行委托,将款项付给收款人的银行。付款人与汇出行之间订有代理合约关系,汇出行与汇入行之间订有代理合约关系。

信汇、电汇方式的一般程序如图4-3所示。

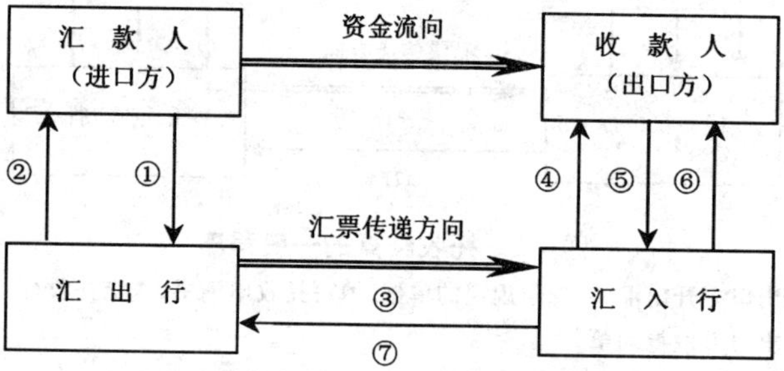

图4-3 信汇、电汇方式的一般程序

①汇款人填写信汇或电汇申请书,并向汇出行交款付费。

②汇出行将信汇或电汇申请书回执退还给汇款人。

③汇出行邮寄信汇委托书或拍发电报委托汇入行解付汇款。

④汇入行收到信汇委托书或收到电报,核对无误后,交收款人汇款通知单。

⑤收款人持盖章的通知单收据联,到汇入行取款。

⑥汇入行解付汇款。

⑦汇入行将付讫借记通知寄给汇出行。

4.2.3.3 汇付结算方式的特点

汇付结算方式下,不论是以信汇委托书、电报,还是以即期汇票为结算工具,其传递方向与资金流向正好一致,属于顺汇。

汇付结算方式只有在进出口双方高度信任的基础上才适用,属于商业信用。

汇款结算方式风险加大,使用频率较低,通常只用于支付佣金、广告费、杂项费用和货款尾数等。外经贸企业大量的经济业务是通过国际结算来实现的,有关国际结算的实务处理将在以后章节结合具体经济业务加以阐述。现例示部分国际结算中的单据如下。(见表4-1、4-2、4-3、4-4)

表 4-1　外币支取凭条

□活期外汇存款
（付出）□外汇专户活期存款
□其他金融机构往来

支 取 凭 条
DRA WING SLIP

	账　号： Account No.--------------------------------
中 国 银 行 台 照 To BANK OF CHIAN	日期 Date--------------------------------------
请付 Pay-- --	
小写金额 In Figures------------------------------	签　章 Signature--

主管　　会计　　出纳　　复核　　记账　　核对印鉴

表 4-2　购买外汇申请书

× × 银行：

我公司为执行第________号合同项下对外支付，需向贵行购汇。现按外汇管理局有关规定向贵行提供下述内容及所附文件，请审核并按实际付汇日牌价办理售汇。所需人民币资金从我公司________号账户中支付。

1. 购汇金额：
2. 用　　途：□进口商品　□从属费用　□索退赔款　□其他
3. 支付方式：□信用证　□代收　□汇款　（□货到付款　□预付货款）
4. 商品名称：
5. 数量：
6. 合同号：　　　　金额：
7. 发票号：　　　　金额：
8. □一般进口商品，无须批文。
   □控制进口商品，批文随附如下：
   □进口证明　□许可证　□登记证明　□其他批文
   批文号码：批文有效期
9. 附件：□批文　□合同/协议　□发票　□正本运单
   □报关单　□运费单/收据　□保险费收据
   □佣金单　□关税证明　□仓单　□其他

申请单位____________（盖章）

年　　月　　日

表4-3　结汇水单

×× Bank FX Clearing Memo

（结汇水单）

20××．××．××

Payee
（收款人名称）：
Payee's a/c No.
（收款人账号）：

Voucher No.
（申报单号）：

FX amount（外汇金额）	Rate（结汇牌价）	Recording amount（入账金额）

Description 摘要			
	Reference No.（业务编号）：	Invoice No.（发票号）：	VAL－DATE（起息日）：
	Deduction（国外扣费）：	Verification（核销单号）：	Paying charge（偿付费）：
	Commission（手续费）：	Postal（邮电费）：	Discrepancy fee（不付费）：
	LESS－COMM.（手续费） LESS－OTHE.（其他） OUR COMMISSIONS AND CHARGES PRE－ADV（预通知费） ADV / CONF（通知 / 保兑费） AMENDMT（修改费） NEG / PYT（议付 / 付款费） POSTAGE（邮费） CAB / TEL（电讯费） OTHER（其他）		

表4-4　单据通知书

进口 代收/信用证 单据通知书

公司　　　　银行通知编号　　　　通知日期：　年　月　日

议付行/托收行	支付方式	到期日	金额
			总计

兹送上下列单据，请查收。

Inv.	P/W List	AWB/Mem.	Ins. Pol/Cert	Cable	Benf. Cert.	Cer	Cert. Qly/Qty

××银行

5

外币业务的核算

本章学习要点

- 掌握外币业务的核算方法。
- 熟练使用外汇汇率。
- 熟练辨识、审核有关外币的原始凭证。
- 熟练掌握外币业务的核算方法。
- 熟练登记有关外币账户。

5.1 外币收支业务概述

外经贸企业由于其经营特点决定,经常发生大量的外汇收支业务,加强对外汇收支业务的核算,对提高企业的经济效益、正确核算企业盈亏有着重要的作用。

5.1.1 外汇基本知识

5.1.1.1 什么是外汇

外汇是指以外国货币表示的用于国际结算的支付手段。包括外国货币、外币有价证券、外币支付凭证(银行存款凭证、邮政储蓄凭证等)、其他外汇资金。在外经贸企业实际工作中经常接触到的是外国货币和外币支付凭证。

在实际工作中经常会把一种货币折算为另一种货币及发生货币兑换业务,也会经常发生外币折算为记账本位币即人民币业务，而这些工作的完成需要借助于汇率。

5.1.1.2 汇率及相关问题

1. 汇率的概念

汇率是指两国货币之间的比价，即用一国货币所表示的另一国货币的价格。汇率也叫汇价，即外汇的价格，长期以来我国的官方汇率都是定期挂牌公布，所以汇率还叫牌价。

2. 汇率的表示方法

汇率的表示方法有直接标价法和间接标价法两种。

直接标价法是指每单位外国货币可兑换多少本国货币的表示方法。这里的每单位是指1或100外国货币可兑换多少本国货币。包括我国在内的多数国家目前在外汇价格的表示上都是采用直接标价法。在直接标价法下，外国货币的数量固定不变，只是相应所折算的本国货币数额随着其升值或贬值而发生变化。

间接标价法则是按每单位本国货币可兑换多少外国货币的表示方法。这里的每单位是指1或100本国货币可兑换多少外国货币。在间接标价法下，本国货币的数量固定不变，只是相应所折算的外国货币数额随着升值或贬值而发生变化。

3. 汇率的基本种类

在实际工作中，企业发生的外币业务种类繁多，所使用的汇率也不相同，现主要介绍买入汇率、卖出汇率和中间汇率。

所谓买入汇率和卖出汇率都是站在银行的角度而言的。买入汇率是指银行由其客户手里买入某种外汇时所使用的汇率；卖出汇率是指银行向其客户出售某种外汇时所使用的汇率。在这里需要强调的是在实际工作中，作为银行客户的企业和银行所处的位置正好相反，即当企业卖出外汇时银行为买入，所以应使用银行的买入价格；而当企业买入时银行则为卖出，所以应使用银行的卖出价格，实际工作中发生的货币兑换业务中便是如此。中间汇率则是买入汇率和卖出汇率的平均值，即用买入汇率加卖出汇率除二。实际工作中，对外经贸企业除了实际的货币兑换外，大量的经济业务基本上都是使用外汇的中间价即中间汇率进行折算的。

5.1.1.3 货币符号

在实际工作中，会计人员在对外币业务进行账务处理时，要经常使用各国的货币符号，现将有关国家的货币符号列示于表5-1。

表 5-1 货币符号列表

货币名称	货币符号	货币名称	货币符号
人民币	RMB	爱尔兰镑	IEP
美元	USD	意大利里拉	ITL
日元	JPY	卢森堡法郎	LUF
欧元	EUR	荷兰盾	NLG
英镑	GBP	德国马克	DEM
港币	HKD	西班牙比塞塔	ESP
瑞士法郎	CHF	印尼盾	IDR
马来西亚林吉特	MYR	韩国元	KRW
新西兰元	NZD	泰铢	THB
菲律宾比索	PHP	法国法郎	FRF
加拿大元	CAD	俄罗斯卢布	SUR
新加坡元	SGD	澳大利亚元	AUD

5.1.2 外币收支核算的基本要求

按照国家现行会计准则的要求,外经贸企业应加强对外汇收支业务的管理并正确进行外汇收支业务的核算。在进行外汇收支业务核算时应符合下列要求:

(1)企业发生外币业务时,要将外币折合为记账本位币记账,同时登记外币金额和记账汇率;

(2)外币账户的增加与减少,要按市场外汇汇率折合为人民币记账;

(3)按国家现行制度要求定期核算汇兑损益;

(4)企业编制会计报表时应将外币折合为人民币反映。

5.2 外币业务的核算方法

外经贸企业日常会发生大量的外币业务,按照记账本位币的要求,在外币业务发生后一方面要记录外币的金额,同时还应将其折算为记账本位币来记账。

5.2.1 外币业务核算的内容和程序

5.2.1.1 外币业务核算的内容

1. 外币业务的内容

企业会计准则对外币业务的核算做出了明确的规定。在外经贸企业所发生的外币业务也就是通常所说的外币交易,是指以外币计价或者结算的交易。外币交易包括:买入或者卖出以外币计价的商品或者劳务;借入或者借出外币资金;其他以外币计价或者结算的交易等。

外经贸企业的外币业务是指以记账本位币以外的货币进行的款项收付、往来结算及计价业务。外经贸企业由于生产经营需要所发生的涉及外币的经济业务，在会计处理中应将其折算为记账本位币。实际工作中这些外币业务主要包括由国外进口商品、进口设备等业务，向国外出口商品业务，由银行取得外币借款业务及发生的按外币计价的往来款项结算业务。具体包括以下几种类型：

(1)外币现金和银行存款增加、减少的外币业务；

(2)按外币结算的收付往来外币业务；

(3)借入外币资金及偿还时的外币业务；

(4)不同货币之间兑换时的外币业务；

(5)期末对外币账户调整时的外币业务。

2. 外币业务的核算要求

按国家现行制度要求，对企业发生的外币业务必须按照规定汇率将其折算为记账本位币，实际工作中汇率的使用可以有两种方式，一是使用经济业务发生日汇率，即外币业务发生时的汇率；二是可以使用当月 1 日汇率。但无论是哪种汇率必须是中间价。

3. 外币账户的设置

在核算外币业务时，外经贸企业应当设置相应的外币账户。

外币账户是指按外币进行计价和结算的账户。具体包括：外币现金、外币银行存款以及按外币结算的债权和债务账户。外币结算的债权账户包括应收账款、应收票据、其他应收款、预付账款等；外币结算的债务账户包括短期借款、长期借款、应付账款、应付票据等。以上这些外币账户在进行记录登记时除记载实际发生的外币金额外，还应同时记载相应折算的记账本位币金额。

非外币账户是指同外币业务有关但不按外币进行计价和结算，只按记账本位币进行记账的账户。例如：发生进口业务时的固定资产账户，当把固定资产账户的外币折算成按记账本位币反映的人民币之后，该账户的外币记录只是一个参考记录；再如当发生出口业务时的主营业务收入账户，把该账户的外币折算成按记账本位币反映的人民币之后，该账户的外币记录只是一个参考记录。实际工作中，外经贸企业的大量账户都属于非外币账户。

5.2.1.2 外币业务核算的程序

企业发生外币业务时，其会计核算的基本程序如下。

(1)对企业发生的外币业务，根据规定的汇率将外币金额折算为记账本位币金额，编制有关特种凭证；

(2)根据特种凭证登记有关外币账户和非外币账户。在登记外币账户时，一方面要记录所发生的外币金额，另一方面也要登记按照一定汇率所折算的记账本位币金额，即要对外币账户做出双重记录；为了反映业务发生时的外币折算过程，对外币折算时所采用的汇率通常要登记在外币账户中。对于非外币账户则可直接登记所折算的记账本位币金额,当然为了全面记录经济业务的来龙去脉,在记录记账本位币的同时记录外币金额也是一种较好的记录手段,实际工作中许多外经贸企业都采用了对非外币账户同时做出双重记录的方式。

(3)按照企业会计准则的要求处理所发生的货币兑换业务。

(4)期末,调整确认外币账户的汇兑损益。期末(指月末、季末或年末,下同)对各种外币账户(包括外币现金、银行存款以及以外币结算的债权债务)的期末余额,按照期末市场汇率折合为记账本位币金额,并将外币账户期末余额折合为记账本位币的金额与相应的外币账户的记账本位币期末余额之间的差额,确认为汇兑损益。

5.2.2 外币业务核算的基本方法

5.2.2.1 外币业务核算方法概述

外经贸企业对外币业务的核算采用的方法有外币统账法和外币分账法。外币统账法是指以某种货币(比如人民币)为记账本位币记录企业发生的所有外币业务的外币记账方法。外币分账法是指在外币业务发生时直接按外币记账,不反映相应折算的记账本位币金额的记账方法。外经贸企业多数采用的是外币统账法。在此方法下对所发生的外币业务如外币现金和银行存款的增加减少、按外币结算的收付往来、借入外币资金与偿还以及不同货币之间兑换等外币业务的核算都要按照企业确定的汇率折算为记账本位币,在外币账户中要在记录外币金额的同时还要记录所折算的记账本位币金额,即应做出双重记录;而在非外币账户中一般只需要按记账本位币做出记录。上述外币业务的核算程序中,即为外币统账法下的程序,也就是外经贸企业目前所采用的外币业务核算的基本方法。

5.2.2.2 外币业务的基本核算方法

1. 进口商品业务

【例5-1】 2007年5月5日泰佛公司由国外H公司进口乙商品一批,价款USD20 000尚未支付,业务发生时汇率为1:7.678 5。

企业从国外购进商品时,按照当日或月初的市场汇率将支付的外币或应支付的外币折算为记账本位币记账,以确定购入商品的入账价值,同时按照外币的金额登记有关外币账户,如外币银行存款和外币应付账款账户等。

此项经济业务的发生,一方面使企业的存货价值增加,应按照业务发生时汇率将外币金额折算为记账本位币即人民币;另一方面企业的应付账款增加,应付账款账户为一外币账户,对外币账户按要求应做出双重记录。应编制如下会计分录:

借:库存商品——进口乙商品 USD20 000/¥153 570　　1:7.678 5

　贷:应付账款——H公司(美元户)USD20 000/¥153 570

　　　　　　　　　　　　　　　　　　　　1:7.678 5

2. 出口商品业务

【例5-2】 2007年5月18日,泰佛公司向国外A公司出口丁种产品一批,货款USD16 000尚未收回,当日汇率1:7.680 4。

企业向国外出口产品时，按照当日的市场汇率将出口的外币销售收入折算为记账本位币记账，同时按照外币金额登记有关外币账户，如外币银行存款账户和外币应收账款账户等。

借：应收账款——A公司(美元户)USD16 000/￥122 886.4　1:7.680 4

　贷：主营业务收入——出口丁种产品 USD16 000/￥122 886.4　1:7.680 4

企业对外出口产品，按国家现行税法规定属于鼓励出口的产品将享受税收优惠政策，即出口环节免征增值税，所以在此不再考虑应交税金的问题。但随着国家税收政策的调整，对部分出口商品也视同内销要征收增值税，在此情况下，出口商品也应计算销项税额。此笔经济业务中，企业的主营业务收入增加，按当日汇率将其折算为记账本位币，同时标注外币金额主要是为做一备考记录。由于货款尚未收回，应反映应收账款的增加，应收账款为一外币账户按要求应做出双重记录，按当日汇率将外币金额折算为人民币。

3. 外币支付业务

【例5-3】 2007年5月21日，泰佛公司通过银行支付前欠B公司货款USD24 000，当日汇率1:7.665 2。编制会计分录如下：

借：应付账款——B公司(美元户)USD24 000/￥183 964.8　1:7.665 2

　贷：银行存款——美元户 USD24 000/￥183 964.8　1:7.665 2

企业通过银行支付了所欠的应付账款，一方面要减少企业的外币银行存款，同时企业的应付账款也随之减少，均采用业务发生日汇率进行折算。在此，应付账款和银行存款均属于外币账户，所以都要做出双重记录，以反映企业外币资产负债等增减变化情况。

4. 外币借款业务

【例5-4】 2007年5月22日，泰佛公司由银行借入为期半年的美元借款USD20 000，当日汇率1:7.655 1。

借：银行存款(美元户)USD20 000/￥153 102　1:7.655 1

　贷：短期借款(美元户)USD20 000/￥1 531 020　1:7.655 1

外经贸企业由于生产经营的需要可以按照国家的规定借入外币资金。企业借入外币时，按照借入外币时的市场汇率将外币折算为记账本位币记入银行存款账户，同时按照借入外币的金额及所折算的记账本位币金额登记其对应的负债账户。由于所涉及的账户均为外币账户，所以都要做出双重记录进行反映。

5.2.2.3 货币兑换业务

1. 货币兑换业务概述

货币兑换业务是指外经贸企业所发生的在人民币与外币之间或不同外币之间的兑换业务。具体可包括：企业以人民币从银行等金融机构购入外币(对于银行来说，则是卖出外币)、向银行等金融机构售出外币(对于银行来说，则是买入外币)或是以一种外币兑换另一种外币的业务。如：企业用美元10 000兑换人民币，对企业来说是卖出美元而银行则为买入;再如,企业用美元 30 000 兑换英镑,对企业来说是卖出美元买入英镑,而对银行来说则为买入美元卖出英镑。在实际工作中,外经贸企业所发生的货币兑换业务其具体的兑换过程由银行来完成,企业会计人员只是需要对兑换的结果做出账务处理。货币兑换所产生的记账本位币的差额应记入“汇兑损益”账户。

2. 货币兑换业务案例

2007 年 5 月 24 日,有关外汇汇率如表 5-2 所示。

表 5-2 外汇汇率表

货币名称	现汇买入价	现钞买入价	卖出价
英镑	1 514. 03	1 482. 11	1 526. 19
港币	97. 61	96. 83	97. 98
美元	763. 67	757. 55	766. 73

【例 5-5】 由银行存款美元户中支出 USD10 000 兑换人民币。

此笔兑换业务的发生,银行对兑换过程计算如下:

USD10 000 ×7. 636 7 =76 367

对企业来讲是卖出美元,银行为买入美元,所以银行使用买入价将美元 10 000 折算为人民币 76 367 元。对企业来讲人民币增加 76 367 元和美元减少 10 000 是此笔经济业务的结果。

企业根据银行的兑换结果编制会计分录如下:

借:银行存款——人民币户　　76 367

借:财务费用——汇兑损益　　153

　贷:银行存款——美元户 USD10 000/ ¥76 520　　1:7. 652

　美元中间价 7. 652 =(7. 636 7 +7. 667 3)/2

本例中,企业应当在银行存款美元账户记录美元的减少,同时按照当日的市场汇率中间价 7. 652 将美元折算为人民币,在银行存款美元账户中同时记录外币和人民币的减少;按实际收到的人民币金额,在银行存款人民币账户记录人民币的增加;两者之间的差额 153 作为当期的汇兑损失处理。

【例 5-6】 由银行存款户中支出人民币 100 000 元兑换英镑。

此笔兑换业务的发生,银行对兑换过程计算如下:

100 000/15. 261 9 = GBP6 552. 26

对企业来讲是买入英镑,银行为卖出英镑,所以银行使用卖出价 15. 261 9 将人民币 100 000 折算为英镑 6 552. 26。对企业来讲人民币减少 100 000 元和英镑增加 6 552. 26是此笔经济业务的结果。

企业根据银行的兑换结果编制会计分录如下:

借:银行存款——英镑户 GBP6 552.26/¥99 601.56　1:15.201 1

借:财务费用——汇兑损益　398.44

　贷:银行存款——人民币户　100 000

英镑中间价 15.201 1 =(1 514.03 +1 526.19)/2

企业一方面应记录人民币的减少,同时应记录英镑的增加,企业对外币的增加应采用外汇的中间价 15.201 1 进行折算,银行存款英镑户所折算的人民币金额和人民币户的人民币金额之间的差额 398.44 作为汇兑损失处理。

【例 5-7】 由银行存款美元户中支出 USD20 000 兑换港币。

此笔兑换业务的发生,银行对兑换过程计算如下:

USD20 000 ×7.636 7/0.979 8 = HKD155 882.83

企业是卖出美元,银行为买入美元,所以银行使用买入价将美元 20 000 折算为人民币 152 734 元。企业的兑换目的是港币,所以还要按港币的卖出价 0.979 8 将 152 734折算为港币 155 882.83。企业的港币增加 155 882.83 元和美元减少 20 000 是此笔经济业务的结果。

企业根据银行的兑换结果编制会计分录如下:

借:银行存款——港币户 HKD155 882.83/¥152 445.61　1:0.97795

借:财务费用——汇兑损益　594.39

　贷:银行存款——美元户 USD20 000/¥153 040　1:7.652

　港币中间价 0.977 95 =(0.976 1 +0.979 8)/2

　美元中间价 7.652 =(7.636 7 +7.667 3)/2

本例中,银行存款港币账户作增加记录,按照当日的市场汇率 0.977 95 将港币 155 882.83 折算为人民币,银行存款美元户减少,对减少的美元金额按照当日的市场汇率 7.652 将美元 20 000 折算为人民币。两者之间的差额作为当期的汇兑损失。

5.2.2.4 月末汇兑损益的核算

汇兑损益是指企业的外币由于时间和汇率的不同而折算的记账本位币的差额,不同货币兑换所产生的记账本位币的差额均叫做汇兑损益。汇兑损益产生的原因是因为企业持有的外币受汇率变动的影响而产生的人民币的差额。

1. 汇兑损益的核算要求

外经贸企业所发生的汇兑损益,应按照企业会计准则的有关要求进行处理。具体要求如下。

(1)发生在企业筹建期间的汇兑损益,应记入长期待摊费用,并于开始生产经营的当月一次记入开始生产经营当月的期间费用。

(2)发生在生产经营期间的汇兑损益应记入当期的“汇兑损益”。

(3)企业发生的与固定资产有关的外币专门借款产生的汇兑损益,在所购建的固定资产达到预计可用状态前发生的符合资本化条件的汇兑损益应记入固定资产的购建支出,列入该项固定资产的原值;对不符合资本化条件的汇兑损益以及在所购建的固定资产达到可用状态后发生的记入当期的“汇兑损益”。

(4)按有关规定在会计期末将外币会计报表折算为按人民币表示的会计报表时,因会计报表折算产生的记账本位币的差额,作为“外币报表折算差额”处理,在资产负债表所有者权益项目下单独列示。

(5)发生在企业清算期间的汇兑损益应记入“清算损益”。

2. 期末对外币账户的调整

在会计期间(月份、季度、年度)终了时,应当对外币账户的期末余额按期末汇率进行记账本位币的折算,折算后的记账本位币金额与原账面记账本位币金额之间的差额,即为汇兑损益。

调整的步骤:

(1)月末,将外币账户的外币余额按月末汇率折算为记账本位币;

(2)按月末汇率折算的记账本位币金额与该账户记账本位币账面余额的差额作为汇兑损益。

【例 5-8】 泰佛公司 2007 年 5 月 31 日有关外币账户的余额资料如下:

银行存款——美元户　USD20 000/￥153 570

应付账款——甲公司——美元户 USD15 000/115 170

当日美元中间价为:1:7.646 5

对银行存款账户调整如下:

USD20 000 ×7.646 5 = 152 930

152 930 - 153 570 = -640

由以上计算可知,由于汇率的变动,银行存款美元户 USD20 000 的记账本位币等值发生了变化,由原来的 153 570 变为 152 930,企业的外币资产所折算的记账本位币等值比原来减少了 640,即发生汇兑损失 640 元人民币。

对应付账款账户调整如下:

USD15 000 ×7.646 5 = 114 697.5

114 697.5 - 115 170 = -472.5

由以上计算可知,由于汇率的变动,USD15 000 的记账本位币等值发生了变化,由原来的 115 170 变为 114 697.5,企业的外币负债项目所折算的记账本位币等值比原来减少了 472.5,即发生汇兑收益 472.5 元人民币。

3. 汇兑损益的账务处理

企业在正常生产经营期间所发生的汇兑损益按照规定应通过“财务费用账户下开设的汇兑损益”明细账户进行核算。期末,在对所有外币账户进行汇兑损益的调整时,调整哪个外币账户,哪个外币账户就要和“汇兑损益”账户发生对应关系。

对以上外币账户的调整业务编制会计分录如下:

借:财务费用——汇兑损益　　35

　贷:银行存款——美元户　　35

借:应付账款——甲公司——美元户　　765
　　贷:财务费用——汇兑损益　　765

5.3 外币业务的实务处理

5.3.1 外币综合业务

现以泰佛公司所发生的经济业务为例,说明外币业务的核算方法。

泰佛公司系一进出口企业,2007 年 5 月有关外币账户余额如下:

银行存款(美元户)USD140 000　1:7.703 5　¥1 078 490

银行存款(港币户)HKD450 000　1:0.984 85　¥443 182.5

应收账款——AB 公司(美元户)USD40 000　1:7.703 5　¥308 140

短期借款(美元户)USD32 000　1:7.703 5　¥246 512

泰佛公司在交通银行营业部开立美元账户,账号为 96889 - 45670002

泰佛公司在建设银行营业部开立港币账户,账号 2243 - 56545799

2007 年 5 月发生以下外币业务:

(1)5 月 8 日,接银行收款通知,收到 AB 公司偿还的货款 USD40 000,当日美元买入价 1:7.680 6,卖出价 1:7.711 4,此笔经济业务的原始凭证如表 5-3 所示。

表 5-3　外币进账单

外币进账单

汇入汇款回单

致:天津泰佛进出口有限公司　　DATE:2007/5/8

汇入汇款号	:TT80896交通银行		
3268	汇款金额　:USD 40 000		
申报号码	:120000002001988625A938	汇出行	:HANA　BANK
汇款人	:AB CO.LTD	入客户金额	:USD 40 000
附言	:货款	备注	:客户入账

我行今贷记你公司如下金额为汇入汇款款项:

账号	金额	牌价
贷　96889-45670002	USD 40 000	

首先应考虑此笔业务发生后汇率的使用,即当日美元中间价的计算。

当日美元中间价 = (7.680 6 + 7.711 4)/2 = 7.696

应编制会计分录如下:

借:银行存款——美元户 USD40 000/¥307 840　　1:7.696
　　贷:应收账款——AB 公司——美元户 USD40 000/¥307 840　　1:7.696

企业收回外单位偿还的货款,增加了银行存款,应记入银行存款账户的借方;同时由于应收账款的收回减少了应收账款,应记入该账户的贷方。

(2) 5 月 9 日,向国外弘发公司出售商品一批,货款尚未收回,发票价格 CIFUSD14 500,当日美元买入价 1:7.653,卖出价 1:7.683 6。

当日美元中间价 =(7.653 +7.6836)/2 =7.668 3

此笔经济业务的发生,应编制如下会计分录:

借:应收账款——弘发公司——美元户 USD14 500 / ¥111 190.35 1:7.668 3

贷:主营业务收入——出口商品 USD 14 500 / ¥111 190.35 1:7.668 3

企业对外出口商品,使得企业的主营业务收入增加,应记入主营业务收入账户的贷方;由于结算时间的原因,货款尚未收回增加了企业的应收账款,应记入应收账款账户的借方。按照国家规定,属于国家鼓励出口的商品在出口环节免征增值税,所以在此不需考虑应交税金账户的处理。

(3)5 月 14 日,开出外币支取凭条支出 USD10 000 兑换港币,当日美元买入价 1:7.658 6,卖出价 1:7.689 2,港币买入价 1:0.980 3,卖出价 1:0.984。

外币支取凭条见表 5-4 所示。

表 5-4 外币支取凭条

中国银行天津市分行外币存款支取凭条(并代汇出汇款申请书)

(借) 824 外币存款

致:中国银行天津市分行 期

请支付我 号账金额

作下列汇款之用

公司签章

下列汇款请用 电汇 票汇 信汇 汇出 经办

收款人

银行及详细住址(国别) 复核

用 途 附 言

此笔经济业务发生后,银行按照当日实际汇率计算 USD10 000 应兑换的港币金额如下:

USD10 000 ×7.658 6/0.984 = HKD77 831.3

企业用美元兑换港币,一方面是企业卖出美元,同时买入港币。企业卖出美元时银行是买入所以使用银行的美元买入价 7.658 6,企业买入港币时银行是卖出所以使用银行的港币卖出价 0.984。

企业应对兑换的结果做出账务处理，应编制会计分录如下：

借：银行存款——港币户 HKD77 831.3/￥76 442.01　1：0.982 15

借：财务费用——汇兑损益　296.99

　贷：银行存款——美元户 USD10 000/￥76 739　1：7.673 9

上述会计分录中，银行存款港币户的增加应记入该账户的借方，银行存款美元户的减少应记入该账户的贷方。由于是企业对兑换结果的处理，此时的外币在完成记账本位币折算时按要求应使用当日汇率的中间价（下同）。两个账户所折算的记账本位币的差额作为财务费用处理。中间价计算如下：

当日美元中间价＝(7.658 6＋7.689 2)/2＝7.6739

当日港币中间价＝(0.980 3＋0.984)/2＝0.982 15

(4)5 月 20 日，以银行存款偿付外币借款 USD32 000，当日美元买入价 1：7.653，卖出价 1：7.683 6。

当日美元中间价＝(7.653＋7.683 6)/2＝7.668 3

此笔经济业务的发生，应编制如下会计分录：

借：短期借款——美元户 USD32 000 / ￥245 385.6　1：7.668 3

　贷：银行存款——美元户 USD32 000 / ￥245 385.6　1：7.668 3

由于用银行存款偿还了借款，使得企业的银行存款减少，应记入该账户的贷方；同时随着短期借款的偿还使企业的短期借款也随之减少，应记入该账户的借方。

(5)5 月 27 日，接到银行收款通知，国外弘发公司货款已收妥入账，当日美元买入价 1：7.639 8，卖出价 1：7.670 4。

当日美元中间价＝(7.639 8＋7.670 4)/2＝7.655 1

应编制的会计分录如下：

借：银行存款——美元户 USD14 500 / ￥110 998.95　1：7.655 1

　贷：应收账款——弘发公司——美元户 USD14 500 / ￥110 998.95 1：7.655 1

此笔经济业务的发生，一方面减少了企业的应收账款，应计入到该账户的贷方；同时银行存款的增加应计入到银行存款账户的借方。两个账户均属于外币账户，按要求均做出双重记录。

5.3.2　外币账户的登记

5.3.2.1　外币银行存款日记账的登记

外币银行存款日记账的登记案例见表 5-5、5-6 所示。

表 5-5 银行存款日记表

外币 美元
Foreign Currency

银行：交通银行　　　　账号 96889-45670002

2007年		凭证号数	摘要	借方			贷方			借或贷	余额		
月	日			外币	汇率	人民币	外币	汇率	人民币		外币	汇率	人民币
5	1		月初余额							借	140 000	7.703 5	1 078 490
	8	1	收回货款	40 000	7.696	307 840				借	180 000		1 386 330
	14	3	兑换港币				10 000	7.673 9	76 739	借	170 000		1 309 591
	20	4	偿还借款				32 000	7.668 3	245 385.6	借	138 000		1 064 205.4
	27	5	收回欠款	14 500	7.655 1	110 998.95				借	152 500		1 175 204.4
	31	6	月末调整						9 113.15	借	152 500	7.646 5	1 166 091.25
			本月合计	54 500		418 838.95	42 000		331 237.75	借	152 500		1 166 091.25

月末，调整该外币账户的汇兑损益：

根据有关资料可知，月末汇率为7.646 5。

按月末汇率折算的记账本位币金额：USD152 500 ×7.646 5 = ￥1 166 091.25。

汇兑损益的计算：1 166 091.25 - 1 175 204.4 = -9 113.15。

企业对调整的外币账户所发生的汇兑损益应及时做出账务处理，编制会计分录如下：

借：财务费用——汇兑损益　　　　9 113.15

　贷：银行存款——美元户　　　　9 113.15

根据调整会计分录登记银行存款美元账户。

表 5-6 银行存款日记账

外币 港币
Foreign Currency

银行：建设银行　　　　账号 1243-56545799

2007年		凭证号数	摘要	借方			贷方			借或贷	余额		
月	日			外币	汇率	人民币	外币	汇率	人民币		外币	汇率	人民币
5	1		月初余额							借	450 000	0.984 85	443 182.5
	14	3	兑换港币	77 831.3	0.982 15	76 442.01				借	527 831.3		519 624.51
	31		月末调整						2 851.28	借	527 831.3	0.979 05	516 773.23
			本月合计	77 831.3		76 442.01			2 851.28	借	527 831.3		516 773.23

月末，调整该外币账户的汇兑损益：

根据有关资料可知，月末汇率为 1:0.979 05。

按月末汇率折算的记账本位币金额：

HKD527 831.3 ×0.979 05 =516 773.23

汇兑损益的计算：

516 773.23 −519 624.51 = −2 851.28

企业对调整的外币账户所发生的汇兑损益应及时做出账务处理，编制会计分录如下：

借：财务费用——汇兑损益　　2851.28

　贷：银行存款——港币户　　2 851.28

根据调整会计分录登记银行存款港币账户。

5.3.2.2　外币往来账的登记

外币往来账的登记案例见表 5-7、表 5-8、表 5-9。

表 5-7　外币往来明细账

总账科目　应收账款
Gen Leg Account
明细科目　AB 公司　　Foreign Currency Subsidiary Account
Sub Leg Account

外 币　美元
Foreign Currency

2007 年		凭证号数	摘 要	借 方			贷 方			借或贷	余 额		
月	日			外币	汇率	人民币	外币	汇率	人民币		外币	汇率	人民币
5	1		月初余额							借	40 000	7.703 5	308 140
	8	1	收到欠款				40 000	7.696	307 840	借	0		300
	31		月末调整						300		0		0
			本月合计				40 000		308 140		0		0

月末，调整该外币账户的汇兑损益：

根据有关资料可知，月末汇率为 7.646 5。

按月末汇率折算的记账本位币金额：

0 ×7.646 5 =0

汇兑损益的计算：

0 −(308 140 −307 840) = −300

企业对调整的外币账户所发生的汇兑损益应及时做出账务处理，编制会计分录如下：

借：财务费用——汇兑损益　　300

　贷：应收账款——AB 公司——美元户　　300

根据调整会计分录登记应收账款美元账户。

表 5-8 外币往来明细账

总账科目 应收账款

Gen Leg Account

明细科目 弘发公司 Foreign Currency Subsidiary Account

Sub Leg Account

外 币 美元
Foreign Currency

2007年		凭证号数	摘 要	借 方			贷 方			借或贷	余 额		
月	日			外币	汇率	人民币	外币	汇率	人民币		外币	汇率	人民币
5	1		月初余额							借	0		0
	9	2	销售商品	14 500	7.668 3	111 190.35					14 500		111 190.35
	27	5	收回欠款				14 500	7.655 1	110 998.95	借	0		191.4
	31		月末调整						191.4		0		0
			本月合计	14 500		111 190.35	14 500		111 190.35		0		0

月末,调整该外币账户的汇兑损益:

根据有关资料可知,月末汇率为7.646 5。

按月末汇率折算的记账本位币金额:

$$0 \times 7.646\ 5 = ¥0$$

汇兑损益的计算:

$$0 - (111\ 190.35 - 110\ 998.95) = -191.4$$

企业对调整的外币账户所发生的汇兑损益应及时做出账务处理,编制会计分录如下:

借:财务费用——汇兑损益 191.4

贷:应收账款——弘发公司——美元户 191.4

根据调整会计分录登记应收账款美元账户。

表 5-9 外币往来明细账

总账科目 短期借款

Gen Leg Account

明细科目 Foreign Currency Subsidiary Account

Sub Leg Account

外 币 美元
Foreign Currency

2007年		凭证号数	摘 要	借 方			贷 方			借或贷	余 额		
月	日			外币	汇率	人民币	外币	汇率	人民币		外币	汇率	人民币
5	1		月初余额							贷	32 000	7.703 5	246 512
	20	4	偿还借款	32 000	7.668 3	245 385.6				贷	0		1 126.4
	31		月末调整			1 126.4					0		0
			本月合计	32 000		246 512					0		0

月末,调整该外币账户的汇兑损益:

根据有关资料可知,月末汇率为7.646 5。

按月末汇率折算的记账本位币金额:

$0 \times 7.646\ 5 = 0$

汇兑损益的计算:

$0 - 1\ 126.4 = -1\ 126.4$

企业对调整的外币账户所发生的汇兑损益应及时做出账务处理,编制会计分录如下:

借:短期借款——美元户　　1 126.4

　贷:财务费用——汇兑损益　　1 126.4

根据调整会计分录登记短期借款美元账户。

6

存货

本章学习要点

- 存货的计价,即初始计价、发出计价与期末计价。
- 外经贸企业国内在途物资的核算。
- 存货清查的核算。
- 外经贸企业存货收发凭证的填制。

6.1 存货概述

6.1.1 存货的概念及确认条件

存货是指企业在日常活动中持有以备出售的产成品或商品、处在生产过程中的在产品、在生产过程或提供劳务过程中耗用的材料和物料等。

依据企业会计准则的规定,存货同时满足下列条件的,才能予以确认:

(1)与该存货有关的经济利益很可能流入企业;

(2)该存货的成本能够可靠地计量。

随着存货实物的交付,存货所有权也随之转移,随着存货所有权的转移,所有权上的主要风险和报酬也随之转移。因此,存货范围的确定,应以企业对存货是否具有法定所有权为依据。对于法定所有权属于企业的存货,无论其存放在何处或处于何种状态，都应视为企业的存货；反之，凡是所有权不属于企业的存货，即使存放在本企业，也不应包含在本企业的存货范围之内。

6.1.2 存货的分类

存货的价值占企业全部资产价值的比重较大，为了满足存货管理与核算的要求，应当对存货进行分类。按照经济用途，存货可以分为以下 7 类。

1. 原材料

原材料是指企业在生产过程中经加工改变其形态或性质并构成产品主要实体的各种原料及主要材料、辅助材料、外购半成品（外购件）、修理用备件（备品备件）、包装材料、燃料等。

2. 包装物

包装物是指为了包装本企业商品而储备的各种包装容器，如桶、箱、瓶、坛、袋等。但是值得注意的是，下列包装物品，会计上不作为包装物存货进行核算：

（1）各种包装用的材料，如纸、绳、铁丝、铁皮等，应将其作为原材料进行核算；

（2）企业在生产经营过程中用于储存和保管产品或商品、材料、半成品等，而不随同产品或商品出售、出租或出借的包装物，其由本企业内部使用，企业应按其价值大小和使用年限长短，分别列入固定资产或低值易耗品进行核算。

3. 低值易耗品

低值易耗品是指使用期限较短、单位价值较低的、在固定资产标准以下的各种用具物品，如一般用工具、专用工具、劳动保护用品等等。

4. 在产品

在产品是指处于加工或装配过程中的产品以及虽已加工或装配完成但尚未验收入库的产品。

5. 自制半成品

自制半成品是指经过一定生产过程并已检验合格交付半成品仓库，但尚未最终制造完成，仍需继续加工的中间产品。但不包括从一个生产车间转给另一个生产车间继续加工的自制半成品以及不能单独计算成本的自制半成品。

6. 产成品

产成品是指已经完成全部生产过程并已验收合格可供销售的产品，包括企业自己投料加工完成的产品、用客户定货来料加工制造完成的代制品以及为客户修理完工的代修品。

7. 商品

商品是指从外单位购入不需要进行任何加工或装配，就可以单独作价或出售的商品。对于外经贸企业来讲，通常包括库存出口商品和库存进口商品。

6.2 存货的计价

6.2.1 取得存货的计价

外经贸企业的存货在取得时，应按照实际成本入账。取得存货的计价具体可以分为以下几种情况。

(1)购入的存货，一般按买价加运输费、装卸费、保险费以及其他可归属于存货采购成本的费用，运输途中的合理损耗，入库前的挑选整理费用和按规定应当记入成本的税金和其他费用，作为实际成本。商品流通企业在采购商品过程中发生的运输费、装卸费、保险费以及其他可归属于存货采购成本的费用等，应当记入存货的采购成本，也可以先进行归集，期末再根据所购商品的存销情况进行分摊。对于已售商品的进货费用，计入当期损益；对于未售商品的进货费用，计入期末存货成本。企业采购商品的进货费用金额较小的，可以在发生时直接计入当期损益。

另外，对于采购过程中发生的物资毁损、短缺等，除合理的损耗可以计入采购成本外，应区分不同的情况进行处理：①应从供应单位、外部运输机构等收回的物资短缺或其他赔款，冲减物资的采购成本；②因遭受意外灾害发生的损失和尚待查明原因的途中损耗，不得增加物资的采购成本，应作为待处理财产损益进行核算，待查明原因后再作处理。

(2)自制的存货，以制造过程中直接材料、直接人工应分摊的制造费用，作为实际成本。

(3)委托外单位加工完成的存货，以实际耗用的原材料或者半成品以及加工费、运输费、装卸费和保险费等费用，按规定应计入成本的税金，作为实际成本。

(4)投资者投入的存货，按照投资合同或协议约定的价值确定，但合同或协议约定价值不公允的除外。

(5)企业接受的债权人以非现金资产抵偿债务的方式取得的存货，应当以其公允价值入账。

6.2.2 发出存货的计价

《企业会计准则第1号——存货(2006)》规定，“企业应当采用先进先出法、加权平均法或者个别计价法确定发出存货的实际成本。对于性质和用途相似的存货，应当采用相同的成本计算方法确定发出存货的成本。对于不能替代使用的存货、为特定项目专门购入或制造的存货以及提供的劳务，通常采用个别计价法确定发出存货的成本。”

企业应当根据实际情况，综合考虑存货收发的特点和管理的要求，选择适当的存货计价方法，合理确定发出存货的实际成本。存货计价方法一旦选定，前后各期应当保持一致，并在会计报表附注中予以披露。

6.2.2.1 个别计价法

个别计价法又称个别认定法、具体辨认法或分批实际法。按照该方法，对于发出的各种存货，逐一辨认各批发出存货和期末存货所属购进批别，便于按照该批存货的实际单价计算发出存货和期末存货的成本。

采用这种方法计算发出存货的成本和期末存货的成本比较合理、准确，但这种方法的前提是需要对发出存货和结存存货的批次进行具体认定，以辨别其所属的收入批次，所以计算起来的工作量非常繁重，困难较大。因此，这种方法适用于容易辨别、存货品种数量不多、单位成本较高的存货计价，如房产、船舶、飞机、名画等贵重物品。

6.2.2.2 先进先出法

先进先出法就是假定先购进的存货先发出，对发出存货进行计价的一种方法。举例说明如下。

【例 6-1】 泰佛公司 20××年 11 月 A 商品的明细账如表 6-1 所示：

表 6-1 存货明细账

品名：A 商品　　规格：××　　产地：　　单位：件

20××年		凭证编号	摘要	收入			发出			结存		
月	日			数量	单价	金额	数量	单价	金额	数量	单价	金额
11	1	略	上月结存							600	20	12 000
	10		购进	1 000	24	24 000				600 1 000	20 24	12 000 24 000
	16		发出				600 200	20 24	12 000 4 800	800	24	19 200
	20		购进	800	30	24 000				800 800	24 30	19 200 24 000
	25		发出				600	24	14 400	200 800	24 30	4 800 24 000
11	30		本月发生额及月末余额	1 800		48 000	1 400		31 200	200 800	24 30	4 800 24 000

在上述的明细账中，采用先进先出法计算发出存货的成本为 31 200 元，期末存货的成本为 28 800 元。

采用先进先出法，期末存货的成本是比较接近现行的市场价值的，更加符合实物流转顺序。在有关存货明细账上能逐笔登记发出数量，又能随时结转成本，而且企业不能随意挑选存货计价以调整当期利润。其缺点是工作比较烦琐，对于存货进出量频繁的企业更是如此。而且当物价上涨幅度较大的情况下，使用该种方法计算的发出存货成本就偏低，从而会高估企业当期的利润和库存存货价值；当物价下跌时会低估企业当期的利润和库存存货价值。

6.2.2.3 加权平均法

加权平均法亦称全月一次加权平均法，指的是用本月全部进货数量加上月初存货数量作为权数，去除本月全部进货成本加上月初存货成本，计算出存货的加权平均成本，从而确定发出和期末结存存货的成本。计算公式如下：

$$加权平均单价=\frac{月初库存存货的成本+本期购进存货成本}{月初库存存货的数量+本期库存存货的数量}$$

$$发出存货成本=发出存货数量\times加权平均单价$$

$$期末结存存货成本=期末结存存货数量\times加权平均单价$$

根据例6-1的数据，采用加权平均法计算A商品的成本如下：

$$A商品的平均单位成本=\frac{12\ 000+48\ 000}{600+1\ 800}=25(元)$$

$$本月结存A商品成本=本月结存存货数量\times存货单位成本$$
$$=1\ 000\times25=25\ 000(元)$$

$$本月发出A商品成本=1\ 400\times25=35\ 000(元)$$

采用加权平均法在市场价格上涨或下跌时计算出来的发出存货的成本较为均衡，而且只在月末计算一次加权平均单价，比较简单。但是，这种方法平常无法从账上提供发出和结存存货的单价和金额，不利于加强对存货的日常管理。

6.2.2.4 移动加权平均法

移动平均法又称移动加权平均法，是在每次进货后，将进货前结存存货的金额加上本次购进存货的金额，然后除以进货前结存存货的数量加上本次购进存货的数量之和，计算出加权平均单价，并对发出存货进行计价的一种方法。

$$加权平均单价=\frac{原有结存存货金额+本次购进存货金额}{原有结存存货数量+本次购进存货数量}$$

仍采用例6-1的资料，在发出存货采用移动加权平均法下，该公司20××年11月A商品的明细账如表6-2所示。

表格中有关计算如下：

$$11月10日购进存货后的加权平均单价=\frac{12\ 000+24\ 000}{1\ 000+600}=22.5(元)$$

$$11月16日发出存货的成本=800\times22.5=18\ 000(元)$$

$$当时结存存货的成本=800\times22.5=18\ 000(元)$$

$$11月20日购进存货后的加权平均单价=\frac{18\ 000+24\ 000}{800+800}=26.25(元)$$

$$11月25日发出存货的成本=600\times26.25=15\ 750(元)$$

$$结存存货的成本=26.25\times1\ 000=26\ 250(元)$$

移动加权平均法的缺点是计算烦琐，费时费力，故采用者甚少。

表 6-2 存货明细账

品名:A 商品　　规格:× ×　　产地:　　单位:件

20× ×年		凭证编号	摘要	收入			发出			结存		
月	日			数量	单价	金额	数量	单价	金额	数量	单价	金额
11	1	略	上月结存							600	20	12 000
	10		购进	1 000	24	24 000				1 600	22. 5	36 000
	16		发出				800	22. 5	18 000	800	22. 5	18 000
	20		购进	800	30	24 000				1 600	26. 25	42 000
	25		发出				600	26. 25	15 750	1 000	26. 25	26 250
11	30		本月发生额及月末余额	1 800		48 000	1 400		33 750	1 000	26. 25	26 250

6.3 国内在途物资

国内在途物资是指外经贸企业为了销售或加工后销售,通过货币结算而取得货物所有权的交易行为。

6.3.1 国内在途物资的主要取得方式

6.3.1.1 直接购进

直接购进是指外经贸企业对工矿产品、大宗商品、统一经营或重要的农副产品等购进时,通过与有关单位、部门签订合同或协议的形式直接进行收购。

6.3.3.2 委托代购

对部分货源零星分散、外经贸企业不便于直接进行收购的产品,一般采取委托代购的方式,外经贸企业要支付一定的手续费给代购单位,作为劳务报酬。

6.3.2 国内在途物资的交接方式

国内在途物资的交接方式通常有送货制、提货制、发货制和厂商就地保管制。

6.3.2.1 送货制

它是供货单位将商品送到外经贸企业指定的仓库或其他地点,由外经贸企业验收入库的一种方式。

6.3.2.2 提货制

它是外经贸企业指派专人到供货单位指定的仓库或其他地点提取并验收商品的一种方式。

6.3.2.3 发货制

它是指供货单位根据购销合同规定的发货日期、商品品种、规格、数量和质量，委托运输部门将商品发运到外经贸企业所在地或指定的车站、码头交货。

6.3.2.4 厂商就地保管制

它是指外经贸企业委托供货厂商代为保管商品，到时凭保管凭证办理商品交接的一种方式。

上述四种交接方式，送货制和提货制一般适用于本地采购商品；发货制适用于异地采购商品；厂商就地保管制则本地、异地采购均可适用。

6.3.3 国内在途物资的核算

6.3.3.1 账户设置

为了全面反映国内商品的采购过程，监督在途商品的到货情况，国内在途物资业务的核算一般设置如下账户。

1."在途物资"账户

"在途物资"是资产类账户，企业购入商品时，根据发票和银行有关结算凭证，按应计入商品采购成本的金额，记入借方；商品验收入库时，记入贷方；余额在借方，表示企业在途商品的成本。该账户可按照供货单位名称和物资品名进行明细核算。

2."库存商品"账户

"库存商品"是资产类账户，核算企业全部的自有库存商品。当购进、委托加工收回商品验收入库和发生盘盈时，记入借方；商品销售和发生盘亏时，记入贷方；余额在借方，表示库存商品的结存数额。

6.3.3.2 国内商品采购的主要账务处理

外经贸企业采购商品时，由于结算方式和采购地点不同，商品入库和货款的支付不一定完全同步，相应的账务处理也不一样。

(1)对于发票账单与商品同时到达的采购业务，企业在支付货款或开出、承兑商业汇票时，应根据发票账单及入库凭证等，借记"库存商品"、"应交税费——应交增值税(进项税额)"等科目；贷记"银行存款"或"应付票据"等科目。

【例6-2】 泰佛20××年7月10日购入商品一批，取得增值税专用发票上注明的商品价款为20 000元，增值税额为3 400元，运杂费1 000元，发票等结算凭证已经收到，货款及运杂费通过银行转账支付，商品已验收入库。作如下分录：

借：库存商品 21 000
　　应交税费——应交增值税(进项税额) 3 400
　　贷：银行存款 24 400

原始单据有专用增值税发票(表6-3)、运费发票(表6-4)及转账支票存根(表6-5)。

表 6-3 天津增值税专用发票

天津增值税专用发票

1200062140　　　　NO: 02466020

发　票　联

开票日期: 2××× 年 × 月 × 日

购货单位	名　　称: ××××× 纳税人识别号: 地 址, 电 话: 开户行及账号:				密码区	9++>004/74<++85221565 加密版本: 01 *2541763//>>++0145*<>25 130062140 255<><+24522*/224+><65+4 03371860 **><++55589632<>++*32245*	
货物或应税劳务名称	规格型号	单位	数量	单价	金额	税率	税额
商品		批	1	20 000	20 000	17%	3 400.00
价税合计（大写）	¤贰万叁仟肆佰元整				（小写）23 400.00		
销货单位	名　　称: ××××× 纳税人识别号: 地 址, 电 话: 开户行及账号:				备注		

收款人: ××　　复核人: ××　　开票人: ××　　购货单位: （章）

国税函[2006]100号北京印钞厂

第二联 发票联 购货方记账凭证

表 6-4 运费发票

天津市货物托运业专用发票

发　票　联　　　津地税

报销单位 ××公司　　　　No 3145782

委 托 人　　　　到站　　　　运单号

货物名称	件数	重量	包装	运费								托运费用							
××商品				项目	万	千	百	十	元	角	分	项目	万	千	百	十	元	角	分
				铁路								服务费							
				公路		1	0	0	0	0	0	仓储保管费							
				空运								搬倒理货费							
				水运								退运手续费							
记事 中铁快运公司 财务专用章																			
				保险费															
				合计	¥	1	0	0	0	0	0	合计							
总计大写	万 壹 千 零 佰 零 拾 零 元 零 角 零 分																		

收款单位盖章　　　经办人 王英　　　20××年7月10日

此发票联系天津市地方税务局印制不准仿制

第二联 发票联

表 6-5 转账发票存根

中国建设银行（津） 转账支票存根 XIV00126330
附加信息
出票日期 20××年×月×日
出款人：××
金　额：24 400.00
用　途：采购
单位主管：××　　会计：××

根据原始凭证，填制会计记账凭证（表 6-6）。

表 6-6 记账凭证

付款凭证

贷方科目 银行存款　　2×××年×月×日　　银付字第 001 号

摘要	借方总账科目	明细科目	记账符号	千	百	十	万	千	百	十	元	角	分
购入商品一批	库存商品						2	1	0	0	0	0	0
	应交税费	应交增值税						3	4	0	0	0	0
合计						¥	2	4	4	0	0	0	0

附单据 3 张

财务主管××　记账××　出纳××　审核××　制单××

（2）对于已经付款或已开出商业承兑汇票，但商品尚未到达（或尚未验收入库）的业务，应根据结算凭证、发票账单等，借记“在途物资”，“应交税费——应交增值税（进项税额）”等科目；贷记“银行存款”或“应付票据”等科目。等到商品验收入库后，再借记“库存商品”科目，贷记“在途物资”科目。

【例 6-3】　泰佛公司购入商品一批，增值税专用发票上注明的商品价款为 10 000 元，增值税额为 1 700 元。发票等结算凭证已到，签发一张 2 个月到期的商业汇票来结算商品价款，但商品尚未收到。企业应在收到发票等结算凭证时，作如下分录：

借:在途物资　　10 000

　应交税费——应交增值税(进项税额)　　1 700

　　贷:应付票据　　11 700

等到上述商品到达入库时,再作如下处理:

借:库存商品　　10 000

　　贷:在途物资　　10 000

(3)对于商品已到达并已验收入库,但发票账单等结算凭证在本月内未到达本企业,货款尚未支付的采购业务,应于月末,按商品的暂估价值,借记"库存商品"科目,贷记"应付账款——暂估应付账款"科目。下月初作相反的分录予以冲回,以便下月付款或开出商业承兑汇票后,按正常程序进行核算。

【例6-4】 某外经贸公司购入的商品已经运到,并已验收入库,但发票等结算凭证尚未到达,货款尚未支付。月末按暂估价入账,假定其暂估价为25 000元。作如下分录:

借:库存商品　　25 000

　　贷:应付账款——暂估应付账款　　25 000

下月初,作相反的会计分录冲回:

借:应付账款——暂估应付账款　　25 000

　　贷:库存商品　　25 000

收到有关单据并付款时,按正常程序进行核算。

此外,需要指出的是,在月末商品估价入账时,要掌握"估价不估税"的原则,即只能按商品估价入账,不能将增值税进项税额估价入账。

(4)采用预付货款的方式采购商品时,应在预付货款时,按照实际预付金额,借记"预付账款"科目,贷记"银行存款";已经预付货款的商品到达时,根据发票账单等所列价款、税额等,借记"在途物资"、"应交税费——应交增值税(进项税额)"科目,贷记"预付账款"科目;根据入库凭证,借记"库存商品"科目,贷记"在途物资"科目;预付款不足,补付上项货款,按补付金额,借记"预付账款"科目,贷记"银行存款";收到退回上项多付的款项,借记"银行存款",贷记"预付账款"科目。

【例6-5】 某外经贸公司与甲企业签订一份购销合同,采用预付货款的方式从甲企业采购一批商品,20××年7月2日,预付货款20 000元,7月20日所购商品运到并已验收入库,收到甲企业开具的增值税专用发票上注明商品价款为30 000元,增值税为5 100元,该公司于当日补付余款,并支付运杂费2 000元。会计处理如下:

7月2日,预付货款时:

借:预付账款　　20 000

　　贷:银行存款　　20 000

7月20日,收到商品,按商品的实际买价入账:

借:库存商品　　32 000

　　应交税费——应交增值税(进项税额)　　5 100
　贷:预付账款　　35 100
　　银行存款　　2 000

补付货款时

借:预付账款　　15 100
　贷:银行存款　　15 100

6.3.3.3 国内商品采购的其他业务核算

1.购货折扣和购货折让的核算

1)购货折扣的核算

外经贸企业在赊购商品时,销货方为了鼓励客户尽早归还货款而给予一定的折扣优惠,从而产生了购货折扣。外经贸企业赊购商品时,对于购货折扣应采用总价法进行核算,即以商品的发票价格作为买价入账,当企业取得购货折扣时,再冲减当期的财务费用。

【例6-6】 泰佛公司赊购一批商品,销货方给予的付款条件为:1/10,n/20,即10天内付款给予1%的折扣,20天内付款不给予折扣。(计算购货折扣时不考虑增值税)

6月1日,赊购商品500件,每件20元,货款10 000元,增值税为1 700元,商品已验收入库,作分录如下:

借:库存商品　　10 000
　　应交税费——应交增值税(进项税额)　　1 700
　贷:应付账款　　11 700

如果付款日为6月9日,则享受购货折扣100元。支付货款,编制如下分录:

借:应付账款　　11 700
　贷:银行存款　　11 600
　　财务费用　　100

如果付款日为6月15日,则不享受购货折扣。支付货款,编制如下分录:

借:应付账款　　11 700
　贷:银行存款　　11 700

2)购货折让的核算

购货折让是指外经贸企业购进的商品,因品种、规格和质量等原因,从销货单位所取得的价格上的折让。

【例6-7】 泰佛公司购进一批商品,价款总计为12 000元,增值税额为2 040元。

(1)签发转账支票14 040元支付货款及增值税额,作分录如下:

借:在途物资　　12 000
　　应交税费——应交增值税(进项税额)　　2 040
　贷:银行存款　　14 040

(2)验收商品时,发现质量不符合要求,销货方同意给予10%的折让。

①收到销货方的销货折让发票,并收到退回的折让款 1 200 元及增值税额 204 元,编制如下分录:

借:银行存款　　1 404
　贷:在途物资　　1 200
　　应交税费——应交增值税(进项税额转出)　　204

②将商品验收入库,编制如下分录:

借:库存商品　　10 800
　贷:在途物资　　10 800

2. 购进商品溢余和短缺的核算

外经贸企业在采购商品的过程中,由于自然或人为的原因,会发生商品的溢余或短缺,因此,应认真进行验收,以确保账实相符。

购进商品发生溢余或短缺时,储运部门必须会同运输部门进行核对,做好商品记录和鉴定证明,以便查明原因后进行处理,并在入库凭证上注明实收数量,按照实收数与应收数的差额填制商品溢余或短缺报告单,其中一联连同鉴定证明送业务部门,以便与有关单位协商处理;另一联送交财务部门,据以登记入账。

购进商品的溢余或短缺,在尚未查明原因之前,应通过"待处理财产损益"账户进行核算;待查明原因之后,再分别进行核算。

1)购进商品发生溢余的核算

【例 6-8】 泰佛公司购进的一批商品,发生溢余 20 千克,价款为 800 元。

财务部门根据入库凭证与商品溢余报告单,编制如下分录:

借:库存商品　　800
　贷:待处理财产损益　　800

如果属于自然溢余,应抵减"管理费用":

借:待处理财产损益　　800
　贷:管理费用　　800

属于供货单位多发货,本单位同意补作购货,补付货款时:

借:待处理财产损益　　800
　应交税费——应交增值税(进项税额)　　136
　贷:银行存款　　936

属于供货单位多发货,本单位不同意补作购货,应按溢余减少库存:

借:待处理财产损益　　800
　贷:库存商品　　800

2)购进商品发生短缺的核算

对于采购过程中发生的物资毁损、短缺等,除合理的损耗可以计入采购成本外,应区分不同的情况进行处理:应从供应单位、外部运输机构等收回的物资短缺或其他赔款,冲减物资的采购成本;因遭受意外灾害发生的损失和尚待查明原因的途中损耗，不得增加物资的采购成本，应作为待处理财产损益进行核算，待查明原因后再作处理。

【例6-9】 泰佛公司购进的一批商品1 000件，总价款为10 000元，增值税为1 700元。

财务部门应根据有关结算凭证，进行如下账务处理：

借：在途物资 10 000

　应交税费——应交增值税（进项税额） 1 700

　贷：银行存款 11 700

商品到达并验收入库时，发现实到数为950件，短少50件。财务部门根据入库凭证与商品短缺报告单，编制如下分录：

借：库存商品 9 500

　待处理财产损益 500

　贷：在途物资 10 000

经查明原因，分别处理：

①属于应由供货单位、运输部门、保险公司或其他过失人负责赔偿的损失为300元：

借：其他应收款 300

　贷：待处理财产损益 300

②属于无法收回的其他损失，经批准后列作“管理费用”：

借：管理费用 200

　贷：待处理财产损益 200

③属于自然灾害等非正常原因造成的损失，应将扣除残料价值和过失人及保险公司赔偿后的净损失，计入“营业外支出——非常损失”科目：

借：营业外支出 200

　贷：待处理财产损益 200

6.4 存货跌价准备

根据《企业会计准则》的相关规定，资产负债表日，存货应当按照成本与可变现净值孰低计量。采用该种方法计价，当期末存货的成本低于可变现净值时，存货仍按成本计价；存货成本高于其可变现净值的，存货按照可变现净值计价，此时，应当按照成本与可变现净值的差额计提存货跌价准备，计入当期损益。

这里所指的“成本”是指存货的历史成本，也就是以历史成本为基础的存货计价方法计算的存货的期末价值。

6.4.1 可变现净值的确定

可变现净值，是指在日常活动中，以存货的估计售价减去至完工时估计将要发生的成本、销售费用以及相关税费后的金额。企业确定存货的可变现净值，应当以取得的确凿证据为基础，并且考虑持有存货的目的、资产负债表日后事项的影响等因素。

具体来说，按照以下原则进行处理。

(1)用于生产而持有的材料等，用其生产的产成品的可变现净值高于成本的，则该材料仍然应当按成本计量；材料价格的下降表明产成品的可变现净值低于成本的，该材料应当按照可变现净值计量。

(2)为执行销售合同或者劳务合同而持有的存货，其可变现净值通常应当以合同价格为基础计算。企业持有存货的数量多于销售合同订购数量的，超出部分的存货可变现净值应当以一般销售价格为基础计算。

(3)用于出售的材料等，其可变现净值应当以市场价格为基础计算。

6.4.2 成本与可变现净值孰低的账务处理

6.4.2.1 存货跌价准备的提取方法

企业每期都应当重新确定存货的可变现净值，如果存货存在下列情形之一的，表明存货的可变现净值低于成本：

(1)该存货的市场价格持续下跌，并且在可预见的未来无回升的希望；

(2)企业使用该项原材料生产的产品的成本大于产品的销售价格；

(3)企业因产品更新换代，原有库存原材料已不适应新产品的需要，而该原材料的市场价格又低于其账面成本；

(4)因企业所提供的商品或劳务过时或消费者偏好改变而使市场的需求发生变化，导致市场价格逐渐下跌；

(5)其他足以证明该项存货实质上已经发生减值的情形。

当存在以上情况之一的，应当计提存货跌价准备。

存货存在下列情形之一的，表明存货的可变现净值为零：

(1)已霉烂变质的存货；

(2)已过期且无转让价值的存货；

(3)生产中已不再需要，并且已无使用价值和转让价值的存货；

(4)其他足以证明已无使用价值和转让价值的存货。

当存货的可变现净值为零时，应将存货的账面余额全部转入当期损益。

《企业会计准则》规定，企业应当按照单个存货项目计提存货跌价准备。对于数量繁多、单价较低的存货，可以按照存货类别计提存货跌价准备。与具有类似目的或最终用途并在同一地区生产和销售的产品系列相关，且难以与其他项目分开计量的存货，可以合并计提存货跌价准备。

6.4.2.2 存货跌价准备的账务处理

期末，企业计算出的存货可变现净值低于成本的差额与“存货跌价准备”科目余额进行比较，确定是应当补提或是冲回存货跌价准备。提取存货跌价准备时，借记“资产减值损失——计提的存货减值准备”科目，贷记“存货跌价准备”科目，冲回时作相反的分录;但是,如果以前减记存货价值的影响因素已经消失的,减记的金额应当予以恢复,并应在原已计提的存货跌价准备的金额内转回,转回的金额计入当期损益,借记“存货跌价准备”,贷记“资产减值损失”科目;发出存货结转存货跌价准备的,借记“存货跌价准备”,贷记“主营业务成本”、“生产成本”等科目。

“资产减值损失”账户用于核算企业计提的各项资产减值准备的损失。可以按照资产减值损失的项目进行明细核算。企业的应收款项、存货、长期股权投资、持有至到期的投资、固定资产、无形资产、贷款等资产发生减值,按应减记的金额,借记本科目,贷记“坏账准备”、“存货跌价准备”等科目。

“存货跌价准备”账户核算企业存货的跌价准备。该科目可以按照存货项目或类别进行明细核算。

【例6-10】 泰佛公司对存货采用成本与可变现净值孰低法进行计量。

①2001年年末该公司拥有的某库存商品账面成本为25 000元,由于市场价格下跌,可变现净值为18 000元。应作如下处理:

借:资产减值损失——计提的存货减值准备 7 000
　贷:存货跌价准备 7 000

②2002年年末由于市场价格有所上涨,该商品的预计可变现净值为20 000元,则应冲减已经计提的存货跌价准备2 000元,应作如下处理:

借:存货跌价准备 2 000
　贷:资产减值损失——计提的存货减值准备 2 000

③2003年年末,该商品的预计可变现净值为27 000元。尽管以前减记存货价值的影响因素已经消失,减记的金额应当予以恢复,但应在原已计提的存货跌价准备的金额内转回,应作如下处理:

借:存货跌价准备 5 000
　贷:资产减值损失——计提的存货减值准备 5 000

6.5 存货清查的核算

存货清查是通过对存货的实物查对并与账面资料比较,确定各项存货的实存数与账存数是否相符的一种专门方法。

企业应当定期或不定期地对存货进行清查盘点,并与账面记录进行核对,查明存货盘盈、盘亏和毁损的数量以及造成盘盈、盘亏和毁损的原因,并根据清查结果编制“存货盘点报告单”,作为存货清查的原始凭证,并按规定程序,报经有关部门审批处理。

存货清查的核算通过“待处理财产损益”账户进行。“待处理财产损益”账户核算企业在财产清查过程中查明的各种财产盘盈、盘亏和毁损的价值。

6.5.1 存货盘盈的核算

存货盘盈是指存货的实存数量超过了其账面结存的数量。存货发生盘盈时，如经查明是由于收发计量或核算上的误差等原因造成的，应及时办理存货入账的手续，调整存货的账面实存数，借记“原材料”、“库存商品”等存货账户，贷记“待处理财产损益——待处理流动资产损益”账户；待查明原因，报经批准处理后，冲减当期管理费用。

【例 6-11】 泰佛公司进行存货清查，发现盘盈 A 商品 200 件，经查明是由于收发计量上的误差造成的。该商品的市场价格为 30 元/件。有关的账务处理如下。

①盘盈的商品，未经批准前入账，编制如下分录：

借：库存商品　　6 000

　　贷：待处理财产损益——待处理流动资产损益　　6 000

②报经批准处理后，冲减当期管理费用，编制如下分录：

借：待处理财产损益——待处理流动资产损益　　6 000

　　贷：管理费用　　6 000

6.5.2 存货盘亏和毁损的核算

存货盘亏是指存货的实存数量低于其账面结存的数量。存货发生盘亏或毁损时，应借记“待处理财产损益——待处理流动资产损益”账户，贷记“原材料”、“库存商品”等存货账户。期末，再根据造成盘亏和毁损的原因，分别以下情况进行处理：

(1)属于自然损耗产生的定额内损耗，计入管理费用，即借记“管理费用”科目，贷记“待处理财产损益——待处理流动资产损益”科目。

【例 6-12】 泰佛公司进行存货清查，发现盘亏某商品 200 千克，实际成本为 15 元/千克。经查明，盘亏的商品属于定额内的合理损耗，相关的账务处理如下。

①盘亏的商品，未经批准前入账，编制如下分录：

借：待处理财产损益——待处理流动资产损益　　3 000

　　贷：库存商品　　3 000

存货盘盈盘亏报告单如表 6-7 所示。

表 6-7 存货盘盈盘亏报告单

20××年×月×日　　　　1205 号

存货类别	存货名称	单位	实际单价	数量		盘盈		盘亏		原因
				账存	实存	数量	金额	数量	金额	
商品	2#	千克	15	1 200	1 000			200	3 000.00	定额内合理损耗
合计				1 200	1 000			200	3 000.00	

财务主管：罗玉　　仓库主管：张林　　库管员：田丽

②报经批准处理后，计入当期管理费用，编制如下分录：

借：管理费用　　3 000

　　贷：待处理财产损益——待处理流动资产损益　　3 000

（2）属于计量收发差错和管理不善等原因造成的存货盘亏或毁损，应先扣除残料价值、可以收回的保险赔偿和过失人赔偿，然后将净损失计入管理费用。

【例23】　泰佛公司在财产清查中发现A商品毁损50件，每件实际成本为100元，残余价值为200元，经查明是由于管理不善造成的，应由责任人赔偿3 000元。相关账务处理如下。

（1）批准前，调整产品账面实存数，编制如下分录：

借：待处理财产损益——待处理流动资产损益　　5 850

　　贷：库存商品　　5 000

　　　　应交税费——应交增值税（进项税额转出）　　850

（2）残料作价入库时，编制如下分录：

借：原材料　　200

　　贷：待处理财产损益——待处理流动资产损益　　200

（3）应由责任人赔偿3 000元，编制如下分录：

借：其他应收款　　3 000

　　贷：待处理财产损益——待处理流动资产损益　　3 000

（4）扣除残料价和过失人赔偿，然后将净损失计入管理费用，编制如下分录：

借：管理费用　　2 650

　　贷：待处理财产损益——待处理流动资产损益　　2 650

（3）属于自然灾害或意外事故等非常原因造成的存货毁损，应先扣除残料价值、可以收回的保险赔偿和过失人赔偿，然后将净损失计入营业外支出。

【例24】　某企业由于自然灾害毁损一批产品，实际成本为6 000元，残余价值为350元，应由保险公司赔偿4 000元。相关账务处理如下。

（1）批准前，调整产品账面实存数，编制如下分录：

借：待处理财产损益——待处理流动资产损益　　7 020

　　贷：库存商品　　6 000

　　　　应交税费——应交增值税（进项税额转出）　　1 020

（2）残料作价入库时，编制如下分录：

借：原材料　　350

　　贷：待处理财产损益——待处理流动资产损益　　350

（3）应由保险公司赔偿4 000元，编制如下分录：

借：其他应收款　　4 000

贷:待处理财产损益——待处理流动资产损益　　4 000

(4)扣除残料价和保险公司赔偿,然后将净损失计入营业外支出,编制如下分录:

借:营业外支出　　2 670

贷:待处理财产损益——待处理流动资产损益　　2 670

7

固定资产及无形资产的核算

本章学习要点

- 固定资产的概念及分类。
- 固定资产取得的核算。
- 固定资产计提折旧的范围及计提方法等。
- 固定资产减少的核算。
- 无形资产的核算。
- 外经贸企业固定资产、无形资产有关凭证的填制与账簿的登记。

7.1 固定资产的概述

7.1.1 固定资产的概念及确认条件

7.1.1.1 固定资产的概念

固定资产是指同时具有下列两个特征的有形资产。

(1)生产商品、提供劳务、出租或经营管理而持有的。

(2)使用寿命超过一个会计年度。使用寿命,是指企业使用固定资产的预计期间,或者该固定资产所能生产产品或提供劳务的数量。

7.1.1.2 固定资产的确认条件

固定资产同时满足下列条件的,才能予以确认:

(1)与该固定资产有关的经济利益很可能流入企业;

(2)该固定资产的成本能够可靠计量。

7.1.1.3 固定资产的特征

作为企业主要劳动资料的固定资产具有以下特征:

(1)使用期限超过一年或者超过一个长于一年的营业周期;

(2)使用寿命是有限的(作为固定资产管理的土地使用权除外);

(3)用于生产经营而不是为了销售。

7.1.2 固定资产的分类

企业的固定资产种类繁多、规格不一,为加强管理,便于组织会计核算,有必要对其进行科学、合理的分类。根据不同的管理需要和核算要求以及不同的分类标准,可以对固定资产进行不同的分类,主要有以下几种分类方法。

7.1.2.1 按固定资产经济用途分类

按固定资产经济用途分类,可分为生产经营用固定资产和非生产经营用固定资产。

7.1.2.2 按固定资产使用情况分类

按固定资产使用情况分类,可分为使用中固定资产、未使用固定资产和不需用固定资产。

7.1.2.3 按固定资产的所有权分类

按固定资产的所有权分类,可以分为自有固定资产和租入固定资产。

7.1.2.4 按照固定资产的经济用途和使用情况综合分类

按照固定资产的经济用途和使用情况综合分类,可以把企业的固定资产分为7大类。

(1)生产经营用固定资产。

(2)非生产经营用固定资产。

(3)租出固定资产。指在经营性租赁方式下出租给外单位使用的固定资产。

(4)不需用固定资产。

(5)未使用固定资产。

(6)土地使用权。指过去已经单独作价入账的土地使用权。

(7)融资租入固定资产。指企业以融资租赁方式租入的固定资产,在租赁期内,应视同自有固定资产进行管理。

7.2 固定资产取得的核算

固定资产的取得,应按其来源不同分为购置的固定资产、自行建造的固定资产、投资者投入的固定资产、租入的固定资产、接受捐赠的固定资产、盘盈的固定资产等。不同来源的固定资产,其价值构成不同,相应的账务处理也有所不同。

7.2.1 购置固定资产的核算

企业购置的固定资产,有的不需要安装,如房屋、建筑物、运输工具等;有的需要安装,如一些机器设备等,它们的核算方法有所不同。

7.2.1.1 购置的不需要经过建造过程即可使用的固定资产

按实际支付的买价、包装费、运输费、安装成本、交纳的有关税金等作为入账价值,借记"固定资产"账户,贷记"银行存款"等账户。

【例 7-1】 泰佛公司购进一台不需安装的设备,专用发票列明买价为 120 000 元,增值税额 20 400 元,保险费为 900 元,所有款项全部通过银行支付。编制会计分录如下:

借:固定资产 120 900
　　应交税费——应交增值税(进项税额) 20 400
　　贷:银行存款 141 300

原始单据有保险发票(表 7-1)、支票存根(表 7-2)、增值税专用发票(表 7-3)、支票存根(表 7-4)。

表 7-1 保险发票

中国太平洋保险公司天津分公司保险专用发票

发 票 联　　(20××)　　E1 0008754

被保险人	××公司	
保险单号	225458	
承保险别	固定资产	
保险费	人民币(大写):玖佰元整　　小写 ¥900.00	
交费形式		1. 现金　2. 转账支票　3. 银行划转　4. 其他
业务员	许云	核保:张坤

保险公司(签章)　　出纳　刘洋　　20××年×月×日

表 7-2 支票存根(一)

中国建设银行

转账支票存根

XIV00126330

附加信息:

出票日期　2×××年×月×日

收款人: XXX
金　额:　900.00 元
用　途: 保险费
备　注:

单位主管 :XX　　会计:XX

表 7-3　天津增值税专用发票

1200062140　　　　**发　票　联**　　　　NO: 02466020

开票日期: 2××× 年×月×日

购货单位	名　　称: ××××× 纳税人识别号: 地 址, 电 话: 开户行及账号:				密码区	9++>004/74<++85221565 加密版本: 01 *2541763//>>++0145*<>25　130062140 255<><+24522*/224+><65+4　03371860 **><++55589632<>++*32245*		
货物或应税劳务名称		规格型号	单位	数量	单价	金额	税率	税额
机器设备			台	1	120 000	120 000	17%	20 400. 00
价税合计(大写)		¤壹拾肆万零肆佰元整				(小写) 140 400. 00		
销货单位	名　　称: ××××× 纳税人识别号: 地 址, 电 话: 开户行及账号:				备注			

收款人: ××　　复核人: ××　　开票人: ××　　购货单位: (章)

国税函[2006]100号北京印钞厂

第二联 发票联 购货方记账凭证

表 7-4　支票存根(二)

中国建设银行(津)
转账支票存根
XIV00126330

附加信息

出票日期 20××年×月×日
出款人: ××
金　额: 141 300. 00
用　途: 采购
单位主管: ××　　会计: ×

根据原始凭证,填制会计记账凭证(表 7-5)。

表 7-5 记账凭证

付 款 凭 证

贷方
科目银行存款　　　　2×××年×月×日　　　　银付字第 001 号

摘要	借方总账科目	明细科目	记账符号	千	百	十	万	千	百	十	元	角	分
购入机器设备	固定资产	机器设备				1	2	0	9	0	0	0	0
	应交税费	应交增值税（进项税额）					2	0	4	0	0	0	0
合计					¥	1	4	1	3	0	0	0	0

附单据 4 张

财务主管×× 记账×× 出纳×× 审核×× 制单××

7.2.1.2 购置需要安装的固定资产

购置需要安装的固定资产，其入账价值除了包括买价、包装费、运输费和应交纳的有关税金外，还应加上安装成本，应通过“在建工程”账户进行核算。

“在建工程”账户核算企业基建、更新改造等在建工程发生的支出。其借方登记固定资产的建造成本以及预付承包工程款，贷方登记已完工固定资产的实际成本，借方余额反映尚未完工的固定资产。

【例 7-2】 泰佛公司购入一台需要安装的设备，发票价格为 160 000 元，增值税额为 27 200 元，支付的运输费为 1 000 元，安装设备时，发放安装人员的工资 300 元，领用材料物资 1 200 元，购进该批材料时支付的增值税为 204 元。有关会计处理如下：

(1) 支付设备买价、税金和运输费合计 188 200 元。

借：在建工程　　161 000
　　应交税费——应交增值税（进项税额）　　27 200
　贷：银行存款　　188 200

(2) 领用安装物资，发放安装人员工资。

借：在建工程　　1 500
　贷：原材料　　1 200
　　　应付职工薪酬　　300

(3) 设备安装完毕，交付使用。

借：固定资产　　162 500
　贷：在建工程　　162 500

7.2.2 自行建造固定资产的核算

自行建造的固定资产，按建造该项资产达到预定可使用状态前所发生的必要支出，作为入账价值。

企业自行建造固定资产时,可以采用自营建造与出包建造两种方式。

7.2.3 投资者投入的固定资产核算

投资者投入的固定资产,应当按照投资合同或协议约定的价值,借记"固定资产",贷记"实收资本"或"股本"账户,但合同或协议约定价值不公允的除外。

7.2.4 租入固定资产核算

租入固定资产,是指企业采用租赁的方式从其他单位租入的固定资产。租入固定资产可分为经营性租入固定资产和融资租入固定资产。这两种不同的租赁方式,会计处理上也不相同。

7.2.4.1 经营性租赁

企业采用经营性租赁的方式租入固定资产,主要是为了满足生产经营的临时需要,而不是长期拥有,租赁期较短。在租赁期内,承租人(租入资产方)按合同规定向出租方支付租赁费用,拥有资产的使用权。出租人则负担资产的保险费并计提折旧等。租赁期满,由出租方收回该项固定资产。

采用经营性租赁的方式租入的固定资产,作为承租的企业,不作为自有固定资产入账核算,而只在备查簿中作备查登记。支付租金时,计入企业的成本费用。

7.2.4.2 融资租赁

融资租赁与经营性租赁相比,其特点主要是:①租赁期一般较长;②租约一般不能取消;③支付的租金包括了设备的价款、租赁费和借款利息等;④租赁期满,承租人有优先选择廉价购买租赁资产的权利。也就是说,在融资租赁的方式下,与租赁资产有关的主要风险和报酬已由出租人转归承租人,企业应将融资租入的固定资产视为一项自有固定资产计价入账,并计提折旧。

融资租入的固定资产,按租赁开始日租赁资产的公允价值与最低租赁付款额的现值两者中较低者作为租入资产的入账价值。在租赁谈判和签订租赁合同过程中发生的,可归属于租赁项目的手续费、律师费、差旅费、印花税等初始直接费用,应当计入租入资产的价值。

7.3 固定资产的折旧

7.3.1 固定资产折旧概述

7.3.1.1 固定资产折旧及其性质

固定资产可以长期参加生产经营并保持其原有实物形态,但其价值随着固定资产的使用而逐渐转移到产品成本中去,这部分随着固定资产的磨损而逐渐转移的价值称为固定资产折旧。

固定资产计提折旧的过程,就是随着固定资产价值的转移,以折旧的形式在产品销售收入中得到补偿,并转化为货币资金的过程。

7.3.1.2 固定资产计提折旧的范围

除了已提足折旧仍继续使用的固定资产以及已按规定单独作价作为固定资产入账的土地之外，其他的固定资产都应该计提折旧。

达到预定可使用状态，但尚未办理竣工决算的固定资产，应当按照估计价值暂估入账，并计提折旧；待办理了竣工决算手续后，再按照实际成本调整原来的暂估价值，调整原已计提的折旧额，同时调整年初留存收益各项目。

固定资产提足折旧后，不论能否继续使用，均不再提取折旧；提前报废的固定资产，也不再补提折旧。

7.3.1.3 影响折旧的因素

企业计算各期折旧额，需考虑的影响因素主要包括以下几方面。

1. 折旧的基数

计提固定资产折旧的基数一般为固定资产的账面原值。企业在具体计提折旧时，应当以月初应计折旧的固定资产账面原值为依据。

2. 固定资产净残值与折旧年限

预计净残值，是指假定固定资产预计使用寿命已满并处于使用寿命终了时的预期状态，企业目前从该项资产处置中获得的扣除预计处置费用后的金额。

固定资产使用寿命的长短，直接影响各期应计提的折旧额。企业确定固定资产的使用寿命，应当考虑下列因素：

(1) 预计生产能力或实物产量；

(2) 预计有形损耗和无形损耗；

(3) 法律或者类似规定对资产使用的限制。

企业应当根据固定资产的性质和使用情况，合理确定固定资产的使用寿命和预计净残值。固定资产的使用寿命、预计净残值一经确定，不得随意变更。

3. 提取的减值准备

计提了减值准备的固定资产应重新计算调整每月折旧额。

7.3.2 计提折旧的方法

企业可以采用年限平均法、工作量法、年数总和法、双倍余额递减法等方法计提折旧。折旧方法一经确定，不得随意变更。如需变更，应当在会计报表附注中予以说明。

下面分别介绍这几种方法。

1. 年限平均法

年限平均法又称直线法，是将固定资产的折旧均衡地分摊到各期的一种方法。采用这种方法计算的每期折旧额均是相等的。计算公式如下：

$$年折旧率 = \frac{1 - 预计净残值率}{预计使用年限} \times 100\%$$

$$年折旧额 = 固定资产原始价值 \times 年折旧率$$

$$月折旧额=\frac{年折旧额}{12}$$

【例7-5】 泰佛公司的一座仓库,原始价值为30 000元,预计可以使用10年,按照有关规定,该厂房报废时预计净残值率为2%。计算该厂房的折旧率和折旧额。

$$年折旧率=\frac{1-2\%}{10}\times100\%=9.8\%(元)$$

$$年折旧额=30\ 000\times9.8\%=2\ 940(元)$$

$$月折旧额=\frac{2\ 940}{12}=245(元)$$

上述的折旧率是按个别固定资产单独计算的,称为个别折旧率。而在实际的工作当中,企业拥有一定数量的固定资产,为了简化计算,可以采用分类折旧率计算法。采用这种方法,应先把性质、结构和使用年限接近的固定资产归为一类,再按类计算平均折旧率。

$$某类固定资产年分类折旧率=\frac{该类固定资产年折旧额}{类固定资产原始价值总额}\times100\%$$

$$某类固定资产月分类折旧率=\frac{年分类折旧率}{12}\times100\%$$

采用年限平均法计提折旧虽然比较简单,但它也存在一些局限性,主要表现在:首先,在固定资产使用的早期,所需的维修保养费用等较小,随着使用时间的延长,其维修保养费逐渐增多,而年限平均法并没有考虑这个因素;另外,平均年限法只注重固定资产的使用时间,而不注重其使用状况,不论物质磨损到什么程度,都计提同样的折旧费用,这显然不合理。

2. 工作量法

工作量法是按照固定资产在预计使用年限内可以完成的工作量比例计算折旧额的方法。这种方法可以弥补年限平均法只注重时间,而不注重使用强度的缺点。其计算公式为:

$$每一工作量折旧额=\frac{固定资产原始价值\times(1-预计净残值率)}{预计总工作量}$$

$$固定资产月折旧额=每一工作量折旧额\times该固定资产当月实际的工作量$$

【例7-6】 泰佛公司的一辆运输用卡车的原价为200 000元,预计总行驶里程为400 000公里,其报废时的净残值率是2%,本月行驶3 000公里。计算该汽车的月折旧额如下。

$$单位里程折旧额=\frac{200\ 000\times(1-2\%)}{400\ 000}=0.49(元)$$

$$本月折旧额=0.49\times3\ 000=1\ 470(元)$$

3. 加速折旧法

加速折旧法又称递减折旧法,其特点是在固定资产使用的年限内,前期多提折旧,后期少提折旧,从而使固定资产的成本在有效使用年限中加快得到补偿。

常见的加速折旧法包括双倍余额递减法和年数总和法。

1）双倍余额递减法

双倍余额递减法是在不考虑固定资产净残值的情况下，根据每期期初固定资产账面余额乘以双倍直线折旧率，计算固定资产折旧的一种方法。其计算公式如下：

$$年折旧率 = \frac{2}{预计使用年限} \times 100\%$$

$$年折旧额 = 固定资产账面净值 \times 年折旧率$$

【例7-7】　泰佛公司拥有一项固定资产的原始价值为10 000元，预计使用年限为5年，预计净残值为200元。按双倍余额递减法逐年计提的折旧额如表7-5所示。

表7-5　双倍余额递减法逐年计提折旧额　　单位：元

年次	折旧基数	折旧率	折旧额	累计折旧	期末账面净值
0					10 000
1	10 000	40%	4 000	4 000	6 000
2	6 000	40%	2 400	6 400	3 600
3	3 600	40%	1 440	7 840	2 160
4	2 160	–	980	8 820	1 180
5	1 180	–	980	9 800	200

由于双倍余额递减法不考虑固定资产的预计净残值，因此，在使用该方法时应注意不能使固定资产的账面折余价值低于它的预计净残值。为了操作方便，应在固定资产折旧年限的后两年，将固定资产的账面余额扣除净残余价值后的余额平均摊销。因此，上表第四、五年的980元折旧额是通过第四年年初的账面余额2 160元，扣除残值200元后平均摊销得来的。

2）年数总和法

年数总和法又称合计年限法，是将固定资产的原值减去残值后的净额乘以一个逐年递减的分数计算每年的折旧额，这个分数的分子代表固定资产尚可使用的年数，分母代表使用年数的逐年数字之和。计算公式如下：

$$年折旧额 = (固定资产的原始价值 - 预计净残值) \times 年折旧率$$

$$年折旧率 = \frac{固定资产尚可使用年数}{预计使用年限的年数总和} \times 100\%$$

$$固定资产尚可使用年限 = 折旧年限 - 已使用年数$$

$$预计使用年限的年数总和 = \frac{折旧年限 \times (折旧年限 + 1)}{2}$$

【例7-8】　泰佛公司拥有一项固定资产的原始价值为100 000元，预计使用年限为5年，预计净残值为1 000元，采用年数总和法对该项固定资产计提折旧的计算如表7-6所示。

表 7-6　年数总和法对该项固定资产计提折旧的计算　　单位:元

年次	原值减去预计净残值	尚可使用年限	年折旧率	年折旧额	累计折旧
1	99 000	5	5/15	33 000	33 000
2	99 000	4	4/15	264 00	59 400
3	99 000	3	3/15	19 800	79 200
4	99 000	2	2/15	13 200	92 400
5	99 000	1	1/15	6 600	99 000

7.3.3　固定资产折旧的会计处理

在我国会计实务中,固定资产通常按月计提折旧,计提折旧时,应以月初可提取折旧的固定资产账面原值为依据。当月增加的固定资产,当月不提折旧,从下月起计提折旧;当月减少的固定资产,当月照提折旧,从下月起不提折旧。企业各月计算折旧时,可以在上月计提折旧的基础之上,对上月固定资产的增减情况进行调整之后计算当月应计提的折旧额。

当月固定资产应计提的折旧额 = 上月固定资产计提的折旧额 + 上月增加固定资产应计提的折旧额 - 上月减少固定资产应计提的折旧额

计提折旧时,应借记“制造费用”、“管理费用”、“其他业务支出”等科目,贷记“累计折旧”科目。

在会计实务中,各月计提折旧一般是通过编制“固定资产折旧计算表”来完成。

【例 7-9】　泰佛公司 20××年 5 月份的固定资产折旧计算表如表 7-7 所示。

表 7-7　固定资产折旧计算表　　单位:元

使用部门	固定资产项目	上月折旧额	上月增加固定资产		上月减少固定资产		本月折旧额	分配费用
			原价	折旧额	原价	折旧额		
车间	厂房	2 000					2 000	制造费用
	机器设备	1 000	20 000	200			1 200	
	其他	600					600	
	小计	3 600				3 800		
厂部管理部门	办公楼	1 200					1 200	管理费用
	运输设备	800			30 000	600	200	
	其他	300					300	
	小计	2 300					1 700	
合计		5 900	20 000	200	30 000	600	5 500	

根据上述固定资产折旧计算表编制会计分录如下：

借：制造费用　　3 800

　　管理费用　　1 700

　贷：累计折旧　　5 500

7.4 固定资产的处置及期末计价

7.4.1 固定资产的处置

固定资产的处置包括固定资产的出售、转让、报废、毁损、对外投资、捐赠以及抵债等。

企业因固定资产的处置而减少的固定资产，应通过“固定资产清理”账户进行核算。“固定资产清理”账户核算企业因出售、报废、毁损、对外投资、非货币性资产交换、债务重组等原因转出的固定资产价值以及在清理过程中发生的费用等。

固定资产处置的核算一般可以分为以下几个步骤。

(1)固定资产转入清理。企业出售、报废、毁损、对外投资、非货币性资产交换、债务重组转出的固定资产，应按转出的固定资产的账面价值，借记“固定资产清理”科目，按已提的折旧，借记“累计折旧”科目，按已经计提的减值准备，借记“固定资产减值准备”科目，按固定资产的原价，贷记“固定资产”科目。

(2)发生的清理费用。固定资产清理过程发生的清理费用以及应支付的税金，应计入“固定资产清理”科目，按实际发生的清理费用及应交的税金，借记“固定资产清理”，贷记“银行存款”、“应交税费”等科目。

(3)出售收入及残料的处理。企业收回出售固定资产的价款、残料价值和变价收入等，应冲减清理支出，按实际收到的出售价款及残料变现收入等，借记“银行存款”等科目，贷记“固定资产清理”科目。

(4)保险赔偿的处理。应由保险公司或过失人赔偿的报废、毁损固定资产的损失时，应当冲减清理支出，借记“银行存款”或“其他应收款”科目，贷记“固定资产清理”科目。

(5)固定资产清理净损益的处理。固定资产清理净损失的处理应区别不同情况分别对待：属于生产经营期间正常的清理损失，直接计入当期损益，借记“营业外支出——非流动资产处置损失”科目，贷记“固定资产清理”科目；属于自然灾害等非正常原因造成的损失，应借记“营业外支出——非常损失”科目，贷记“固定资产清理”科目。固定资产清理净收益，应借记“固定资产清理”科目，贷记“营业外收入——非流动资产处置利得”科目。

7.4.1.1 固定资产的报废

固定资产的报废有正常报废与非正常报废。所谓正常报废是指由于使用磨损或科技进步而发生的提前报废；非正常报废是指自然灾害或责任事故造成的。正常报废与非正常报废的会计处理基本一致。

【例 7-10】 泰佛公司由于交通事故提前报废一辆运输用卡车，其原值为240 000元，已提折旧160 000元。报废时支付清理费用300元，收到保险公司的赔偿款2 000元，残料作价800元，已作为原材料验收入库。会计处理如下：

①经批准将卡车报废时。

借：固定资产清理　　80 000
　　累计折旧　　160 000
　　贷：固定资产　　240 000

②支付清理费300元。

借：固定资产清理　　300
　　贷：银行存款　　300

③收到保险公司的赔偿款2 000元。

借：银行存款　　2 000
　　贷：固定资产清理　　2 000

④残料验收入库。

借：原材料　　800
　　贷：固定资产清理　　800

⑤结转固定资产清理净损益。

借：营业外支出——非常损失　　77 500
　　贷：固定资产清理　　77 500

【例 7-11】 泰佛公司拥有的一座厂房由于使用年限已到，经批准允许报废。该厂房原值300 000元，已提折旧240 000元。支付清理费用500元，残料已出售，收回价款750元。

①将固定资产转入清理。

借：固定资产清理　　60 000
　　累计折旧　　240 000
　　贷：固定资产　　300 000

②清理过程中，以银行存款支付清理费用。

借：固定资产清理　　500
　　贷：银行存款　　500

③收回残料变卖收入。

借：银行存款　　750
　　贷：固定资产清理　　750

④结转固定资产清理净损益。

借：营业外支出——非流动资产处置损失　　59 750
　　贷：固定资产清理　　59 750

7.4.1.2 固定资产的变卖

企业对多余闲置或不再需用的固定资产,可以出售给其他企业。

【例7-12】 泰佛公司因经营方针的改变将一台不需用的设备进行出售。该设备原值为200 000元,已提折旧120 000元,支付清理费用200元,出售价款为90 000元,应交税款1 800元。会计处理如下。

①将该设备转入清理。

借:固定资产清理 80 000

  累计折旧 120 000

  贷:固定资产 200 000

②出售该设备取得收入90 000元存入银行。

借:银行存款 90 000

  贷:固定资产清理 90 000

③计算应交纳的增值税。

借:固定资产清理 1 800(90 000×4%×50%)

  贷:应交税费——应交增值税(销项税额) 1 800

④支付清理费用。

借:固定资产清理 200

  贷:银行存款 200

⑤结转出售设备的净损益。

借:固定资产清理 8 000

  贷:营业外收入——非流动资产处置利得 8 000

7.4.2 固定资产的期末计价

按照会计准则的有关规定,企业应当在资产负债表日判断资产是否存在减值的可能。固定资产如果发生减值,应当按照《企业会计准则第8号——资产减值》处理。按照该条准则的规定,当存在以下迹象时,表明资产发生了减值:

(1)资产的市价当期大幅度下跌,其跌幅明显高于因时间的推移或者正常使用而预计的下跌;

(2)企业经营所处的经济、技术或法律等环境以及资产所处的市场在当期或将在近期发生重大变化,从而对企业产生不利影响;

(3)市场利率或者其他市场投资回报率在当期已经提高,从而影响企业计算资产预计未来现金流量现值的折现率,导致资产可收回金额大幅度降低;

(4)有证据表明资产已经陈旧过时或其实体已经损坏;

(5)资产已经或者将被闲置、终止使用或者计划提前处置;

(6)企业内部报告的证据表明资产的经济绩效已经低于或者将低于预期,如资产所创造的净现金流量或者实现的营业利润(或者亏损)远远低于或者高于预计金额等;

(7)其他表明资产可能已经发生减值的迹象。

当企业的固定资产出现以上情况,应估计其可收回金额。可收回金额应当根据资产的公允价值减去处置费用后的净额与资产预计未来现金流量的现值两者之间较高者确定。如果固定资产的账面价值高于其可收回金额,企业应当按照可收回金额低于账面价值的差额计提固定资产减值准备,并计入当期损益。

为了反映固定资产减值的情况,应设置"固定资产减值准备"账户,它是固定资产的抵减账户,用来核算提取或补提的固定资产减值损失,其贷方余额反映企业已计提但尚未转销的固定资产减值准备。

如果固定资产的账面价值高于其可收回金额,企业应当按照可收回金额低于账面价值的差额,借记"资产减值损失——计提的固定资产减值准备"账户,贷记"固定资产减值准备"账户,固定资产减值损失一经确认,在以后会计期间不得转回。

资产减值损失确认后,减值资产的折旧或者摊销费用应当在未来期间作相应调整,以使该资产在剩余使用寿命内,系统地分摊调整后的资产账面价值(扣除预计净残值)。

7.5 无形资产的核算

7.5.1 无形资产的概念及特征

7.5.1.1 无形资产的概念

无形资产是指企业拥有或者控制的没有实物形态的可辨认非货币性资产。无形资产一般不具有实物形态,但具有很大的经济价值。

7.5.1.2 无形资产的特征

1. 没有实物形态

无形资产所体现的是一种权力或获得超额利润的能力,它没有实物形态,但却具有价值,或者能使企业获得高于同行业一般水平的赢利能力。不具有实物形态是无形资产区别于其他资产的显著标志。

2. 能使企业在较长的时期内获得经济利益

无形资产能在多个生产经营期内使用,使企业长期受益,因而,属于一项长期资产,企业为取得无形资产所发生的支出,属于资本性支出。

3. 持有的目的是使用而不是出售

企业持有无形资产的目的是用于生产商品或提供劳务、出租给他人,或为了管理目的,而不是为了对外出售。脱离了生产经营活动,无形资产就失去其经济价值。

4. 无形资产能够给企业提供未来经济效益的大小具有较大的不确定性

这些无形资产的经济价值在很大程度上受企业外部因素的影响,其预期的获利能力不能准确地加以确定。无形资产的取得成本不能代表其经济价值,一项取得成本较高的无形资产可能为企业带来较少的经济利益,而取得成本较低的无形资产也可能给企业带来较大的利益。

5. 无形资产是企业有偿取得的

只有花费了支出的无形资产，才能作为无形资产入账。否则，不能作为无形资产入账。

7.5.2 无形资产的内容

无形资产一般包括专利权、商标权、土地使用权、著作权、特许权、非专利技术等。

7.5.2.1 专利权

专利权是指政府依法批准的发明人或权力受让人，对某一发明成果在一定年限内享有的独占权或专用权。专利权具有独占性，它可以由发明人申请获得，也可以向拥有专利的人购买获得。利用他人专利，必须事先征得专利所有者的同意，并支付一定的报酬。只有那些能够给企业带来较大经济价值，并且企业为此花费了支出的专利才能作为无形资产核算。

7.5.2.2 商标权

商标权是指企业专门在某种指定的商品上使用特定的名称、图案、标记的权力。商标权是用来辨认特定的商品或劳务的标记，一经注册登记便受到法律的保护。商标权的内容包括独立使用权和禁止使用权，商标权的价值在于它能使享有人获得较高的赢利能力。商标权可以自制，也可以外购。

7.5.2.3 土地使用权

土地使用权是指国家准许某一企业在一定期间对国有土地享有开发、利用、经营的权力。根据我国土地管理法的规定，我国土地实行公有制，任何单位和个人不得侵占、买卖或者以其他方式非法转让。但土地的使用权可以转让。取得土地使用权时，如果没有发生任何代价，则不能将其作为无形资产入账。属于投资性房地产或者作为固定资产核算的土地使用权，应当按照投资性房地产或固定资产的核算原则进行会计处理。

7.5.2.4 特许权

特许权也称专营权，指在某一地区经营或销售某种特定商品的权利或是一家企业接受另一家企业使用其商标、商号、技术秘密等的权利。前者是指政府机构授权，准许企业使用或在一定地区享有经营某种业务的特权，如水、电等专营权，烟草专卖权，等等；后者是指企业间依照签订的合同，有限期或无限期地使用另一家企业的某些权利，如连锁店的分店等。

7.5.2.5 著作权

著作权是指著作权人对其著作依法享有的出版、发行等方面的专有权利。著作权可以转让、出售或赠予。著作权包括发表权、署名权、修改权等。

7.5.2.6 非专利技术

非专利技术也称专有技术，是指发明人垄断的、不公开的、具有实用价值的先进技术、资料、技能、知识等。非专利技术不受法律保护，其所有人依靠自我保密来维持其独占权。

7.5.3 无形资产的计价与核算

7.5.3.1 取得无形资产的核算

(1)购入的无形资产,按实际支付的价款,借记“无形资产”账户,贷记“银行存款”等账户。

【例7-13】 泰佛公司购入一项专利权,发票价格为400 000元,款项已经转账支付,会计处理如下:

借:无形资产 400 000

贷:银行存款 400 000

(2)投资者投入的无形资产,应当按照投资合同或协议约定的价值确定。但是,投资合同或协议约定的价值不公允的除外。

(3)企业接受的债务人以非现金资产抵偿债务方式取得的无形资产,或以应收债权换入无形资产的,应以其公允价值入账。

(4)自行开发并按法律程序申请取得的无形资产。对于企业自行研究与开发的项目,应区分研究阶段与开发阶段采用不同的处理方式。企业会计准则规定,企业研究阶段的支出全部费用化,计入当期损益(管理费用)。开发阶段的支出符合资本化条件的,才能确认为无形资产;不符合资本化条件的计入当期损益(管理费用)。无法区分研究阶段支出和开发阶段支出,应当将其所发生的研发支出全部费用化,计入当期损益(管理费用)。

自行开发的无形资产,应通过“无形资产”及“研发支出”科目进行核算。

“研发支出”属于成本类账户,核算企业进行研究与开发无形资产过程中发生的各项支出。该科目可以按照研究开发项目,分别“费用化支出”、“资本化支出”进行明细核算。

研究与开发的主要账务处理如下。

①企业自行开发无形资产发生的研发支出,不满足资本化条件的,借记“研发支出——费用化支出”;满足资本化条件的,借记“研发支出——资本化支出”,贷记“原材料”、“银行存款”、“应付职工薪酬”等科目。

②研究开发项目达到预定用途形成无形资产的,应按“研发支出——资本化支出”的余额,借记“无形资产”科目,贷记“研发支出——资本化支出”。

期(月)末,应将本科目归集的费用化支出金额转入“管理费用”科目,借记“管理费用”,贷记“研发支出——费用化支出”。

③本科目期末借方余额,反映企业正在进行无形资产研究开发项目满足资本化条件的支出。

7.5.3.2 无形资产摊销

1. 摊销期限

企业应于取得无形资产时分析判断其使用寿命。无形资产的使用寿命如为有限的,应当估计该使用寿命的年限或者构成使用寿命的产量等类似计量单位数量;无法预见无形资产为企业带来未来经济利益期限的,应当视为使用寿命不确定的无形资产。

使用寿命有限的无形资产,应当在使用寿命内系统合理摊销;使用寿命不确定的无形资产不应摊销。

企业摊销无形资产,应当自无形资产可供使用时起,即取得无形资产的月份开始摊销,至不再作为无形资产确认时止。

2. 摊销方法

企业选择的无形资产摊销方法,应当反映企业预期消耗该项无形资产所产生的未来经济利益的方式。无法可靠确定消耗方式的,应当采用直线法摊销。

3. 摊销金额

无形资产的摊销金额一般应当计入当期损益。

无形资产的应摊销金额为其入账价值扣除预计残值后的金额,已经计提无形资产减值准备的,还应扣除已经提取的减值准备金额。除以下任一情况外,使用寿命有限的无形资产,其残值应当视为零。

(1)有第三方承诺在无形资产使用寿命结束时购买该无形资产。

(2)可以根据活跃市场得到预计残值信息,并且该市场在无形资产使用寿命结束时很可能存在。

4. 无形资产摊销的会计处理

企业按期(月)计提无形资产的摊销,借记“管理费用”、“其他业务成本”等科目,贷记“累计摊销”科目。

“累计摊销”账户用来核算企业对使用寿命有限的无形资产计提的累计摊销。本科目可以按无形资产项目进行明细核算。该账户期末贷方余额,反映企业无形资产的累计摊销额。

【例 7-14】 泰佛公司购入专利权,实际支付的价款为 600 000 元,使用年限为 20 年。

该项无形资产每月摊销的分录如下:

借:管理费用	2 500	
贷:累计摊销		2 500

另外,企业应当至少于每年年度终了,对使用寿命有限的无形资产的使用寿命及未来经济利益消耗方式进行复核。无形资产的预计使用寿命及未来经济利益的预期消耗方式与以前估计不同的,应当改变摊销期限和摊销方法。

企业应当在每个会计期间对使用寿命不确定的无形资产的使用寿命进行复核。如果有证据表明无形资产的使用寿命是有限的,应当估计其使用寿命,并按会计准则规定处理。

7.5.3.3 无形资产的期末计价

对于无形资产而言，企业在会计期末，如果发现有迹象表明无形资产发生减值了，应当计算其可收回金额，如果该项无形资产的可收回金额低于其账面价值，应对其计提减值准备。

资产负债表日，对于发生减值的无形资产，按可收回金额低于其账面价值的差额，借记“资产减值损失”账户，贷记“无形资产减值准备”账户。

7.5.3.4 无形资产的处置

1. 企业出售无形资产

企业出售无形资产，应当将取得的价款与该无形资产账面价值的差额计入当期损益。

【例15】 泰佛公司将其拥有的一项专利权进行销售，该项专利权的原入账价值为400 000元，已经累计摊销240 000元，并已经计提减值准备40 000元，出售所得为150 000元，不考虑税金。分录编制如下：

借：银行存款	150 000	
累计摊销	240 000	
无形资产减值准备	40 000	
贷：无形资产		400 000
营业外收入		30 000

2. 无形资产的出租

对于无形资产的出租，就是将无形资产的使用权让渡给他人，并收取租金。企业应在以下条件符合时，确认租金收入：与出租交易有关的经济利益能够流入企业；租金收入的金额能够可靠地计量。

当企业取得租金收入时，借记“银行存款”，贷记“其他业务收入”等科目。

另外，在确认出租收入的同时，还应确认相关税金和费用。即摊销出租无形资产的成本并发生与转让有关的各种税费支出时，借记“营业税金及附加”、“其他业务成本”，贷记“累计摊销”、“银行存款”、“应交税费”等科目。

8

内销业务的核算

本章学习要点

• 掌握内销业务收入的确认条件。
• 掌握内销业务的计量。
• 能够根据内销业务涉及的各种原始凭证填制记账凭证并在账簿上登记。

8.1 内销业务的确认和计量

外经贸企业的商品销售业务主要包括出口销售和国内销售，对内销而言，其销售的商品可能是国外购进的，也可能是在国内采购的。无论所销商品来源如何，按照我国会计准则和会计制度的规定，其会计处理的原则和方法是一样的。

8.1.1 内销业务的确认

内销业务的主要业务过程包括商品采购、商品储存、商品销售、货款结算四个环节。商品采购与商品储存环节见本书有关章节，本章主要涉及商品销售和货款结算两个环节。在销售环节，财会部门需要掌握销售价格、折扣折让、代垫费用、委托代销手续费及销售收入实现时间，以便及时进账和尽快结算货款。

外经贸企业内销收入的确认和计量同其他企业一样要遵循统一的企业会计制

度,企业销售商品在满足会计制度规定的确认条件时,才能确认为收入。为了单独反映已经发出但尚未确认销售收入的商品成本,企业应设置“发出商品”“委托代销商品”“分期收款发出商品”等账户进行核算。

8.1.2 内销收入的计量

在货款结算环节,企业要根据销售合同或协议约定的售价,按照交货数量,凭有关单证向购买单位收取货款及垫付费用。为做好货款结算工作,财务人员要备好结算凭证,主要常用凭证包括发票、费用凭证复制件(凡是垫付的费用都要进行复制,原件转给购货单位,抄件留作记账依据)、发货凭证、往来清算单等。

通常情况下,企业应该按照从购货方已收或应收合同或协议价款确认销售商品收入金额,但已收或应收的合同或协议价款不公允的除外。

在结算环节,企业有时在销售商品收入金额确定的情况下,为了鼓励买方在规定的期限内付款,而根据收到货款的早晚向其提供一定的债务扣除,也就是说如果买方愿意提前付款,则可以比约定的总价款少付一部分款项,这称为现金折扣。销售商品涉及现金折扣的,应当按照扣除现金折扣前的金额确定商品销售收入金额,现金折扣在实际发生时记入当期损益。

与现金折扣不同,商业折扣是指企业为了促进商品销售而在商品标价上给予的价格扣除。销售商品涉及商业折扣的,应当按照扣除商业折扣后的金额确定销售商品收入金额。如果销售额和折扣额在同一张发票上分别注明的,可按折扣后的销售额征收增值税,否则不予减除折扣部分的增值税额。

在企业销售商品过程中,还可能会发生销售折让。销售折让是指企业因售出的商品质量不合格等原因而在售价上给予的减让。通常情况下销售行为在先,销售折让发生在销售收入已经确认之后,因此销售折让发生时,应直接冲减当期销售收入。发生销售折让的,折让部分的销项税额可从折让当期的销项税额中扣减,但购货方应向主管税务机关填报《开具红字增值税专用发票申请单》,经主管税务机关审核后出具《开具红字增值税专用发票通知单》交给购货方,销货方凭购货方提供的《通知单》开具红字专用发票。

8.2 内销业务的核算

8.2.1 商品销售业务的账户设置

外经贸企业的国内销售业务核算,需要设置的账户主要有:“主营业务收入”、“营业税金及附加”、“主营业务成本”、“销售费用”等损益类账户和“库存商品”、“发出商品”、“应收账款”、“应付账款”等。

(1)“主营业务收入”账户是损益类账户,用来核算企业确认的销售商品、提供劳务等主营业务的收入。该账户的贷方登记已实现的商品销售收入;借方登记销售退回的数额。月末贷方余额表示自期初起至本月末止企业已经实现的累计商品销售收入。期末,应将本账户的余额转入“本年利润”账户,结转后本账户应无余额。该账户可按销售商品的种类进行明细核算。

(2)“营业税金及附加”账户是损益类账户,核算企业经营活动发生的营业税、消费税、城市维护建设税、教育费附加等相关税费。房产税、车船税、土地使用税、印花税在“管理费用”账户核算,不涉及本账户。企业按规定计算确定的与经营活动相关的税费,借记本账户,贷记“应交税费”账户。期末,应将本账户余额转入“本年利润”账户,结转后本账户无余额。由代销单位代交的商品销售税金,应借记“营业税金及附加”账户,贷记“应收账款”等有关账户。

(3)“主营业务成本”是用来核算企业确认销售商品、提供劳务等主营业务收入时应结转的成本。期(月)末,企业应根据本期(月)销售各种商品、提供各种劳务等实际成本,计算应结转的主营业务成本,借记本科目,贷记“库存商品”、“劳务成本”等科目。

此外,在具体操作上,也可采取每销售一笔就结转一笔成本的做法。

采用计划成本或售价核算库存商品的,平时的营业成本按计划成本或售价结转,月末,还应结转本月销售商品应分摊的产品成本差异或商品进销差价。

本期(月)发生的销售退回,如已结转销售成本的,借记“库存商品”等科目,贷记本科目。期末,应将本科目的余额转入“本年利润”科目,结转后本科目无余额。本账户可按主营业务的种类进行明细核算。

(4)“销售费用”账户是损益类账户,用来核算企业在销售商品、材料、提供劳务的过程中发生的各种费用,包括保险费、包装费、展览费、广告费、商品维修费、预计产品质量保证损失、运输装卸费等以及为销售本企业商品而专设的销售机构(含销售网点、售后服务网点等)的职工薪酬、业务费、折旧费等经营费用。企业发生的与专设销售机构相关的固定资产修理费用等后续支出,也在本账户核算。企业在销售商品过程中发生的包装费、保险费、展览费、广告费、运输装卸费等费用,借记本账户,贷记“库存现金”、“银行存款”等账户。发生的为销售本企业商品而专设的销售机构的职工薪酬、业务费等经营费用,借记本账户,贷记“应付职工薪酬”、“银行存款”、“累计折旧”等账户。期末,应将本账户余额转入“本年利润”账户,结转后本账户无余额。本账户可按费用项目进行明细核算。

(5)“发出商品”是资产类账户,本账户核算企业未满足收入确认条件但已发出商品的实际成本(或进价)或计划成本(或售价)。采用支付手续费方式委托其他单位代销的商品,也可以单独设置“委托代销商品”账户。本账户可按购货单位、商品类别和品种进行明细核算。对于未满足收入确认条件的发出商品,应按发出商品的实际成本(或进价)或计划成本(或售价),借记本账户,贷记“库存商品”账户。发出商品发生退回的,应按退回商品的实际成本(或进价)或计划成本(或售价),借记“库存商品”账户,贷记本账户。发出商品满足收入确认条件时,应结转销售成本,借记

“主营业务成本”账户，贷记本账户。采用计划成本或售价核算的，还应结转应分摊的产品成本差异或商品进销差价。本账户期末借方余额，反映企业发出商品的实际成本（或进价）或计划成本（或售价）。

（6）“应收账款”是资产类账户，本账户核算企业因销售商品、提供劳务等经营活动应收取的款项。因销售商品、提供劳务等，采用递延方式收取合同或协议价款、实质上具有融资性质的，在“长期应收款”账户核算，不涉及本账户。企业发生应收账款，按应收金额，借记本账户，按确认的营业收入，贷记“主营业务收入”等账户。收回应收账款时，借记“银行存款”等账户，贷记本账户。涉及增值税销项税额的，还应进行相应的处理。代购货单位垫付的包装费、运杂费，借记本账户，贷记“银行存款”等账户。收回代垫费用时，借记“银行存款”账户，贷记本账户。本账户可按债务人进行明细核算。

8.2.2 内销业务的核算

在进行内销业务的核算时，首先要考虑销售商品收入是否符合确认条件，符合确认条件的，企业应及时确认收入，并结转相关销售成本；否则不能确认收入。内销业务的核算与银行结算制度有密切联系，内销一般只能收取人民币。兹将国内银行规定的几种结算方式涉及的会计处理分述如下。

1. 采取支票、本票、汇兑结算方式销售的核算

采用支票、本票、汇兑结算方式的商品销售，在商品发出，发票单据等提交购货单位时，作销售处理。

【例 8-1】 泰佛公司售给本地某企业甲商品一批，计货款 5 850 元（含 17% 增值税），以银行存款支付运杂费 700 元。该批商品成本为 3 800 元。

（1）收到购货单位支票（或本票、汇款）时，作会计分录如下：

借：银行存款——人民币户　　5 850
　　贷：主营业务收入——甲商品　　5 000
　　　　应交税费——应交增值税（销项税额）　　850

以上业务所涉及的原始凭证主要有增值税专用发票和银行进账单（见表 8-1、8-2）。实务中要根据这些原始凭证填制收款凭证（见表 8-3）。

表 8-1 天津增值税专用发票

NO 0379550 9

此联不作报销，扣税凭证使用　　开票日期：2007 年 05 月 29 日

名　　称：某企业 纳税人识别号：1 2 0 1 0 4 1 0 3 1 6 1 0 49 地 址 电 话：河西区玉林西路 6 号飞云大厦 658---666 61234161 开户行及账号：农行玉林西路支行 02-207788040055665	密码区	37271913+*7/6-08**8<1 ->>20/8/+/3+51*1>*459 加密 版本：01 /387188/5+47>>3904-12 1200054140 -1171-/>>06261*/+>>59 03795508

货物或应税劳务名称	规格型号	单位	数量	单价	金额	税率	税额
甲商品		台	10	500.00	5 000.00	17%	850.00
合　　计					￥5 000.00		￥850.00
价税合计（大写）	伍仟捌佰伍拾圆整				（小写）￥5 850.00		

销货单位	名　　称：天津泰德进出口有限公司 纳税人识别号：1 1 1 2 2 1 7 2 2 2 2 2 3 3 3 地址　电话：天津市河西区珠江道 86 号 88381234 开户行及账号：商业银行金盛支行 204301201200284202	备注	

收款人：　　复核：　　开票人：李杰

销货单位：（章）

表 8-2　商业银行天津分行进账单(收账通知)3

2007年05月29日

出票人	全称	某企业	收款人	全称	天津泰佛进出口有限公司
	账号	02-207788040055665		账号	126981-429207887
	开户银行	农行玉林西路支行		开户银行	126981
金额	人民币 (大写) 伍仟捌佰伍拾圆整				亿 千 百 十 万 千 百 十 元 角 分 ¥ 5 8 5 0 0 0
票据种类	转支	票据张数	1	商业银行天津分行 营业部 2007.05.29 转讫 (27)	
票据号码					
复核　记账				收款人开户银行签章	

表 8-3　收款凭证

借方科目：银行存款　　2007年 5 月 29 日　　银收字第 X 号

摘要	贷方科目		记账符号	金额										附单据2张
	总账科目	明细科目		千	百	十	万	千	百	十	元	角	分	
销售商品	主营业务收入	甲商品						5	0	0	0	0	0	
	应交税费	应交增值税(销项税)							8	5	0	0	0	
合计							¥	5	8	5	0	0	0	

财务主管　　记账　　出纳　　审核

(2)《企业会计准则》规定,收入与其相关的成本、费用应当相互配比,在同一会计期内入账。外经贸企业的销售收入与其相关的成本、费用也应相互配比,因此企业在销售收入入账后要相应结转销售成本。其会计分录如下:

借:主营业务成本——甲商品　　3 800

　　贷:库存商品——甲商品　　3 800

此笔业务的原始凭证主要是商品出库单(见表 8-4),财务人员要根据其填制记账凭证(见表 8-5)。

表 8-4 天津泰佛进出口有限公司商品出库单

2007 年 5 月 29 日

商品名称	计量单位	数量	单位成本	金额
甲商品	台	10	380 元	3 800 元

制票人:李仪　　　　经办人:赵克

表 8-5 转账凭证

2007 年 5 月 29 日　　　　转字　　　　第 X 号

摘要	总账科目	明细科目	✓	金额										✓	金额									
				千	百	十	万	千	百	十	元	角	分		千	百	十	万	千	百	十	元	角	分	附单据1张
结转销售产品成本	主营业务成本	甲商品						3	8	0	0	0	0												
	库存商品	甲商品																	3	8	0	0	0	0	
合计							¥	3	8	0	0	0	0					¥	3	8	0	0	0	0	

会计主管　　　　记账　　　　审核　　　　制单

(3)支付包装费运杂费会计分录如下:

借:销售费用　　　　700

　贷:银行存款　　　　700

这笔业务发生时,财务人员在收到运费发票并支付货款后,要根据这些原始凭证编制付款凭证,其样式见表 8-6 所示。

表 8-6 付款凭证

贷方

科目 银行存款　　　　2007年5月29日　　　　银付字第 X 号

摘要	借方总账科目	明细科目	记账符号	金额										附单据2张
				千	百	十	万	千	百	十	元	角	分	
支付销售商品运费	销售费用	运杂费							7	0	0	0	0	
合计								¥	7	0	0	0	0	

会计主管　　　　记账　　　　出纳　　　　审核　　　　制单

2. **采用托收承付结算方式销售的核算**

采用托收承付结算方式的商品销售，在商品运出，并通过银行办妥托收手续时，作销售处理。

【例8-2】 泰佛公司售给外埠W公司商品一批，计货款117 000元（含17%增值税），货已发出，代购货单位垫付运杂费2 000元，并通过银行办妥托收手续，该批商品的成本为80 000元。

（1）在办妥委托银行收款手续后确认销售收入，凭托收结算凭证回单（见表8-7）及增值税专用发票记账联作会计分录如下：

表8-7 托收承付凭证（回单）

托收号码：7961

签发日期 2007年6月3日

<table>
<tr><td rowspan="3">付款人</td><td>全称</td><td>W公司</td><td rowspan="3">收款人</td><td>全称</td><td colspan="10">天津泰佛进出口有限公司</td></tr>
<tr><td>账户或地址</td><td>河西区玉林西路6号</td><td>账号</td><td colspan="10">204301201200284202</td></tr>
<tr><td>开户银行</td><td>农业银行</td><td>开户银行</td><td colspan="4">商业银行金盛支行</td><td colspan="3">行号</td><td colspan="3">126981</td></tr>
<tr><td rowspan="2">托收金额</td><td colspan="4" rowspan="2">人民币壹拾壹万柒仟元整
（大写）</td><td>千</td><td>百</td><td>十</td><td>万</td><td>千</td><td>百</td><td>十</td><td>元</td><td>角</td><td>分</td></tr>
<tr><td></td><td>¥</td><td>1</td><td>1</td><td>7</td><td>0</td><td>0</td><td>0</td><td>0</td><td>0</td></tr>
<tr><td colspan="2">附件</td><td colspan="2">商品发运情况</td><td colspan="11">合同名称号码</td></tr>
<tr><td>附记单证张数</td><td>3</td><td colspan="2">商品通过铁路运输</td><td colspan="11">07571</td></tr>
<tr><td colspan="2">电　划
备注：</td><td colspan="2">款项收妥日期
年　月　日</td><td colspan="11">收款人开户银行盖章　　2007年　6月　3</td></tr>
</table>

天津商业银行金盛支行 营业部 2007.06.3 转讫 (27)

借：应收账款——W公司　　119 000
　贷：主营业务收入　　100 000
　　应交税费——应交增值税（销项税额）　　17 000
　　银行存款　　2 000

（2）结转已销商品的销售成本。会计分录如下：

借：主营业务成本　　80 000
　贷：库存商品　　80 000

（3）收到银行转来购货方承付货款及运杂费时，作会计分录如下：

借：银行存款　　119 000
　贷：应收账款——W公司　　119 000

3. **采用商业汇票结算方式销售的核算**

采用商业汇票结算方式的商品销售，在商品发出、收到已承兑的商业汇票（见表8-8、8-9）时作销售处理。

表 8-8 银行承兑汇票

IC0453

签发日期 贰零零柒年 柒 月 陆 日 第 号

收款人	全称	天津泰佛进出口有限公司			承兑申请人	全称	B 公司	
	账号	204301201200284202				账号	1457892012002823512	
	开户银行	商行金盛支行	行号	126981		开户银行	光大银行六和支行	行号 45258754
汇票金额	人民币壹拾壹万柒仟元整（大写）						千 百 十 万 千 百 十 元 角 分	¥ 1 1 7 0 0 0 0 0
汇票到期日	贰零零柒年 玖 月 陆 日							
本汇票送请你行承兑，并确认支付结算办法和承兑协议的各项规定。此致 承兑银行 承兑申请人盖章 2007 年 7 月 6 日					承兑协议号码	01356	交易合同号码	002862
本汇票经本行承兑，到期日由本行支付。承兑银行盖章 2007 年 7 月 6 日					汇票签发人盖章 负责：李晨 经办：张华		科目（付） 对方科目（收） 转账 日期 年 月 日 复核 记账	

此联收款人开户行承兑行收取票款时作联行往来付出传票

表 8-9 银行承兑汇票(解讫通知)

IC0453

签发日期 贰零零柒年 柒 月 陆 日 第 号

收款人	全称	天津泰佛进出口有限公司			承兑申请人	全称	B 公司	
	账号	204301201200284202				账号	1457892012002823512	
	开户银行	商行金盛支行	行号	126981		开户银行	光大银行六和支行	行号 45258754
汇票金额	人民币壹拾壹万柒仟元整（大写）						千 百 十 万 千 百 十 元 角 分	¥ 1 1 7 0 0 0 0 0
汇票到期日	贰零零柒年 玖 月 陆 日							
收款人开户行盖章 天津商业银行金盛支行营业部 2007.06.3 转讫 (27) 复核 会计					承兑协议号码	01356	交易合同号码	002862
					汇票签发人盖章 负责：李晨 经办：张华			

【例 3】 泰佛公司销售给本市 B 公司商品一批，计货款 11 700 元(含 17% 增值税)，货已发出，收到 B 公司经银行承兑的商业汇票一张，票面金额为 11 700 元，期限两个月。该批商品成本 7 000 元。

(1)在发出商品收到银行承兑汇票时，会计分录如下：

借:应收票据——B 公司　　　　11 700

　　贷:主营业务收入　　　　10 000

应交税费——应交增值税(销项税额) 1 700

(2)结转已销商品销售成本,其会计分录如下:

借:主营业务成本 7 000

贷:库存商品 7 000

9

进口业务的核算

本章学习要点

- 熟悉进口业务的主要环节。
- 掌握自营进口对内结算方式。
- 掌握自营进口商品国外采购、国内销售的会计核算。
- 掌握代理进口销售的核算

9.1　进口业务的概述

进口贸易是指外经贸企业以外汇在国际市场上采购商品,满足国内生产和人民生活需要的业务。进口贸易业务也是外经贸企业的一项重要业务。进口贸易与出口贸易则是相辅相成、相互制约的。

9.1.1　进口贸易的种类

随着进口贸易而发生各项经济活动,构成了进口贸易活动的各种不同类型,按照贸易方式的不同,进口贸易一般可分为国家调拨进口、自营进口、代理进口、易货贸易进口等类型。

1. 国家调拨进口

国家调拨进口是指外经贸企业依照国家进口计划,使用国家外汇组织进口商品和物资,国家调拨进口商品按国家统一的调拨价格作价,销售给用货单位,盈亏由国家担负。这种进口贸易实质上是外经贸企业代理国家进口。

2. 自营进口

自营进口是指外经贸企业用自有外汇或向银行购汇,进口境外商品和物资,销售给国内用户的进口业务。进口商品比照国内同类商品协商作价,其盈亏由进口企业承担。

3. 代理进口

代理进口是指受托人(有进口经营资格的企业)依据委托人的授权,以自己的名义为委托人设定权利和义务,并由委托人承担风险和享受收益。受托人依照代理进口商品的到岸价格 CIF 收取一定比例的手续费,发生的佣金和索赔款等均全部划转给委托人。

4. 易货贸易进口

易货贸易进口是指外经贸企业根据政府有关部门批准的易货协议和进口货单,在进出平衡的前提下组织以货换货的贸易行为。易货贸易的经营原则是:外汇自行平衡,出口自找货源,进口自找销路,单独进行核算,盈亏企业负担。

9.1.2 进口贸易的流程

进口贸易的流程一般包括:进口交易洽商、签订进口合同、履行进口合同和内销结算等4个主要环节。

1. 进口交易洽商

进口交易洽商包括以下内容:选配洽谈人员;进行市场和客户资信调查,选择目标市场;选择采购商品的国别(地区)和交易对象;制定进口商品经营方案;筹集用汇资金;通过询盘、发盘、比价和还盘而达到接受。

2. 签订进口合同

当交易的一方对另一方的发盘或还盘表示接受时,表明交易洽谈成功,合同随即成立。根据我国涉外经济合同法的有关规定,我国签订的涉外经济贸易合同只能是书面合同,而不能是口头合同。要使其成为有效的书面合同,买卖双方必须予以书面签订,才能构成具有法律效力的正式合同,才能得到法律的认可和保护。

3. 履行进口合同

买方应严格信守合同的各项规定,履行买方的责任,同时,还要督促卖方按合同规定履行交货的义务,全面履行进口合同。在进口业务中,如按 FOB 价格条件和即期信用证结算方式成交时,履行进口合同的一般程序是:开立信用证、租船订舱、办理货运保险、审单和付汇、报关与接货、商检与索赔。

4. 内销和结算

企业收到银行转来的全套正本进口单据或收到进口货物到港通知后,应按照内销合同的相关规定向用户办理结算手续,清理往来款项,如不发生索赔,进口贸易的全部流程将圆满结束。

9.1.3 进口贸易的单证

1. 进口贸易单据的种类

按单据在结算中的重要性,可分为两大类:

(1)基本单据:包括商业发票、运输单据和保险单据。

(2)附属单据:包括装箱单、重量单及检验证书等。

2. 进口贸易单证的审核

根据国际结算的有关规定,银行履行付款责任的依据,是进口贸易的单证而不是相关的货物,因此,进口贸易单证不仅是履行进口合同的重要手段,而且是结算货款的重要依据,在发生贸易纠纷时还是处理事端的司法依据。加强进口贸易单证的审核工作是进口业务的重要一环。

(1)商业发票的审核。商业发票简称发票,在货物发出时,是出口商开立向进口商索取货款的价目清单,是商业交易的详细叙述,是进口贸易中的基本单据。因此,应重点审核如下内容:①发票是否由信用证的受益人出具;②买方名称与信用证上付款人是否一致;③货物的数量和发票的总金额是否超出信用证规定的范围;④单价是否按信用证规定的幅度开列;⑤是否有受益人的签字;⑥如为分批装运,是否符合信用证的规定等。

(2)海运提单的审核。

(3)检验证明书的审核。

(4)装箱单的审核。

3. 进口贸易单据的处理

单据一般包括4套正本单据,其中:提供报关一套、对外付款一套、对内结算一套、一套留底。每套单据包含一份发票、一份提单、一份装箱单以及检验证书。

业务部门根据合同或信用证进行审单。发现有不符合的地方,应该立即通知财务部门,并将单据交回,写明详细拒付理由与全套单据一并退回银行,银行向国外议付行提出拒付。拒付期间,全套单据由开证行持有,直到接到国外补充更正单据,开证行再将原单据及更正单据送交进口公司。

业务部门审单如为单证相符、单单相符,同意对外付款,则填写“进口审单明细目录”,注明商品品名、结算号、运保费及公司手续费的收取比例等项内容,附上一套正本单据送财务部门据以付款。业务部门最后应至少保存一套正本单据,以便将来进口货物到港,我方检验发现问题时,凭正本单据向出口商提出索赔。

财会部门接到业务部门以上单据后,通知开证行对外付款,并办理对内结算,通过银行向用户托收货款,对照发票等进行会计处理。用户接到托收凭证后,经审核无误承付托收款,并凭单据到港口提货。另一套单据将交给运输部门办理报关手续。

9.2 自营进口业务的核算

9.2.1 自营进口商品采购成本的构成

进口商品采购成本是指进口商品到达目的港以前发生的各种支出，主要包括国外进价和进口税金两个部分。

1. 国外进价

进口商品的进价一律以 CIF 价格为基础，凡进口合同以 FOB 或 CFR 价格成交的，那么商品离开对方口岸后，应由外经贸企业负担的国外运费、保险费均应作为商品的国外进价入账。外经贸企业收到的能够直接认定的进口商品佣金，应冲减商品的国外进价。对于难以按商品直接认定的佣金，如累计佣金则只能冲减“销售费用”账户。商品到达我国口岸后发生的运输装卸费、保险费等进货费用不能计入进价，而直接计入销售费用。

2. 进口税金

进口税金是指进口商品在进口环节应交纳的计入进口商品成本的各种税金。它包括海关征收的进口关税和消费税。商品进口环节征收的增值税是价外税，它不是进口商品采购成本的构成部分，应将其列入“应交税费”账户。如进口属于自用的固定资产，其进口增值税一般也应计入增值税的进项税额。进口商品在国内销售环节交纳的各种税金，不在进口商品采购成本中核算。

9.2.2 自营进口销售核算设置的科目及运用

为了正确反映外经贸企业自营进口业务的收入、成本及盈亏，应设置“主营业务收入——自营进口销售收入”和“主营业务成本——自营进口销售成本”科目。企业实现的自营进口销售收入贷记“主营业务收入——自营进口销售收入”科目；出现内销退货时，付给购货单位的退货款以及数量短缺、品质规格不符合合同规定的理赔款应冲减销售收入，以红字贷记“主营业务收入——自营进口销售收入”科目；借方反映期末转入“本年利润”科目的金额。结转销售成本借记“主营业务成本——自营进口销售成本”科目；进口商品退货时，收到外商的退货款和因进口数量短缺、品质规格不符合合同规定而收取外商的索赔款以及对国内用户已经理赔但对外又无索赔权的理赔款，均冲减销售成本，以红字借记“主营业务成本——自营进口销售成本”科目；贷方反映期末转入“本年利润”科目的金额。

设置“在途物资”科目，主要归集支付的进口货款、境外运保费、进口税费等。按实际发生额借记“在途物资——进口商品采购”科目，借方合计即为进口商品的成本；进口商品入库时贷记“在途物资——进口商品采购”科目。

设置“营业税金及附加”科目，核算企业因自营进口商品销售而负担的税金及附加，包括消费税、城市维护建设税和教育费附加等。借方反映当期应负担的进口销售业务税金及附加,贷方反映期末转入"本年利润"的金额。

设置"应交税费"科目,核算企业因销售自营进口商品应交纳的各种税金,包括增值税、消费税、城市维护建设税等,借方反映按海关提供的完税凭证上注明的增值税,借记"应交税费——应交增值税(进项税额)",贷方反映按内销增值税发票上注明的应交增值税,贷记"应交税费——应交增值税(销项税额),如果销售应纳消费税的商品,借记"营业税金及附加"等科目,贷记"应交税费——应交消费税"科目。企业按规定计算应交纳的城市维护建设税,借记"营业税金及附加"科目,贷记"应交税费——应交城市维护建设税"科目。期末,本科目借方余额表示多交税金或尚未抵扣的增值税进项税额,贷方余额表示欠交税金。

9.2.3 自营进口业务的管理

1. 自营进口外汇管理

经营进口业务的外经贸企业,应随时关注国际市场各种货币的汇率变化,在对外成交时应尽量选择对自己有利的货币价格结算,并选择有利时机进行成交,防止汇率变化造成损失。也可申请开立外汇结算账户,在核定的限额内,将部分出口收入的外汇暂时不结汇,可保留在外汇结算账户上,用于支付进口用汇,这样既可避免汇率变化的风险,又可减少买卖外汇付给银行的手续费用。

2. 自营进口结算管理

自营进口的商品最好在进口前落实国内用户,并与客户签订协议或合同,避免进口后临时找用户造成被动。进口商品的国内销售和货款是否及时回收,对企业的经营效益影响重大,必须重点加以管理。

自营进口的商品,以开出进口结算单、增值税发票向国内用户办理货款结算,为商品销售收入确认时点。外经贸企业在收到国外账单或进口货船到达我国港口后,应按与国内用户的合同和有关规定,向用户办理有关结算手续。

办理货款结算,一般有货到结算、出库结算和单到结算 3 种情况。采用哪种结算方式,可根据具体情况由外经贸企业和国内用户商定,并在购销合同中予以明确。

外经贸企业向国内用户销售自营进口商品,除国家有特殊规定外,一般均按照市场供求关系,由企业与用户协商定价,其进口成本与国内销售价格的差额,即为外经贸企业自营进口业务的盈亏。

为保证进口商品货款的及时收回,减少货款拖欠,企业应配备专人办理货款结算工作,及时开单,及时催收,及时解决结算过程中出现的问题,保证资金及时回笼。

3. 自营进口盈亏管理

由于外经贸企业对自营进口业务自负盈亏,这就要求企业如实准确地核算进口商品的采购成本。特别在商品进口前,要充分了解国内市场对进口商品的需求及国际市场的行情,成交前应注意对进口商品的比价压价,注意节约进口环节的有关费用,选择有利外币成交,防止外汇风险,以期获得较好的经济效益。

9.2.4 自营进口商品购进的核算

外经贸企业采购国外商品主要采用信用证结算方式。当收到银行转来国外全套进口结算单据时,将其与信用证或合同条款核对相符,并通过银行向国外出口商承付款项,借记“在途物资”账户,贷记“银行存款”账户。如需支付国外运费和保险费时,应借记“在途物资”账户,贷记“银行存款”账户。进口商品运抵我国口岸,向海关申报缴纳进口关税、消费税和增值税时,借记“应交税费——应交增值税(进项税额)”、“应交进口关税”、“应交消费税”三个子目,贷记“银行存款”账户,同时,借记“在途物资”账户,贷记“应交税费——应交进口关税、应交消费税”账户。因增值税是价外税,故不转入进口商品进价。外经贸企业收到出口商汇来佣金时,借记“银行存款”账户,贷记“在途物资”账户。当进口商品采购完毕,验收入库,结转其采购成本时,借记“库存商品”账户,贷记“在途物资”账户。

【例9-1】 泰佛进出口公司根据进口贸易合同从英国纽尔曼公司进口卷烟一批,采用信用证结算。(假定银行未收开证保证金)

①8月4日,接到银行转来国外全套结算单据,开列卷烟800箱,每箱100美元FOB价格,其中货款80 000美元,审核无误后,购汇予以支付,当日美元汇率卖出价为8.30元。作分录如下:

借:在途物资——进口——英国卷烟　664 000

　贷:银行存款　664 000

②8月6日,购汇支付进口卷烟国外运费2 080美元,保险费920美元,当日美元汇率卖出价为8.30元。作分录如下:

借:在途物资——进口——英国卷烟　24 900

　贷:银行存款　24 900

③8月21日,卷烟运达我国口岸,以银行存款向海关支付进口卷烟的进口关税、消费税和增值税。作分录如下:

借:应交税费——应交进口关税　137 800

借:应交税费——应交消费税　362 400

借:应交税费——应交增值税——进项税额　202 147

　贷:银行存款　702 347

④8月22日,已向海关缴纳的卷烟进口关税137 800元,消费税362 400元,转入“在途物资”作分录如下:

借:在途物资——进口——英国卷烟　500 200

　贷:应交税费——应交进口关税　137 800

　贷:应交税费——应交消费税　362 400

⑤8月24日,英国纽尔曼公司付来佣金1 800美元,当日美元汇率买入价为8.26元,收到银行转来结汇水单。作分录如下:

借:银行存款　14 868

贷:在途物资——进口——英国卷烟 14 868

⑥8 月 25 日,800 箱进口卷烟验收入库,转结其采购成本。作分录如下:

借:库存商品——库存进口商品 1 174 232

贷:在途物资——进口——英国卷烟 1 174 232

9.2.5 自营进口商品销售的核算

1. 自营进口商品销售的确认

企业收到银行转来的全套正本进口单据或收到进口货物到港通知后应根据内销合同、物权转移凭证开出进口结算单与国内客户办理货款结算手续。

按照货款结算的时间不同,有单到结算、货到结算和出库结算三种。具体采用哪一种结算方式由外经贸企业与国内用户自主商定,并在内销合同中做明确规定。进口结算单如表 9-1 所示。

表 9-1 ××公司自营进口结算单

付款单位: 船名: E 字第 号

对外合同号: 计量单位: B/L 号

到货口岸: 装船日期: 国内合同 号

品名及规格	数量	单价	金额										备注
			千	百	十	万	千	百	十	元	角	分	
货款合计													
加:国内运费													
结算金额													

复核人: 制单人: 制单日期:

1)单到结算

单到结算是指外经贸企业不论进口商品是否到达我国港口,只要收到银行转来国外全套结算单据,经审核符合合同规定,即向国内客户办理货款结算,以确认销售收入的实现。

2)货到结算

货到结算是指外经贸企业收到运输公司进口商品已到达我国港口的通知后,即向国内客户办理货款结算,以确认销售收入的实现。

3)出库结算

出库结算是指外经贸企业的进口商品到货后,先验收入库,待销售时,根据商品出库单、销售发票办理结算,以确认销售收入的实现。

2. 自营进口商品销售的核算

1)单到结算方式

在银行转来国外全套结算单据时,就可以向国内客户办理货款结算,这样,进口商品采购的核算与销售的核算几乎同时进行。因此,销售时进口商品采购成本尚未归集完毕,不能同时结转成本。待商品采购成本归集完毕后才能结转商品销售成本。由于商品没有入库就直接销售了,因此可以归集的商品采购成本直接从“在途物资”账户转入“自营进口销售成本”账户。

【例 9-2】 泰佛公司应国内用户要求,进口原材料一批,采用即期信用证结算方式,合同成交价格为(FOB)300 000 美元,存入银行开证保证金 50 000 美元,支付境外运费 30 000 美元,保险费 20 000 美元(假定外汇牌价 8.28 元/美元)。该商品关税税率为 8%,增值税税率为 17%,同时,与国内用户签订内销合同,销售总额为 4 095 000 元(价税合计)。

①收到银行转来的全套进口单据,经审核无误,对外付款时:

境外货款 = USD300 000 × 8.28 = 2 484 000(元)

借:在途物资——进口——××商品　　2 484 000

　贷:银行存款——外汇存款　　2 070 000(USD250 000)

　　其他货币资金——信用证保证金　　414 000(USD50 000)

②同时,按合同规定向国内用户开具增值税发票,办理货款结算手续:

商品销售价款 = 4 095 000 元 ÷ (1 + 17%) = 3 500 000(元)

增值税款 = 3 500 000 × 17% = 595 000(元)

借:应收账款——××单位　　4 095 000

　贷:主营业务收入——自营进口销售收入　　3 500 000

　　应交税费——应交增值税(销项税额)　　595 000

③支付境外运保费:

境外运费 = USD30 000 × 8.28 = 248 400(元)

境外保险费 = USD20 000 × 8.28 = 165 600(元)

合计 = 248 400 + 165 600 = 414 000(元)

借:在途物资——进口——××商品　　414 000

　贷:银行存款　　414 000

④计算交纳进口关税及增值税时:

关税完税价格 = (USD300 000 + 30 000 + 20 000) × 8.28 = 2 898 000(元)

应交关税税额 = 2 898 000 × 8% = 231 840(元)

借:在途物资——进口——××商品　　231 840

　贷:应交税费——应交进口关税　　231 840

增值税计税价格 = (USD300 000 + 30 000 + 20 000) × 8.28 + 231 840

= 3 129 840(元)

应纳增值税额 = 3 129 840 × 17% = 532 072.80(元)

以银行存款支付进口关税、增值税时:

借:应交税费——应交增值税(进项税额)　　532 072.80
　应交税费——应交进口关税　　231 840.00
　贷:银行存款　　763 912.8

⑤结转进口成本:(包括国外进价、运保费和进口关税)

进口商品采购成本 = 2 484 000 + 414 000 + 231 840 = 3 129 840(元)

借:主营业务成本——自营进口销售成本　　3 129 840
　贷:在途物资——进口——××商品　　3 129 840

2)货到结算方式

外经贸企业自营进口商品采取货到结算方式。在进口商品运达我国港口时,进口商品采购成本的轨迹已经完成。因此与国内客户办理货款结算时,在反映自营进口商品销售收入的同时,也可以结转其销售成本。

续用例9-2,在货到结算的情况下,进口商品的采购成本已核算完毕,商品销售时,可以同时结转成本。会计分录如下:

①接到外运公司通知,进口货物已抵达港口,按合同规定向国内用户开具增值税发票,办理货款结算手续:

借:应收账款——××单位　　4 095 000
　贷:主营业务收入——自营进口销售收入　　3 500 000
　　应交税费——应交增值税(销项税额)　　595 000

②同时,结转进口成本(包括境外进价、运保费和进口关税)

进口商品采购成本 = 2 484 000 + 414 000 + 231 840 = 3 129 840(元)

借:主营业务成本——自营进口销售成本　　3 129 840
　贷:在途物资——进口——××商品　　3 129 840

3)出库结算方式

在出库结算情况下,进口商品的采购成本早已核算完毕,已转入库存进口商品,商品销售时,可以同时结转销售成本。会计分录如下:

①接到进口商品销售出库通知单,按合同规定的销售价格向用户办理货款结算手续:

借:应收账款——××单位　　4 095 000
　贷:主营业务收入——自营进口销售收入　　3 500 000
　　应交税费——应交增值税(销项税额)　　595 000

②同时结转成本:

借:主营业务成本——自营进口销售成本　　3 129 840
　贷:库存商品——进口商品——××商品　　3 129 840

下面结合例9-3说明自营进口商品及销售核算的全过程的账务处理。

【例 9-3】 泰佛进出口公司与美国 H 公司签订进口合同，购甲商品一批，采用即期信用证结算方式，境外进价为离岸价（FOB）300 000 美元。同时，与国内宏达公司签订内销合同，采用出库结算方式，销售总额（价税合计）为 4 095 000 元。存入银行开证保证金 50 000 美元，支付境外运费 30 000 美元，保险费 20 000 美元，收到美国 H 公司佣金 10 000 美元。该商品关税税率为 8%，增值税税率为 17%，消费税率 10%，在商品检验中，发现个别商品质量与进口合同不符，对美国 H 公司提出索赔 10 000 美元。（假定银行外汇中间价为 7.54 元/美元）试作账务处理。

3. 开证的会计处理

（1）原始凭证：支票、外币支取凭条。

根据开证申请书及进口合同的金额，填写支取凭条（表 9-2），向银行办理从外汇结算往来户转入信用证存款专户。凡无现汇账户的，现行规定不可提前购汇（此时企业对外并不付汇），要用人民币做信用证保证金。

表 9-2 支取凭条

□活期外汇存款

（付出）□外汇专户活期存款

DRA WING SLIP

□其他金融机构往来

	账　号：
中 国 银 行 台 照 To BANK OF CHINA	Account No.-------------------------------
	日期 Date----------------------------------
请付 Pay--	
--	
小写金额 In Figures----------------------------	签　章 Signature--

主管　　会计　　出纳　　复核　　记账　　核对印鉴

如信用证存款专户以前已开立，也可用外汇划款凭证（委托付款）一式五联（表 9-3），向银行办理划转，“外汇划款凭证（委托付款）”包括“回单联”、“支款凭证”、“收款凭证”、“收款通知”及“附件联”共五联。凭其中第三联由结算往来户转入信用证存款专户。

表 9-3 外汇划款凭证

××银行××分行

<u>外汇划款凭证（委托付款）</u>

年 月 日

<table>
<tr><td rowspan="3">付款单位</td><td colspan="2">全 称</td><td colspan="8"></td><td rowspan="3">收款单位</td><td colspan="2">全 称</td><td colspan="9"></td></tr>
<tr><td colspan="2">账 号</td><td colspan="8"></td><td colspan="2">账 户</td><td colspan="9"></td></tr>
<tr><td colspan="2">开户银行</td><td colspan="8"></td><td colspan="2">开户银行</td><td colspan="9"></td></tr>
<tr><td>借方</td><td>千</td><td>百</td><td>十</td><td>万</td><td>千</td><td>百</td><td>十</td><td>元</td><td>角</td><td>分</td><td>牌价</td><td>贷方</td><td>千</td><td>百</td><td>十</td><td>万</td><td>千</td><td>百</td><td>十</td><td>元</td><td>角</td><td>分</td></tr>
<tr><td>金额</td><td></td><td></td><td></td><td></td><td></td><td></td><td></td><td></td><td></td><td></td><td>@</td><td>金额</td><td></td><td></td><td></td><td></td><td></td><td></td><td></td><td></td><td></td><td></td></tr>
<tr><td>转账原因</td><td colspan="10"></td><td colspan="12">(付款单位银行盖章)
复核 记录</td></tr>
</table>

回单联

(2)分录：

AD 进口公司向银行申请开立进口信用证，存入银行保证金 50 000 美元时：

50 000 美元 ×7.54 = 377 000(元)

借：其他货币资金——信用证保证金　　　377 000(USD50 000)

　贷：银行存款——外汇存款　　　　　　377 000(USD50 000)

4. 确认进口、赎单的会计处理

(1)原始凭证：进口信用证、单据通知书、支票、购汇申请书、售汇水单。

进口方在开出信用证后，即有一个或长或短的等待交货期间。出口方接证后，即着手备货或投产，产品完成后装运发货，并向其承办银行交单。承办银行审单相符，即向开证行转送。开证行审单相符后，即开出“进口信用证单据通知书”(表 9-4)，将全套单证向开证申请人(进口方)提示。

表 9-4　单据通知书

进口代收信用证单据通知书

公司　　　　银行通知编号　　　　　　　　　　　　　通知日期：　年　　月　　日

议付行/托收行	支付方式	到期日	金额
			总计

兹送上下列单据，请查收。

Inv.	P/W List	B/L	AWB/Mem.	Ins. Pol/Cert	Cable	Benf. Cert.	Cer	Cert. Qly/Qty

(　　)信用证项下，从单据通知的次日算起，请你公司在三个工作日内务必答复我行是否付款(如拒付，须有确凿单据不符并需经我行复审，同时退回全套单据)。我行在五个工作日内未获答复，则认为单据已被接受，将主动扣你公司账对外付汇。

(　　)托收项下，单据通知的次日算起，请你公司在三个工作日内务必审单并答复我行是否付款。如拒付，须提出确凿不符点并经我行复审，同时退回全套单据。

(　　)上列信用证单据有下列不符点：

××银行

此时进口方要再一次进行审单，即根据“单证一致，单单一致，无不符点”的要求，逐项仔细核查出口方是否做到了原信用证所要求的全部付款条件。

审单获通过后，对即期信用证即要购汇支付或自信用证存款户及外汇存款户中支付，对延期付款的信用证或见汇票后××天付款的远期信用证则在到期日付款，这称为赎单。付款后方可正式运用所取得的单据。

国际上银行实际上多数只收取部分开证保证金，因此，信用证存款户的资金多数不足以付清货款，常要购汇补足差额。(购汇申请书见表 9-5)

表 9-5　购买外汇申请书

××银行：

我公司为执行第______号合同项下对外支付，需向贵行购汇。现按外汇局有关规定向贵行提供下述内容及所附文件，请审核并按实际付汇日牌价办理售汇。所需人民币从我公司______号账户中支付。

1. 购汇金额：
2. 用　　途：□进口商品　□从属费用　□索退赔款　□其他
3. 支付方式：□信用证　□代收　□汇款　(□货到付款　□预付货款)
4. 商品名称：
5. 数量：
6. 合同号：　　　　　金额：
7. 发票号：　　　　　金额：

8. □一般进口商品，无须批文。

□控制进口商品，批文随附如下：

□进口证明　□许可证　□登记证明　□其他批文

批文号码：　　批文有效期：

9. 附件：□批文　□合同/协议　□发票　□正本运单

□报关单　□运费单/收据　□保险费收据

□佣金单　□关税证明　□仓单　□其他

申请单位______（盖章）

年　月　日

银行审核意见______________银行业务编号

上述内容与随附文件/凭证描述相符，拟按申请书要求办理售汇。

经办人：　复核人：　核准人：

售汇日期：　经办人：

（加盖售汇专用章）

（2）分录：

接到银行转来的全套进口单据，经审核无误，对外支付时：

境外货款 = USD300 000 × 7.54 = 2 262 000（元）

借：在途物资——进口——甲商品　2 262 000

贷：银行存款——外汇存款　1 885 000（USD250 000）

其他货币资金——信用证保证金　377 000（USD50 000）

5. 支付境外运、保费的会计处理

（1）原始凭证：各种费用账单、支票。

（2）分录：支付境外运、保费时：

境外运费 = USD30 000 × 7.54 = 226 200（元）

境外保险费 = USD20 000 × 7.54 = 150 800（元）

合计 = 226 200 + 150 800 = 377 000（元）

借：在途物资——进口——甲商品　377 000

贷：银行存款——外汇存款　377 000（USD50 000）

6. 收到佣金的会计处理

收到美国 H 公司佣金 10 000 美元时：

借：银行存款——外汇存款　75 400（USD10 000）

借：在途物资——进口——甲商品　75 400（USD10 000）（红字）

7. 报关、纳税的会计处理

（1）原始凭证：

在通常情况下，银行寄单一般速度快，货运航程时间长，所以 在付款赎单后，经过一段货物运程时间才可到货。到货后应即向海关申请报检(一般进口货物报关期限为装载该货物的运输工具申报进口后14天内),经海关查验,并按规定办理纳税手续后,才可放行。

(2)分录:货物报关,交纳进口关税:

应纳关税税额=关税完税价格×进口关税适用税率

关税完税价格=(USD300 000+30 000+20 000)×7.54=2 639 000(元)

应纳关税税额=2 639 000×8% =211 120(元)

借:在途物资——进口——甲商品　　211 120

　贷:应交税费——应交进口关税　　211 120

同时,缴纳进口关税:

借:应交税费——应交进口关税　　211 120

　贷:银行存款　　211 120

货物报关,交纳进口消费税:

应交消费税=(关税完税价格+关税)÷(1-消费税税率)×消费税税率

应交消费税=〔(2 639 000+211 120)÷(1-10%)〕×10% =316 680(元)

借:在途物资——进口——甲商品　　316 680

　贷:应交税费——应交消费税　　316 680

同时,缴纳进口消费税

借:应交税费——应交消费税　　316 680

　贷:银行存款　　316 680

货物报关,交纳进口增值税

应交增值税=(关税完税价格+关税+消费税)×增值税税率

应交增值税=(2 639 000+211 120+316 680)×17%

=3 166 800×17% =538 356(元)

借:应交税费——应交增值税(进项税额)　　538 356

　贷:银行存款　　538 356

8.入库的会计处理

(1)原始凭证:检验费收据、入库单。

检验合格即可入库。检验须付检验费,随品种而有不同,由报检人负担。有的检验(如检疫)在报关前即要进行。

(2)会计分录:进口商品验收入库时:

借:库存商品——库存进口商品——甲商品　　3 629 756

　贷:在途物资——进口——甲商品　　3 629 756

9.自营进口商品销售的会计处理

(1)原始凭证:销售发票、商品结算单、出库单。

自营进口商品销售是指外经贸企业进口的商品物资,通过购销双方协商作价,销售给要货单位,其盈亏由外经贸企业自己负担。在会计上要采用"主营业务收入——自营进口销售收入"及"主营业务成本——自营进口销售成本"两个账户。这两个账户都要按商品分户设置明细账。

(2)会计分录:

根据与国内宏达公司签订的购销合同,出售库存进口甲商品时:

借:应收账款——宏达公司　　4 095 000

　贷:主营业务收入——自营进口销售收入　　3 500 000

　　应交税费——应交增值税(销项税额)　　595 000

同时,结转进口甲商品销售成本时:

借:主营业务成本——自营进口销售成本　　3 629 756

　贷:库存商品——库存进口商品——甲商品　　3 629 756

10. 索赔、理赔的会计处理

(1)原始凭证:索赔联系单。

海关"结关"放行及企业收货不等于已"接受"认可商品,还需有合理的时间检验认可商品数量、品质等。

(2)会计分录:

国内宏达公司发现个别商品规格与合同不符,提出索赔,经查明,决定向宏达公司理赔,同时,向美国H公司提出索赔时:

①向国内用户理赔:

　贷:主营业务收入——自营进口销售收入　　75 400(红字)

　贷:银行存款　　75 400

②同时,向外商提出索赔时:

　借:主营业务成本——自营进口销售成本　　75 400(红字)

　借:应收账款——应收外汇账款——H公司(进口索赔)

　　75 400(USD10 000)

③如果已对国内宏达公司理赔,但对外无索赔权的,报经批准后将理赔支出列入营业外支出时:

　借:主营业务成本——自营进口销售成本　　75 400(红字)

　借:营业外支出　　75 400

9.2.6 自营进口业务实训案例

泰佛公司从新加坡TYCO机械有限公司进口检测仪1台。FOB新加坡每台USD100 000,运费USD8 000。付款方式T/T in advanced,空运。(银行外汇中间价7.54元/美元)

(1)进口货物报关,凭海关进口关税、进口增值税专用缴款书支付进口关税、增值税:

进口关税 = (USD100 000 + 8 000) × 7.54 × 4% = 814 320 × 4% = 32 572.8

进口增值税 =（814 320 + 32 572.8）× 17% = 143 971.78

借：应交税费——进口关税　　32 572.8

　　——进口增值税　　143 971.78

　贷：银行存款　　176 544.58

原始凭证见表 9-6、9-7 所示。

表 9-6　增值税缴款书

天津海关　进口增值税　专用缴款书　（**0604**）

填发日期：2006 年 7 月 6 日　　　号码 **No** 320720001076035631 LO2

<table>
<tr><td rowspan="3">收款单位</td><td>收税机关</td><td colspan="3">中央金库</td><td rowspan="3">缴款单位</td><td>名　称</td><td>天津泰佛进出口公司</td></tr>
<tr><td>科目</td><td>进口增值税</td><td>预算级次</td><td>中央</td><td>账　号</td><td>123456789</td></tr>
<tr><td>收款国库</td><td colspan="3">塘沽支库</td><td>开户银行</td><td></td></tr>
</table>

税号	货物名称	数量	单位	完税价格（¥）	税率（%）	税款金额（¥）
8608228000	检测仪	1	台	846 892.8.	17	143 971.78

<table>
<tr><td colspan="4">金额人民币（大写）　壹拾肆万叁千玖佰柒拾壹元柒角八分</td><td>合计（¥）</td><td>143 971.78</td></tr>
<tr><td>申请单位编号</td><td>120877005</td><td>报关单编号</td><td>020330067104168002</td><td rowspan="4">填制单位

制单人 123789
复核人</td><td rowspan="4">收款国库（银行）</td></tr>
<tr><td>合同（批文）号</td><td>369780</td><td>运输工具（号）</td><td>270065</td></tr>
<tr><td>缴款期限</td><td>2006 年 12 月 20 日</td><td>提/装货单号</td><td>ALHP190015163</td></tr>
<tr><td colspan="4">备注　一般贸易　照章征税 2006-4-1　国际代码 120101722956733USD</td></tr>
</table>

收入系统：税务系统

从填发缴款书之日起限 15 日内缴纳（期末遇法定节假日顺延），逾期按日征收税款总额万分之五的滞纳金

表 9-7 进口关税缴款书

天津海关 进口关税 专用缴款书 （0604）

填发日期：2006 年 7 月 6 日　　　　号码 No320720001076035631 LO2

收入系统：税务系统

收款单位	收税机关	中央金库		缴款单位（人）	名 称	天津泰佛进出口公司
	科目	进口关税	预算级次 中央		账 号	123456789
	收款国库	塘沽支库			开户银行	

税号	货物名称	数量	单位	完税价格（¥）	税率（%）	税款金额（¥）
8608228000	检测仪			814 320	4	32 572.8
金额人民币（大写）叁万贰千伍佰柒拾贰元八角					合计（¥）	32 572.8

申请单位编号	120877005	报关单编号	020330067104168002	填制单位 制单人 12378 复核人	收款国库（银行）
合同（批文）号	369780	运输工具（号）	270065		
缴款期限	2006 年 12 月 20 日	提/装货单号	ALHP190015163		
备注 一般贸易 照章征税 2006-4-1 国际代码 120101722956733USD					

第一联：（收据）国库收款签章后缴款单位或缴纳人

从填发缴款书之日起限 15 日内缴纳（期末遇法定节假日顺延），逾期按日征收税款总额万分之五的滞纳金。

（2）向上海浦东发展银行购汇 USD100 000 支付进口检测仪货款，当日汇率卖出价 1:7.54：

借：在途物资——检测仪　　　　754 000

　贷：银行存款　　　　754 000（USD100 000）

原始凭证见表 9-8、9-9、9-10 所示。

表 9-8 INVOICE

INVOICE NO.：20062510-34

INVOICE DATE：8/2/2006

PAGE　　1

BILL TO：
TIANJIN TIFERT IMPoRT&
EXPORT CORP.
MR ZHANGWEN
NO. 86 Zhujiang ROAD HEXI DIST
TIANJIN CHINA 300221

SHIP TO：
SINGAPORE TYCO MACHINARY
CO. LTD
MR TT WONG
NO. 5 KAKI Bukit Road 2# CITY
SINGAPORE 413448

SALES ORDERNO	ORDERDATE	CREDIT TERMS	SHIP VIA	FOR SINGAPORE
U07SG078019508	11/01/2006	ADVANCE PAYMENT	AIR	

LINE NO	PRODUCT DESCRIPTION	QUANTITY	UNIT PRICE	TOTAL AMOUNT
	检测仪	1 SET	USD100 000	
				USD100 000
TOTAL：US DOLLAR ONE HUNDRED THOUSAND ONLY				

表 9-9 借记通知

上海浦东发展银行外汇业务

日期：2006 年 04 月 12 日

户　　名：天津泰佛进出口有限公司 账　　号：1269812342027587	
业务编号：JS7701123400259 摘　　要：货款	起息日：2006 年 04 月 12 日 RMB754 000
金　　额：柒拾伍万肆千元整	

上海浦东发展银行天津分行 营业部 2007.04.4 转讫 (27)

经办：赵欣　　　　打

表 9-10 兑换水单

上海浦东发展银行兑换水单

SHANGHAI PUDONG DEVELOPMENT BANK Exchange Memo

日期:2007/04/04

业务编号:JS77010700002590

户　名：天津泰佛进出口有限公司

摘要	发票金额: 0.00 发 票 号: 核销单号: 证件种类:	国外扣: 0.00 证件号码: 20062510-34	国外扣: 0.00 摘要:货款

购入	牌 价 (Rate)	售出 (Sell)
RMB 754 000	1：7.54	USD 100 000

上海浦东发展银行天津分行 营业部 2007.04.4 转讫 (27)

经办: 赵欣　　　　复核:　　　　(银行盖章)

(3)将进口关税计入进口商品采购成本：

借:在途物资——检测仪　　　　32 572.80

　　贷:应交税费——进口关税　　　　32 572.80

原始凭证见表 9-11 所示。

表 9-11 原始凭证

泰佛进出口有限公司

STER Imp. & Exp. Corporation

Tianjin 300221, NO. 86 Zhujiang Road . Hexi District

Tel:022 - 82381389 E-mail kuaijixo@ fifert. edu. cn

财务部:

我部进口检测仪 20062510 - 34 号,该票已全部结清,请将关税转入物资采购。

业务十部

2006. 4. 15

(4)支付进口检测仪国外运费 USD8 000(银行外汇卖出价 7.63):

借:在途物资——检测仪 61 040

贷:银行存款 61 040

原始凭证见表 9-12、9-13 所示。

表 9-12 支票存根

上海浦东发展银行
转 账 支 票 存根(津)
GB 02 00475607
附加信息
出票日期 2007 年 4 月 9 日
收款人: 中山
金额: 61 040
用途:
单位主管 李金新 会计

表 9-13　发票

国 际 货 物 运 输 代 理 业 专 用 发 票　　　　发票代码 212000672011

INTERNATIONAL FREIGHT FORWARDING SPECIAL INVOICE　　　　Invoice Code

国家税务总局监制

发 票 联　　　　发票号码：00732858

INVOICE　　　　Invoice Number

开户银行名称：中行天津分行

付款单位　　开票日期　　账　　号：200111399008093014

PAYER 天津泰佛进出口有限公司　　DATE ISSUED 2007-4-10　　BANK ACCOUNT：

船名/航次/航班/车次　　提（运）单号　　开航日期

VESSEL/VOY/FRT/TRAUN/ NO. SYMS SONGSHAN　　B/L NO DASH5100000780　　DATE SAILED 2007-03-30

起运港　　卸货港　　目的港

LOAD PORT XINGANG　　DIS. PORT　　DESTINATION OSAKA

收费内容（货物名称，数　量，单　价） PARTICULARS (DESCRIPTIONS, QUANTITY, UNIT PRICE)		金额 AMOUNT	备注 REMARKS
运费 税号：120101722956733 发票专用章		8000.00	
金额合计（大写） TOTAL IN CAPITAL	美元捌仟元整	合计　$ 8 000.00 LUMP SUM	

第二联　付款方记账

企业签章 天津正泰物流有限公司　　工商登记号 1201012008150　　复核 LINDA　　制单 MAGGIE

BUSINESS SEAL　　BUSINESS REGISTER　　CHECKED BY　　ISSUED BY

税务登记号　　（手开无效）

TAX REGISTER NO　　HAND WRITING NULL AND VOID

(5)进口商品验收入库：

借：库存商品——检测仪　　　　847 612.8

　　贷：在途物资——检测仪　　　　847 612.8

原始凭证见表 9-14 所示。

表 9-14　入库通知单

天津泰佛进出口有限公司

（本市）商品入库通知单

制单 2006年4月20日　　进仓 2006年4月16日　　编号

品名	规格	单位	件数	每件重量	重量/数量	单价	金额 亿	千	百	十	万	千	百	十	元	角	分	发站
										8	4	7	6	1	2	8	0	
检测仪		台	1															
备注	车号： 仓位：		合同号： 其他参考号：			合计				8	4	7	6	1	2	8	0	
						说明：本表 3 联：1.业务留底；2.财务留存；3.备用联												

制单　　　　复核　　　　业务：王威

(6)销售进口商品，每台 ¥1 600 000：

借：银行存款　　　　1 872 000

　　贷：主营业务收入——自营进口销售收入　　　　1 600 000

应交税费——应交增值税(销项)　　　　272 000

原始凭证见表 9-15 所示。

表 9-15　天津增值税专用发票

NO　03795507

此联不作报销，扣税凭证使用　　开票日期：2006 年 04 月 19 日

名　　称：天津市海天科技开发公司 纳税人识别号：1 2 0 1 0 4 1 0 3 1 6 1 0 5 0 地 址 电 话:南开区中山西路 6 号科苑大厦 658---666 61234161 开户行及账号：农行承德西道支行 02-207788040055665	密码区	37271913+*7/6−08**8<1 −>>20/8/+/3+51*1>*45 加密版本：01 /387188/5+47>>3904−12 1200054140 −1171−/>>06261*/+>>59 **03795508**

货物或应税劳务名称	规格型号	单位	数量	单价	金额	税率	税额
检测仪	760	台	1	1 600 000	1 600 000	17%	272 000
合　　计					￥1 600 000		￥272 000
价税合计（大写）	壹佰捌拾柒万贰千元整				（小写）￥1 872 000		

销货单位	名　　称：天津泰佛进出口有限公司 纳税人识别号：1 1 1 2 2 1 7 2 2 2 2 2 3 3 3 地址、电话：天津市河西区珠江道 86 号 88381234 开户行及账号：商业银行金盛支行 204301201200284202	备注	

(7)结转已销进口商品成本：

借:主营业务成本——自营进口销售成本　　　　847 612. 8

　贷:库存商品——检测仪　　　　847 612. 8

原始凭证见表 9-16 所示。

表 9-16　出库通知单

天津 斯特 进出口有限公司

(本市)商品出库通知单

天海科技　　　　制单　06 年 4 月 20 日　　　出仓 06 年 4 月 20 日　　编号

制单　　　　　　复核　　　　　　业务:王威

品名	规格	单位	件数	每件重量	重量/数量	单价	金额 亿	千	百	十	万	千	百	十	元	角	分	发站
检测仪		台	1							8	4	7	6	1	2	8	0	
备注	车号：　合同号： 仓位： 其他参考号：					合计				8	4	7	6	1	2	8	0	
						说明： 本表 3 联：1.业务留底；2.财务留存；3.备用联												

(8)月末按进项税销项税的差额交纳税款 128 028.22：

借:应交税费——应交增值税(已交税金)　　128 028.22

　贷:其他应交款　　128 028.22

(9)根据应交增值税上缴城建税 7%、教育费附加 3%、防洪费 1%。

借:营业税金及附加——城建税、教育费附加　　12 802.82

　管理费用——防洪费　　1 280.28

　贷:其他应交款　　14 083.10

(10)下月按增值税缴款书缴纳各项税款：

借:其他应交款　　142 111.32

　贷:银行存款　　142 111.32

9.3 代理进口业务的核算

9.3.1 代理进口业务概述

1. 代理进口业务应遵循的原则

外经贸企业经营代理业务,应遵循不垫付进口商品资金和进口税金,不负担进口商品的国外直接费用和国内费用,也不承担进口业务盈亏;外方付来的进口佣金和国外对进口商品的理赔款,全部交给委托单位。外经贸企业只根据进口商品 CIF 金额,按规定的费率向委托单位收取代理手续费的原则。

此外,委托、代理双方要签订代理进口协议,以资共同遵守。

根据这一原则,委托单位必须预付采购进口商品的资金,外经贸企业只有在向委托单位收妥款项后,才能与进口商签订进口合同和对外开立进口信用证。

2. 代理进口业务销售收入的确认

外经贸企业代理进口业务,应以开出代理进口结算单,向国内委托单位办理货款结算的时间确认销售收入的实现。

由于外经贸企业经营代理进口业务前,已与委托单位签订了代理进口合同或协议,就代理进口商品的名称、价款条件、运输方式、费用负担、风险责任、手续费率等有关内容做出详细的规定,明确了双方的权利和责任,因此,当银行转来国外全套结算单据,经审核与合同无误,支付进口商品的货款的同时,也就可以向国内委托单位办理货款结算,代理进口商品的销售也就已经实现。

9.3.2 代理进口业务的核算

1. 会计科目的设置及运用

外经贸企业的代理进口业务如果属于企业的主营业务或经常性的业务,可以将其列入“主营业务收入——代购代销收入”科目核算。

如果外经贸企业代理进口业务属于非主营业务的,亦可通过“其他业务收入——代理进口销售收入"、"其他业务成本——代理进口销售成本"科目核算。

设置"应收账款"和"预收账款"等科目,核算有关代理进口业务往来款项,如预收订货保证金、应收货款、应收运保费以及与委托单位有关的其他往来款项,在代理进口合同履行完毕后,应及时结清各往来款项的余额。

2. 按照"代理进口销售收入"和"代理进口销售成本"进行核算的做法

【例9-4】 某进出口企业受国内A公司委托,代理进口检测设备一台,采用即期信用证结算方式,境外进价为(FOB)200 000美元,支付境外运费20 000美元,保险费10 000美元,该商品关税税率为5%,增值税税率为17%,代理进口手续费率3%,收委托方预付货款2 000 000元,经与银行洽商免收开证保证金。(假定银行外汇牌价8.28元/美元)则账务处理如下。

(1)收到委托单位预付款:

借:银行存款　　2 000 000

　贷:预收账款——A公司　　2 000 000

(2)收到银行转来的进口单据,经审核无误,对外付款,同时向A公司办理货款结算:

代理进口销售收入 = 进价 + 运保费 + 关税 + 代理手续费

1 656 000(进价) +248 400(运保费) +95 220(关税) + (1 656 000 +248 400) ×3% =2 056 752(元)

借:预收账款——A公司　　2 056 752

　贷:其他业务收入——代理进口销售收入　　2 056 752

同时,结转代理进口销售成本:按支付境外货款、运保费及关税结转成本。

代理进口销售成本 = 进价 + 运保费 + 关税

1 656 000 +248 400 +95 220 =1 999 620

借:其他业务成本——代理进口销售成本　　1 999 620

　贷:银行存款　　1 999 620

(3)代委托单位垫付进口增值税:

(1 656 000 +248 400 +95 220) ×17% =339 935.40

借:预收账款——A公司　　339 935.40

　贷:银行存款　　339 935.40

(4)计算应纳营业税、城市维护建设税和教育费附加:

营业税 =57 132(2 056 752 -1 999 620) ×5% =2 856.60(元)

城市维护建设税 =2 856.6 ×7% =199.96(元)

教育费附加 =2 856.60 ×3% =85.70(元)

借:营业税金及附加　　3 142.26

　贷:应交税费——应交营业税　　2 856.60

　　　——应交城市维护建设税　　199.96

——教育费附加　　　85.70

(5)缴纳营业税、城市维护建设税和教育费附加：

借：应交税费——应交营业税　　2 856.60

——应交城市维护建设税　　199.96

——教育费附加　　85.70

贷：银行存款　　3 142.26

(6)收回 A 公司的往来欠款：

借：银行存款　　396 687.40

贷：预收账款——A 公司　　396 687.40

(7)结清账款时要给 A 公司开出一份“代理进口结算单”(表 9-17)和一份代理进口手续费 57 132 元的营业税发票。

表 9-17　××公司代理进口结算单

付款单位：　　制单日期　年　月　日　　进字第　号

进口合同号		货款原币金额	外汇牌价	人民币金额
国别或地区				
商品品名		国外运费		
数　量	净重：	国外保险费		
	毛重：	关税		
船名/提单号		增值税		
		消费税		
装船日期		银行财务费		
到货口岸		外运劳务费		
价格条件		代垫货款利息		
国外合同号		代理手续费		
备注				
		合　计		

复核：　　制单：

3. **以主要反映代理进口手续费收入的简易核算做法**

仍按【例 9-4】所述内容进行账务处理如下。

(1)收到委托单位预付款

借：银行存款　　2 000 000

贷：预收账款——A 公司　　2 000 000

(2)收到银行转来的进口单据，经审核无误，对外付款以及代付进口运费、保险费、关税、增值税等：

借:预收账款——A 公司　　2 339 555.40

　　贷:银行存款　　2 339 555.40

(3)收取代理手续费:

借:预收账款——A 公司　　57 132

　　贷:其他业务收入——代购代销收入　　57 132

(4)收回 A 公司的往来欠款:

借:银行存款　　396 687.40

　　贷:预收账款——A 公司　　396 687.40

(5)计算缴纳营业税及附税的分录(略)

9.3.3 代理进口实务

中山纸业有限公司委托天津泰佛进出口有限公司从美国进口白纸板 200 吨,每吨 CFR 新港 USD500,共计货值 USD100 000,付款方式 T/T,代理费率 0.5%。

1. 收到委托单位预付货款

借:银行存款　　850 000.00

　　贷:预收账款——中山纸业　　850 000.00

原始单据 1——进账单见表 9-18 所示。

表 9-18　进账单

交通银行天津分行进账单(收账通知)3

2007 年 04 月 03 日

出票人	全称	天津市中山纸业有限公司	收款人	全称	天津泰佛进出口有限公司
	账号	800787828		账号	126981-429207887
	开户银行	6199		开户银行	126981

金额	亿	千	百	十	万	千	百	十	元	角	分
人民币(大写) 捌拾伍万元整			¥	8	5	0	0	0	0	0	0

票据种类		票据张数	
票据号码			
复核　记账			收款人开户银行签章

交通银行天津分行 营业部 2007.04.3

2. 审核各种国外付款单据,并付款

收到银行付款单据,经审核无误,对外付款并支付进口付汇手续费,汇出汇款费用 840.00,电讯费 80。

借：其他业务成本——代理进口销售成本　　　774 990
　　预收账款——中山纸业　　　920
　　贷：银行存款　　　775 910

原始单据 1——付款通知单见表 9-19 所示。

表 9-19　付款通知单

填表日期　　年　　月　　日　　付款日期 2007 年 4 月 4 日　单位：元

2007 年		摘　　要	金								额	备　　注
月	日		百	十	万	千	百	十	元	角	分	2007QKX-021
4	4	给国美付汇	$	1	0	0	0	0	0	0	0	
		(中山纸业委托)										
												核销票 0954010
												货到

制单：王斌　　　　　　签收：

原始单据 2——外汇业务借记通知单见表 9-20 所示。

表 9-20　借记通知

No.0001426

上海浦东发展银行外汇业务　借记通知　　　如凭证业务编号相同，系重复打印，仅一份有效

日期：2007 年 04 月 04 日

户名：天津泰佛进出口有限公司 账号：1264598292027587	
业务编号：JS77010700002590 摘要：货款	起息日：2007 年 04 月 04 日 RMB774990
金额：人民币柒拾柒万肆仟玖佰玖拾元整	

浦发银行天津分行 营业部 2007.04.4 转讫 (27)

经办：赵忻　　　打印：赵忻　　　（银行盖章）

原始单据 3——收费回单见表 9-21 所示。

表 9-21 收费回单

上海浦东发展银行(浦东天津分行营业)收费回单

交易流水:11011321330008　　　　2007 年 04 月 04 日

付款人账号	1264598292027587	付款人名称	天津斯特进出口有限公司
收费种类	币种	交易金额	收费金额
02 外汇汇出汇款(对公)	人民币	100 000.00	840.00
29 外汇业务电讯费国外个人	人民币	100 000.00	80.00
合计金额		920.00	

柜员号:11013213 赵忻

原始单据 4——境外汇款申请书见表 9-22 所示。

表 9-22 境外汇款申请书

APPLICATION FOR FUNDS TRANSFERS (OVERSEAS)

致:上海浦东发展银行　　　　　　　　□ 期 Date 2007 04 04

TO:SHANGHAI PUDONG DEVELOPMENT BANK

	□ 电汇 T/T □ 票汇 D/D □ 信汇 M/T	发电等级 Priority	□普通 Normal □ 加急 Urgent
申报号码 BOP Repor ting No.	120000 2011 62 470704 2395		
20 银行业务编号 Bank Transac. Ref. No.	PA186437	收电行/付款行 Receiver / Drawn on	
32A 汇款币种及金额 Currency & Interbank Settlement Amount	USD100 000.00	金额大写 Amount in Words	美元壹拾万捌仟叁圬细惺陆戟置珀萋
其中 现汇金额 Amount in FX	USD100 000.00	账号 Account No./Credit Card No.	
其中 购汇金额 Amount of Purchase		账号 Account No./Credit Card No.	981-4292027587
其中 其他金额 Amount of Others		账号 Account No./Credit Card No.	
50a 汇款人名称及地址 Remitter's Name & Address	TIANJIN 泰佛 IMPORT & EXPORT CO.LTD.		
□对公 组织机构代码 Unit Code 2 3 0 3 1 8 1 0 - 4	□ 对私	个人身份证件号码 Individual ID NO.	□中国居民个人 Resident Individual □中国非居民个人 Non-Resident Individual
54/56a 收款银行之代理行名称及地址 Correspondent of Beneficiary's Bank Name & Address			
57a 收款人开户银行名称及地址 Beneficiary's Bank Name & Address	收款人开户银行及其代理行账号 Bene's Bank A/C No. SWIFT CODE:BOFAUS6S BANK OF AMERICA≠≠160 ROUNTING NO.:121000358 160 EAST MAIN STREET ALHAMBRA,CA91801		
59a 收款人名称及地址 Beneficiary's Name & Address	收款人账号 Bene's A/C No. 01808-25570 DAN-QINGWELL ENTERPRISE CORP.		
70 汇款附言 Remittance Information	只限 140 个字位 Not Exceeding 140 Characters	71A	国内外费用承担 All Bank's Charges If Any Are To Be Borne By □汇款人 OUR □收款人 BEN □共同 SHA
收款人常驻国家（地区）名称及代码 Resident Country/Region Name & Code			美国 6 4 0
请选择：□ 预付货款 Advance Payment □ 货到付款 Payment Against Delivery □ 退款 Refund □ 其他 Others			最迟装运日期
交易编码 BOP Transac. Code	101210 □□□□□□	相应币种及金额 Currency & Amount	USD 100 000
交易附言 Transac.Remark	货款		
是否为进口核销项下付款	√ 是 □ 否	合同号	发票号
外汇局批件/备案表号		报关单经营单位代码	□□□□□□□□□□
报关单号		报关单币种及总金额	本次核注金额
报关单号		报关单币种及总金额	本次核注金额
银行专用栏 For Bank Use Only	申请人签章 Applicant's Signature	银行签章 Bank's Signature	

原始单据5——代交费用凭证见表9-23所示。

表9-23 交费凭证

天津泰佛进出口有限公司代交费用凭证

天津市中山纸业有限公司 台照　　2007 年 4月 6日　　　字第　　号

摘要	亿	千万	百万	十万	万	千	百	十	元	角	分	附记
进口付汇				7	7	4	9	9	0	0	0	
进口付汇银行手续费							9	2	0	0	0	
人民币（大写）柒拾柒万伍仟玖佰壹拾元整			¥	7	7	5	9	1	0	0	0	(原始单据存本公司)

副本

经理　　　　科长　　　　复核　　　　经办人 薛

3. 确认代理进口销售收入

借：预收账款——中山纸业　　　　778 864.95

　　贷：其他业务收入——代理进口销售收入　　　　778 864.95

（进价 774 990 + 手续费 USD100 000 ×0.5% ×7.749 9）

原始单据6——发票(INVoICE)见表9-24所示。

表 9-24 INVOICE

DAN QINGWELL ENTERPRISE　　Invoice No: DQ-07-021

CORPORATION　　**Issued datMarch 26,2007**

80 TELEGRAPH ROAD，#E
MONTEBELLO，CA90640，USA
Tel:(323)888-9888 Fax(323)8886789

TO: TIANJIN SETER IMPOR & EXPORT CO.LTD.
ROAD,HEXI DISTRICT,
TIANJIN,CHINA . Post Code : 300221

Ref. No.	Date Shipped	Shipped Via	Shipping Port	Terms
12812706	February24, 2007	MSC CAROLINA-11R	CHARLESTON, SC	CFR Xingang

Container No.	Seal No.	Size	Description	CFR Price USD/MT	Weight (MT)	Amount
GLDU0824670	DJK021	40FT	Mixed size & mixed Basis weight rejected Bleached kraft paper	$ 500/MT	200	$ 100000
					200 MT	$ 100000

Authorized Signature: Adeeyu

4. 退回中山纸业股份有限公司余款

借:预收账款——中山纸业　　70 215.05

　贷:银行存款　　70 215.05

原始单据 7——转账支票存根见表 9-25 所示。

表 9-25 转账支票存根

上海浦东发展银行
转账支票存根（津）
GB 02 00475607
附加信息
出票日期 2007 年 4 月 9 日
收款人：中山
金额：70 215.05
用途：
单位主管 李金新 会计

5. 月末按代理收入 3874.95 的 5% 缴营业税及附税

借:营业税金及附加 193.74

　　贷:应交税费 193.74

6. 按营业税额缴 7% 城建税、3% 教育附加、1% 防洪费

借:营业税金及附加 21.31

　　贷:应交税费 21.31

7. 下月支付各项税费

借:应交税费 215.05

　　贷:银行存款 215.05

10

出口业务的核算

本章学习要点

• 自营出口销售业务会计核算特点。
• 外经贸企业自营出口销售业务的会计核算程序。
• 自营出口销售业务会计核算的账户及结构。
• 自营出口销售核算的相关规定。
• 自营出口销售业务的账务处理程序。
• 外经贸企业自营出口其他业务包括退关和销货退回等业务的账务处理。
• 代理出口销售业务的会计核算程序。
• 代理出口销售业务的会计账务处理。

10.1 出口业务概述

10.1.1 出口业务的意义和作用

将工农业产品、技术产品推向国际市场是我国对外经贸易企业的主要任务，也是我国贸易外汇收入的主要来源，因此，加强对外经贸企业出口环节的会计核算和管理,对我国外经贸企业扩大出口规模并安全及时收汇、降低出口成本、提高外经贸企业经济效益发挥着重要作用。

10.1.2 现阶段出口贸易的主要方式

(1)我国外经贸企业出口贸易按其性质不同,可分为:贸易出口和援外出口。

贸易出口是指两国经营进出口贸易的企业通过谈判签订进出口合同并据以履行进出口贸易的业务。

援外出口是指根据本国政府与受援国政府间签订的协定由上级下达给外经贸公司依据协定履行出口任务的出口业务。

(2)我国外经贸企业出口贸易按其经营责任的不同,又可分为:自营出口和代理出口。

自营出口是指外经贸企业自主经营、自筹资金、自负盈亏的出口业务。

代理出口是指外经贸企业受托代理其他单位经营的出口业务,其盈亏由委托单位负责,外经贸企业只按规定收取代理手续费。

10.2 自营出口销售业务的核算

10.2.1 外经贸企业自营出口销售业务的意义

外经贸企业自营出口销售业务是指外经贸企业自备出口货源,对国外自营出口商品,并自负盈亏的出口销售业务。自营出口销售是外经贸企业的一项主营业务。

在现阶段,外经贸企业的自营出口也是国家取得外汇收入的主要途径。外经贸企业财务部门应加强自营出口销售业务的管理和核算,确保出口业务部门多出口创汇,及时足额完成出口收汇取得较好的经济效益。

1.外经贸企业自营出口销售业务的内容

以贸易方式对国外自营出口和转口销售商品、进口原料加工复制出口商品、寄售代销商品、成套设备中长期出口贸易,出售出国样品、展品、小卖品以及经批准供应国内销售(外轮和远洋国轮、友谊商店、贸易中心、外国驻华使馆等)以外汇进行计价和结算的商品,都属于外经贸企业自营出口销售业务。

2.外经贸企业自营出口销售的特点

与内销业务相比,外经贸企业自营出口销售有如下特点。

1)涉及的业务环节多且业务内容复杂

出口商品销售业务,一般要经过出口商品收购、备货、商品出运、报关报验、投保、交单议付、结汇售汇,处理索赔等业务环节。这些业务环节,涉及公司内部的业务、储运、仓库、财会等职能部门。均需要企业内部各部门密切配合,才能使出口业务工作协调进行,保证及时出口和安全收汇,取得预期经济效益。

2)面对国内、国际两个市场,出口盈亏受多种因素影响

出口商品销售是组织国产商品销往国外,要面对国内与国际两个市场,涉及不同

货币计价,因而国内物价水平,生产发展水平,国家宏观经济政策的调整,国际商品市场的政治、经济因素,国际金融市场的动荡和外汇汇率变化都会直接或间接地影响外经贸企业自营出口业务的盈亏。

3)资金投入量大且存在一定的经营风险

出口商品销售不同于国内的批发和零售。出口销售经营批量大,且商品由购进到完成销售的周转时间长,资金周转速度慢,所以,出口销售资金占用量大且占用时间长。由于出口商品的运输、销售涉及不同的国别和地区,付款条件和成交外币也各异,因此还存在较高的收汇风险和经营风险。

10.2.2 外经贸企业自营出口销售业务的会计核算程序

外经贸企业自营出口销售的过程即向国外销售出口商品、收回货币资金并实现出口赢利的过程。其核算的内容包括在自营出口销售业务的各环节中,货物的运行情况及资金的收回过程以及成本费用的发生、盈亏的形成情况。外经贸企业自营出口销售业务的会计核算,一般包含如下程序。

(1)出口商品的发出待运、装运出口及出口商品销售成本的形成过程。

(2)出口销售收入的确认、出口货款的收汇及汇兑损益的确认。

(3)出口环节的国内、外费用,包括商品运费、包装费、备货费用、检验费、海关规费、港务费等,国外费用包括国外运费、国外保险费、佣金等核算。

(4)核算出口盈亏及每美元出口成本。为了比较在不同贸易术语条件下、对不同地区的出口商品盈亏情况,对外经贸企业的自营出口业务应计算每一笔出口商品的盈亏额,并注意积累业务资料、指导业务工作,还应计算每笔或每类出口商品的每美元出口成本。

(5)出口退税核算。出口退税是指对已出口的商品退还其在国内已交纳的增值税和消费税,外经贸企业应及时准确地申报出口退税,争取出口退税资金的及时收回。

(6)出口理赔、索赔、出口退货等业务的核算。

10.2.3 自营出口销售的会计核算

1. 自营出口销售业务会计核算的账户及结构

为了核算外经贸企业自营出口销售的全部业务内容,按《企业会计准则 2006》规定应设置如下账户,进行会计核算。

(1)“主营业务收入”账户。本账户核算企业自营出口销售的总收入。本账户属损益类账户,本账户的贷方登记自营出口销售的收入以及以红字冲减收入的国外费用、出口理赔、出口退货等。月末结账前的贷方余额反映本月自营出口销售的净收入。对于销售净收入,月末结账后从本账户的借方转入“本年利润”账户并与“主营业务成本”账户相配比,计算自营出口销售盈亏,期末转账后本账户无余额。本账户可按出口主要商品设置明细账户。本账户明细账的格式,可采用多栏式明细账(贷方多栏),在贷方分别开设收入、国外运费、国外保险费、佣金等专栏,以分别反映各项内容。该账户的明细账也可与“主营业务成本”账的明细账户合并设置,以便比较、计算出口各商品、各批次的盈亏额。

(2)“主营业务成本”账户。该账户核算自营出口销售的销售成本(销售进价),本账户属损益类账户,月末与“主营业务收入”账户相配比,反映自营出口销售的盈亏。“主营业务成本”账户借方登记出口商品销售成本,对销货退回,应以红字冲减已结转的销售成本。月(年)末将本期销售成本从本账户的贷方转入“本年利润”账户,结转后本账户无余额。本账户的明细分类账户的开设应与“主营业务收入”账户口径一致,以便于二者的配比。

(3)“应收账款”账户。该账户反映出口销售业务中,已装运出口并向银行交单议付或托收,但尚未收回的应收账款。该账户属资产类账户,向银行交单时应记入借方,出口结汇收回外汇账款及其他原因结清应收账款时记入贷方,月末借方余额为企业应收账款总额。该账户的二级明细分类账户按应收外汇账款的不同币别和客户名称设置并采用本币、外币复币记账,既反映外币金额又反映人民币金额。

(4)“预收账款”账户。本账户核算在出口业务中,在商品销售前预收的国外客户的货款、订金、样品款等,该账户属负债类账户,反映外经贸企业因预收货款而对国外客户承担的负债。收到预收款时记入贷方,商品出口或其他原因结清预收款时记入借方。贷方余额反映期末的预收货款。该账户的二级明细账户的开设方法及账页格式与应收账款相同。

(5)“发出商品”账户。本账户核算出口商品销售中,已出库发往码头、车站待运,但尚未装船(车)未完成销售的商品成本。该账户属于资产类账户,发出待运时记入借方,销售确认并结转销售成本时记入贷方,借方余额表示期末已发往码头、车站的待运商品成本。该账户的明细账户可按合同批次、商品品名设置。

(6)“财务费用”账户。在出口业务中,该账户可设立一个“汇兑损益”明细账户以核算出口货款的结汇差价。结汇差价是指在自营出口业务中,由于向银行交单日与外币货款结汇日之间汇率变动而导致的出口企业外币折算成记账本位币的差额。由于结汇而形成的汇兑收益记入贷方,形成的汇兑损失记入借方。期末可将本账户余额转入“本年利润”账户,结转后本账户无余额。

2. 自营出口销售核算的相关规定

在外经贸企业自营出口销售业务中,由于所采用的贸易术语及货款结算方式不同,在出口销售的会计处理上存在较大差异,兹将自营出口销售会计核算的有关规定分述如下。

(1)自营出口销售收入的确认时间,应以商品装运出口、取得各种运输单证(陆运取得铁路运单或联运提单、海运取得出口已装船提单、空运取得运单)并向银行交单的时间为准。实际工作中,会计部门是以收到储运部门或业务部门交来的出口销售发票和实际出口通知单上所列的时间作为销售收入的入账时间。

(2)销售收入的确认标准。外经贸企业自营出口成交所选用的贸易术语不同，价格条件中所包含的权力、义务各不相同，因而不能单纯以发票价格作为确认收入的标准。目前外经贸企业自营出口销售收入统一以 FOB 价格作为确认销售收入标准。在实际工作中可采用以出口发票所列外币总金额按向银行交单日的汇率折合人民币金额入账；对实际支付的国外运费、保险费、佣金等国外费用，按支付日的外汇牌价折合人民币金额以红字冲减销售收入。

(3)自营出口业务涉及的国内、外费用的会计核算规定。自营出口销售业务中的国内费用，一律在实际支付时作为本期的“销售费用”处理；年末对已出口、未支付的国内费用，不实行预估入账。

佣金是指在合同或贸易条件中规定的应付给中间商的推销报酬。按其支付方式不同，佣金分为以下三种。

①明佣。在合同或贸易术语中规定并在出口发票中列明的佣金。明佣由国外客户在支付出口货款时直接扣除，因而出口企业不需另付。但在出口销售收入的核算中，应单独反映，并于确认销售收入的同时，将明佣作为主营业务收入的减项处理。实务中也可采用按出口发票净价入账的账务处理方法。

②暗佣。在出口合同中订有佣金内容，但在贸易术语和出口发票上均未列明的佣金。对于暗佣，由外经贸出口企业在将出口货款全额收回后，再另行支付给国外中间商（以汇付方式支付），为了防止暗佣的重付和漏付，在出口销售收入确认入账时，按规定的比例预计佣金，冲减主营业务收入，同时贷记“应付账款”账户的“出口佣金”专户。

③累计佣金。指出口企业按一定时期的累计销售额和事先商定的佣金率给国外包销商、代理商的推销报酬。对于能认定到具体出口商品的累计佣金，应冲减该商品的销售收入；对于无法认定到具体出口商品的累计佣金，可作“销售费用”项下的“累计佣金”项目处理。

(4)国外运费的会计核算规定。国外运费是指为出口商品所支付的出口过程中的海运运费（含内河开放口岸的内河运费）、陆海联运运费、航空运费及邮运费。支付运费时，经审核单据无误后，办理国内外汇转账结算手续予以支付，按支付日的外汇牌价折合的人民币金额直接冲减各出口商品的主营业务收入。

(5)国外保险费的会计核算规定。国外保险费是指出口业务以 CIF 贸易术语成交时，由出口企业承担的出口商品在运输途中的保险费。按惯例出口商品的投保金额应为 CIF 发票价格的 110%。保险费的核算方法同国外运费，会计部门收到保险公司保险费计收单据后，于实际支付时按当日汇率折人民币金额冲减有关商品的主营业务收入。

(6)年末预估国外费用的规定。为了准确计算自营出口销售业务的总盈亏额及出口各商品的盈亏额，年终决算前，外经贸企业应对年内已出口但尚未支付的、应由我方负担的出口商品国外运费、保险费进行预估（佣金若在出口时未预估的年末应进行预估)。并将预估费用金额冲减本年主营业务收入。

预估的方法是,根据“主营业务收入”明细账,凡出口合同贸易术语为 CFR 或 CIF,但账面无支付国外费用记录的,应根据同一商品、出口同一地区的费用水平逐笔进行预估列出清单。下年度实际支付国外费用时,若实付数与预估数之间存在差额的,将该差额调整本年度的主营业务收入,无须调整上年度的收入。

(7)结转销售成本的规定。自营出口销售业务需计算每一批次出口盈亏,应分批次核算出口收入和结转出口商品销售成本。自营出口销售业务结转成本的方法,应实行随时逐笔结转的方法,即每确认一笔出口销售收入,都应立即计算并结转其销售成本,以实现每批(笔)收入与成本的配比。出口商品销售成本的确定,可采用先进先出法、加权平均法、分批实际法等方法。但对同一种出口商品,在同一年度内只能采用同一种方法且不得变更。对不同的出口商品,可结合其特点,采用不同的方法计算销售成本。

10.2.4 自营出口销售业务的账务处理

【例 10-1】 泰佛公司对美国某公司出口甲商品 100 吨,贸易术语为 CIF 纽约每吨 USD1 500,该商品国内进价为每吨 9 500 元,做出相关的账务处理。

1. 商品出库

将出口商品发往码头待运,根据商品出库凭证,按规定的方法计算商品成本并转账。

借:发出商品	950 000	
贷:库存商品		950 000

2. 装运出口

商品装船后,收到有关业务部门转来的已向银行交单的出口销货发票、商品实际出口通知单等单据,按发票金额和当日汇率折合人民币入账。当日汇率为 1: 7.744 5。

借:应收账款——某公司 USD150 000	1 131 675	
贷:主营业务收入		1 131 675

若含暗佣 2%,预提佣金 USD3 000 时:

贷:主营业务收入	22 633.5(红字)	
贷:应付账款——某公司		22 633.5

若含明佣 2%,发票上列明的佣金为 USD3 000,也应在反映销售收入时,另行反映佣金冲减销售收入,账务处理同上。

3. 结转销售成本

按出口销售发票副本及出口商品出库单结转销售成本。

借:主营业务成本	950 000	
贷:发出商品		950 000

4. **结汇**

根据银行转来的收汇通知单，假定收到日的汇率为1∶7.57。

借：银行存款　　1 135 500

　贷：应收账款——某公司　　1 135 500

（USD150 000×7.57＝1 135 500）

5. **支付佣金**

暗佣于货款结汇后另行根据业务部门通知支付，汇付佣金时，需另行到银行购买外汇，汇付给国外中间商。如付佣时的汇率为1∶7.544 5。

汇付佣金：

借：应付账款　　22 633.5

　贷：银行存款　　22 633.5

6. **支付出口国内、外费用**

支付国内费用：泰佛公司收到有关部门的费用结算单据，共计发生国内费用3 000元，付款入账。

借：销售费用　　3 000

　贷：银行存款　　3 000

支付国外运费：泰佛公司收到外运公司出口甲商品国外费用结算单据，该商品海运费USD2 000，当日美元汇率为1∶7.559 6。

　贷：主营业务收入　　15 119.2（红字）

　贷：银行存款　　15 119.2

支付国外保险费USD1 320，若当日美元汇率为1∶7.559 6，则

　贷：主营业务收入　　9 978.67（红字）

　贷：银行存款　　9 978.67

7. **年末预估国外运、保费的账务处理**

年终决算前，若有年内已出口并已确认销售收入、结转销售成本，但年内未付国外运费、保险费的，应对应付而未付的国外运费、保险费进行预估入账，冲减本年度的主营业务收入，以使年内的商品出口销售收入与其国外费用相配比。

下面利用实例介绍预估国外运、保费的账务处理方法。

【例10-2】　泰佛公司年终决算前，“主营业务收入”账户显示有若干笔年内应付而未付的国外运费、保险费，预估总计国外运费USD2 000，保险费USD500，年末美元汇率为1∶7.559 6，做出账务处理。

　贷：主营业务收入　　18 899（红字）

　贷：应付账款——预估出口运保费　　18 899

若下年度实际支付国外运费2 200美元，保险费600美元，汇率不变，差额冲减当年的销售收入。

借：应付账款——预估出口运保费　　18 899

贷:银行存款　　21 166.88

主营业务收入　　2 267.88(红字)

10.2.5 外经贸企业自营出口销售其他业务的核算

外经贸企业自营出口销售其他业务是指在出口商品销售过程中所发生的与正常业务相关的其他业务,这些业务的发生会抵减自营出口销售业务的成果。其他业务一般包括退关、销售退回等业务。

1. 退关

退关是指商品已出库待运并已报关报验,但由于某种原因未能装运出口,而将商品滞留在装运港的情况。发生退关时,外经贸公司各有关部门应及时办理退关、退保等手续;储运部门应及时将商品运回入库;会计部门收到仓库转来的退关商品入库的红字出库单后,应据以将商品成本转回"库存商品"账户。

出口商品退关时,会计部门作如下账务处理。

仍依上例,泰佛公司出口商品出口前有10吨在码头甩货,做出口商品退关的账务处理。

入库后转账:

借:库存商品　　95 000

贷:发出商品　　95 000

2. 销售退回

出口商品运达国外后,由于错发、错运、质量与合同规定不符等原因,客户要求退货,商品退回时,会计部门应据有关原始凭证作如下账务处理。

1)冲减销售收入和应收账款

若上例中泰佛公司出口商品10吨被退回,会计部门应根据有关业务部门转来的红字出口销货发票,按原入账的金额冲减出口销售收入。

贷:主营业务收入　　113 167.5(红字)

贷:应收账款　　113 167.5

(10×1 500×7.544 5)

2)冲减出口销售成本

货物运回入库后,据红字出库单和发票冲减出口销售成本。

借:主营业务成本　　95 000(红字)

贷:库存商品　　95 000(红字)

3)退货费用的账务处理

退货费用包括出口时发生的国外费用及退货时发生的退货费用。账务处理方法为:对出口时发生的费用不作调整,对退货时发生的国外退货费用,发生时冲减退货商品的销售收入,即由该商品的其他出口批次负担。若该商品年内无其他出口批次的,退货费用作"销售费用"处理。

若上述泰佛公司出口商品的退货费用计运费USD2 000,保险费USD130,付款日

汇率为1:7.544 5,则

贷:主营业务收入　　16 069.79(红字)

贷:银行存款　　16 069.79

10.3　代理出口销售业务的核算

10.3.1　代理出口销售业务概述

1.代理出口销售业务的含义和种类

代理出口是指外经贸企业接受国内其他单位的委托,代其对外销售出口商品,并代办出口结汇,向委托方收取一定比例手续费的出口销售业务。外经贸企业为其他单位代办出口业务,可分为两种情况:一种是外经贸企业为委托方代办出口成交、商品出运、制单、交单结汇等全套工作,称为代理出口业务,对代理出口业务,会计上作“代理出口销售”核算;另一种是外经贸企业只为委托单位代办出口成交,或只代办商品的加工、整理、改装等部分工作,而不代办结汇,称为“代办业务”,代理出口与代办业务的区别,就在于是否代理出口结汇。代理出口业务会计处理按出口货款划转给国内委托方的方式不同,可分为直接结算方式和间接结算方式两种。

2.代理出口业务的经营原则及特点

代理出口业务的经营原则是:出口企业不垫付商品资金,不负担基本费用,不承担出口盈亏。即由委托方自备出口货源,负担一切国内外基本费用,承担出口盈亏,与自营出口业务相比,经营代理出口业务有如下特点:

(1)出口企业不负担出口盈亏,不垫付商品资金,资金占用量较少,因而经营风险较小;

(2)经营代理出口业务,出口企业要发生和承担间接费用,间接费用以代理出口手续费补偿;

(3)代理出口业务所发生的基本费用一般不予垫付,委托方可预先拨来资金,以便代为支付;

(4)代理出口商品如发生国外客户索赔事项,一律由委托方承担理赔责任;

(5)代理出口业务的经营收益为手续费收入,手续费是按出口收入的一定百分比计收。

10.3.2　代理出口业务的程序

1.签订代理出口协议

在进行代理出口业务之前,出口企业应与委托单位签订代理出口协议,规定代理出口的商品名称、商品交接发运、费用负担、商品质量责任、手续费率、货款结算方式等内容,作为双方进行代理出口业务的依据。

2.代办出口成交、装运出口、交单议付等业务

出口企业按代理协议的规定,为委托单位代办出口成交、商品装运出口、交单结汇等全套出口工作。代理出口业务，出口企业同样要维护委托单位的利益，争取对委托方有利的价格条件和结算方式。

3. 支付国内外费用

支付国内外费用，涉及一部分资金占用，在资金的划拨方式上，可采用如下两种方式。

(1) 预收备用金方式：向委托方预收一定金额的备用金，待费用支付完毕后，再与委托方清算。

(2) 垫付方式：对于支付的一切国内外费用，出口企业先行垫付，最后向委托方收回或从出口销货款中扣回。这部分资金的占用成本，应作为代理出口手续费的构成因素。

4. 出口结汇

出口货款的结算方式有两种，一种是先将全部出口货款给出口企业结汇，然后由出口企业扣除手续费和各种代垫费用后，将余额划转给委托方的结算方式。另一种是出口企业在向银行办理交单时办理必要的手续，由银行在收到出口货款后，扣除出口手续费和代垫费用给出口企业后，将余款直接划转给委托方的结算方式。采用哪种方式结算，应由出口企业和委托单位在代理协议中确定。

5. 办理出口退税

代理出口业务的出口退税应由委托方办理，但代理方须在货物出口报关之日（以出口报关单注明的出口日期为准）起60天内向委托单位提供“代理出口货物证明”和“出口收汇核销单”（远期收汇除外）以及受托方代理出口的“出口货物报关单”（出口退税联）等，凭以向出口退税机关办理退税。

10.3.3 代理出口业务的核算内容及核算方法的规定

1. 代理出口商品的核算

代理出口不办理商品收购业务，出口商品不进行账内核算。如有代管商品，应通过表外账户“代管商品物资”账户核算。为了便于与自营出口业务分别核算，对代理商品的进、出库凭证及外经贸企业内部使用的有关单证上，均应盖“代理出口商品”戳记。

2. 核算销售收入的形成及应收外汇账款的结算情况

出口交单后，应按出口发票所列金额，按当日外汇汇率的买入价折算成人民币，反映销售收入的形成及应收外汇账款的发生，对于应付佣金，应按合同规定的佣金率进行预计，在“应付账款”账户下设“应付佣金”专户反映。同时冲减“主营业务收入——代理出口销售收入”或“其他业务收入——代理出口销售收入”账户。

3. 核算代理出口销售成本及应付委托方的出口货款

代理出口业务，出口企业不自备货源，因此，实际上无销售成本，但为了与“主营业务收入——代理出口销售收入”相配比，计算出口企业的代理出口业务净收益（手续费收入），应按代理出口销售收入扣除手续费后的金额，作“主营业务成本——代理出口销售成本”入账,销售成本的金额,恰好就是出口企业应付给委托方的出口货款(扣除直接费用前),因而应于反映代理出口销售成本的同时,反映对国内委托方的应付货款。

4. 代理出口费用的垫付与收回的会计核算

外经贸企业的代理出口业务不计算、不负担出口盈亏,对代理出口业务所发生的一切直接费用,均应向委托方收取。无论采用哪种方式收取外经贸企业垫付的出口费用,会计处理上应在费用发生时通过“应付账款——委托方”账户的借方核算。

5. 代理出口业务汇兑损益的核算

外经贸企业代理出口业务的汇兑损益,全部由委托方承担,发生汇兑损益时调整“应付账款——委托方”账户。

10.3.4 代理出口业务会计核算的账户及结构

为了核算外经贸企业代理出口业务的收入、成本及手续费收入,反映外经贸企业与国外购买方及国内委托方的债权、债务结算关系,应设置如下账户进行核算。

1. “应收账款——国外购买方”

本账户核算的内容及结构详见10.2节自营出口销售业务的核算。

2. “主营业务收入——代理出口销售收入”

本账户用来核算外经贸企业代理出口业务的销售收入。外经贸企业于代理出口销售收入确认时,记入本账户的贷方;出口佣金用红字冲减本账户贷方。期末将本账户的余额结转至“本年利润”账户,期末结转后本账户无余额。本账户应按国内委托方的名称及出口合同号设置明细账进行明细核算。代理业务极少、代理业务利润在营业利润中所占的比重不大时,可设置“其他业务收入——代理出口销售收入”账户,核算外经贸企业的代理出口销售收入。

3. “主营业务成本——代理出口销售成本”

本账户用来核算外经贸企业的代理出口销售成本,即代理出口销售收入减手续费之数。本期确认的代理出口销售成本记入本账户的借方,期末将本账户的余额结转至“本年利润”账户,期末结转后本账户无余额。本账户应按国内委托方的名称及出口合同号设置明细账进行明细核算。代理业务极少、代理业务利润在营业利润中所占的比重不大时,可设置“其他业务成本——代理出口销售成本”账户,核算外经贸企业的代理出口销售成本。

4. “应付账款”

本账户用来核算企业预收的国内委托方代理出口备用金及代理出口费用的支付情况以及应付给委托方的出口货款等。外经贸企业在确认预收国内委托方代理出口备用金、应付出口货款时,记入本账户的贷方;支付代理出口费用、结清代理出口货款时,记入借方。本账户应按国内委托方的名称设置明细账进行明细核算。

5. “代管商品物资”

本账户为表外核算账户,用来核算外经贸企业为国内委托方代保管的代理出口商品。外经贸企业于收到国内委托方代理出口商品时记入本账户的借方,代理出口商品出口时记入本账户的贷方,本账户应按国内委托方的名称设置明细账进行明细核算。本账户可以只登记商品数量,不登记金额。

如委托方自行将出口商品从本单位仓库直发港口时,代理方则不需使用本账户核算。

10.3.5 代理出口销售业务的账务处理

1.银行为委托方直接结汇的账务处理

在银行为委托方直接结汇的结算方式下,银行于出口货款结汇后即进行货款的分割,将手续费和代垫费用划转给外经贸企业,其余部分出口货款划转给国内委托方。

【例10-3】 泰佛公司代理B公司出口甲商品200箱,外销价为CIF横滨每箱HKD150,暗佣2%,代理出口手续费率3%。

(1)收到B公司发来甲商品入本公司仓库,泰佛公司的账务处理:

借:代管商品物资——B公司——甲商品200箱

(2)甲商品装运出口,向银行交单,当日港元兑人民币的汇率为(买入价)1:1.10,则泰佛公司的账务处理:

借:应收账款——X客户　　33 000
(HKD30 000×1.1)
贷:主营业务收入——代理出口销售收入　　33 000

公司预提2%佣金折HKD600的账务处理:

贷:主营业务收入——代理出口销售收入　　660(红字)
贷:应付账款——应付佣金　　660

公司结转代理出口销售成本:

借:主营业务成本——代理出口销售成本　　31 350
(33 000-660-33 000×3%)
贷:应付账款——B公司　　31 350

公司冲减代管商品物资表外账户

贷:代管商品物资——B公司——甲商品200箱

(3)支付国外运费300美元、保险费30美元,当日美元兑人民币的汇率为1:7.544 5:

借:应付账款——B公司　　2 489.69
贷:银行存款——　　2 489.69

(4)支付国内费用1 000元:

借:应付账款——B公司　　1 000
贷:银行存款　　1 000

(5)代理出口货款收妥结汇,结汇日港元兑人民币的汇率为1:1.15,按代理出口协议规定,汇兑损益由委托方承担。

借:银行存款 34 500

贷:应收账款——X 客户 33 000

应付账款——B 公司 1 500

(6)支付 HKD600 佣金,当日港元兑人民币汇率为 1:1.10。

借:应付账款——出口佣金 660

贷:银行存款 660

(7)将出口收汇余款付给委托方。

借:应付账款——B 公司 29 360.31

贷:银行存款 29 360.31

2. 银行为委托方间接结汇的账务处理

在间接结算方式下,银行将全部出口货款向外经贸企业结汇,由外经贸企业扣除其为委托方垫付的各种费用和代理出口手续费后,将余额划转给委托方。这种代理出口业务外币货款的结算方式,受托方与委托方之间的业务关系清晰,便于外经贸企业的资金管理。

【例 10-4】 仍以上例,泰佛公司收到受托代销的出口商品,装运出口,向银行交单,支付国内、外费用的核算与直接结算方式下的核算方法完全相同。

(1)代理出口销售货款收妥结汇,结汇日港元兑人民币的汇率为 1:1.15,汇兑损益全部由 B 公司承担。

收到全部代理出口货款:

借:银行存款 34 500

(30 000×1.15)

贷:应收账款——X 客户 33 000

财务费用——汇兑损益 1 500

(2)支付佣金 HK $ 600 当日港元兑人民币汇率 1:1.10:

借:应付账款——出口佣金 660

贷:银行存款 660

(3)将销售收入扣除手续费和代垫费用后,将余额付给委托方:

借:应付账款——B 公司 27 860.31

贷:银行存款 27 860.31

3. 代理出口业务核算的简易账务处理

仍以例 10-3 的内容进行账务处理如下:

借:应收账款——X 客户 33 000

贷:其他业务收入——代购代销收入 990

应付账款——出口佣金 660

应付账款——B 公司 31 350

简易做法的特点是不通过“代理出口销售收入”和“代理出口销售成本”核算,因为泰佛公司的代理责任只是代理出口业务和收取代理手续费,故做如上分录。但应注意该手续费月初应缴纳营业税及附加税。本题的其他分录均与例10-3内容所示相同。

11

加工贸易的核算

本章学习要点

- 了解加工贸易的含义及分类。
- 掌握加工贸易核算的主要特点。
- 掌握来料加工里的委托加工、作价加工的核算。
- 掌握进料加工与来料加工业务的主要区别及进料加工的会计核算。
- 掌握补偿贸易的会计核算

11.1 加工贸易概述

11.1.1 加工贸易的概念

加工贸易是指从境外保税进口全部或部分原辅材料、零部件、元器件、包装物料，经境内企业加工或装配后，将制成品复出口的经营活动，包括来料加工和进料加工。

从理论上讲，广义的加工贸易还可以包括来图来样生产、来件装配、补偿贸易及境外加工贸易等各种方式。来料加工、来图来样生产、来件装配及补偿贸易，简称“三来一补”。不仅如此，中国的国内工厂也用自己的外汇资金进口高质量的材料加工后将成品复出口，这被称为进料加工。在实际工作中，来料加工和进料加工是经常运用的方式，补偿贸易在特定的区域内有较多的运用，因此我们着重讲述来料加工、进料加工及补偿贸易的核算。

随着我国对外开放的进一步加大,国家鼓励和推进境外加工贸易发展,努力加快实施“走出去”战略,境外加工贸易发展势头日趋迅猛,因此在本章单列一节介绍。

11.1.2 加工贸易的分类

1. 来料加工

来料加工是指加工料件由境外企业提供,经营企业不需要付汇进口,按照境外企业的要求进行加工或者装配,只收取加工工缴费,制成品由境外企业销售的经营活动。

加工贸易企业,包括经海关注册登记的经营企业和加工企业。

经营企业,是指负责对外签订加工贸易进出口合同的各类进出口企业和外商投资企业以及经批准获得来料加工经营许可证的对外加工装配服务公司。

加工企业,是指接受经营企业委托,负责对进口料件进行加工或者装配,且具有法人资格的生产企业以及由经营企业设立的虽然不具有法人资格,但实行相对独立核算并已经办理工商营业执照的工厂。

从目前情况来看,来料加工的承揽形式有三种:

(1)来料加工的形式更多地表现为由各地经批准设立的加工装配服务公司,并由其设立相对独立核算并已经办理工商营业执照的来料加工工厂,并由装配服务公司统一接受境外企业委托,交加工企业加工装配,最后由装配服务公司统一出口交给委托人;

(2)由外经贸公司直接承揽加工业务并委托生产企业进行加工装配;

(3)由有进出口权的生产企业直接承揽加工业务,并直接办理来料加工业务的出口结算。

2. 进料加工

进料加工是指进口料件由经营企业自行经营,加工为成品或半成品后,再由经营企业复出口的加工贸易。

按照进料加工的经营企业与最终客户的关系不同,进料加工合同可以分为对口及非对口两种形式。同时,按经营单位的性质,进料加工还可以分为生产型企业的进料加工业务及外经贸流通型企业的进料加工业务。在生产型企业的进料加工业务中,该企业既是材料和产品的进出口经营单位,也是产品的加工企业,产供销只涉及一个企业。这种形式,主要是外商投资企业及有进出口经营权的生产型企业使用较多。而外经贸流通型企业的进料加工业务,材料及产品的进出口经营单位是流通型的外经贸企业,加工过程由外经贸企业委托国内其他有加工能力的生产型企业来完成。产供销会涉及经营单位和生产企业两个实体。外经贸公司在接到境外客商的自营订单或者暂时尚没有进出口经营权的生产型企业接到境外客商的订单后,会较多采用这种方式。

11.1.3 加工贸易会计核算的主要特点

我国海关对加工贸易管理的一项重要制度是对加工贸易货物的保税制度。

加工贸易货物，是指加工贸易项下的进口料件、加工成品以及加工过程中产生的边角料、残次品、副产品等。海关对以上货物实行保税政策，即经海关批准进口后，在海关监管下在境内指定的场所储存、加工、装配，并暂缓缴纳各种进口税费。在这一制度下，加工贸易货物要涉及海关备案、进出口报关（包括深加工结转）及核销等监管过程，因此加工贸易会计核算的主要特点是要适应海关对保税货物的监管要求，具体要求如下。

1. 手册管理

海关对已经备案的加工贸易合同，核发《登记手册》，该合同项下加工贸易货物的每一次进出口，海关在《登记手册》上逐笔登记。因此加工贸易企业会计部门除核对一般会计元素（凭证、账簿、报表）是否一致外，还要核对会计账目和海关《登记手册》登记内容是否一致，并查找不一致的原因。

2. 严格的单耗、损耗预先测算

加工贸易项下，海关要求企业预先申报加工成品所涉及的进口料件的单耗及损耗，即在正常的生产条件下，加工生产单位出口成品所耗用的进口材料的数量和合理的工艺损耗。加工贸易合同一旦获得海关备案，单耗、损耗不允许企业随意更改，需向主管海关申请，经批准后才可以更改。因此，预先对单耗、损耗做严格而准确的测算尤其重要。在这方面，会计部门应积极配合生产技术部门做好测算工作。

3. 存货核算要求精确

加工贸易项下，海关及税务机关最重要的工作是加强对保税货物的监管，防止发生走私及偷税、漏税事件。因此，对保税货物的储存、领用、投入生产、入仓、出仓等均有严格的要求，需要详细登记并明确有关勾稽关系。同时，很多时候，对加工贸易货物海关监管时的法定计量单位和企业常用的计量单位并不一致，就需要企业进行双单位核算并明确两个单位之间的换算关系。例如，很多电子零件，加工企业一般以"个"为单位，而海关监管时要求以"公斤"为单位，这就要求企业明确 1 个等于多少公斤或 1 公斤有多少个，在存货账上同时反映增加或减少的个数及公斤数。

当存在两种以上贸易方式时，应严格区分不同方式下的收入及成本。随着经济的发展，越来越多的企业不仅从事一种加工贸易方式，同一时间，企业既可能有加工贸易，也有非加工贸易；同样加工贸易企业既可进行进料加工，也可以进行来料加工；同样从事来料加工，企业可以同时完成几个来料加工贸易合同。因此，多方式并存是必然的。但海关对保税货物的监管是要以合同为单位进行的，因此在不同的贸易方式下以及相同贸易方式但不同合同项下的进口、加工装配以及出口，均要严格分别核算。同时，保税货物与非保税货物要分别储存。这必然会加大加工贸易企业会计部门的工作量，但这是防止加工贸易方式下发生走私及偷税、漏税的重要方法，加工贸易企业对此必须认真加强管理。

11.2 来料加工业务的核算

所谓来料加工是指由外商提供全部或部分原材料、辅料、零部件、元器件、配套件和包装物料等(必要时并提供设备,但外商提供的作价设备款,我方可用工缴费款抵还)由我方加工单位按外商的要求进行加工、装配,所生产产品交外商销售,我方只收取加工工缴费的业务。

根据定义,来料加工企业(包括经营单位和加工单位)不负责材料的采购及产品的销售,材料及产品的所有权也不属于来料加工企业,来料加工企业只收取加工费及支付加工成本。

11.2.1 来料加工的免税规定

来料加工业务项下,进口料、件、设备以及加工返销的出口商品,海关准予免领进出口货物许可证,并对下列进口货物免征进口、出口的关税和进口环节增值税。

(1)外商提供全部或部分用于加工返销出口的原材料、辅料、零部件、元器件、配套件和包装物料。

(2)进口属于加工装配项目所必需的机器设备、品质检验仪器、安全和防治污染设备、装卸设备。

(3)为加强加工企业现代化生产管理,由外商提供直接用于生产出口产品所必需的微型计算机、闭路电视监测系统、传真机、复印机等管理设备。

(4)进口合理数量的用于安装、加固设备的材料。

(5)进口直接用于企业加工生产出口成品而在生产过程中消耗掉的燃料油。

来料加工业务由于进料实行免税,因而出口也不退税。来料加工贸易免税证明见表11-1所示。

表11-1 来料加工贸易免税证明

编号:__________

__________税务局:

__________公司销售给__________下表所列料、件属于来料加工负出口贸易。对用上述料、件加工销售的货物请免征增值税、消费税。

来料名称	单位	数量	单价	金额	发票号码	加工出口货物名称	单位	数量	备注

主管出口退税税务机关　　　　外贸企业财务负责人　　　　填表人

说明:①此证明由外经贸企业填写一式四联;

②第一联由外经贸企业交购料企业;

③第二联交主管出口退税的税务机关;

④第三联外经贸企业留存;

⑤第四联交主管征税的税务机关。

11.2.2 来料加工的类型

外经贸企业对来料加工业务,根据其盈亏责任的不同有如下两种经营方式:

(1)代理形式——由外经贸企业组织安排,对外与工厂共同签约,但由工厂直接承担生产、交货与盈亏责任,通过外经贸企业办理出口结汇,外经贸企业收取外汇手续费;

(2)自营形式——由外经贸企业单独对外签约,然后对内组织工厂生产,外经贸企业承担盈亏责任(包括交货违约赔偿责任等),工厂只收取加工费。

11.2.3 来料加工业务的核算

1.来料加工由加工厂承担合同责任的核算(代理形式)

【例11-1】 某加工厂会同泰佛公司与外商签订了来料加工出口合同,外商提供不计价面料400 000米,通过泰佛公司交加工厂加工服装,规定原料耗用定额每件为3.333米,应交成品1万打,每打加工工缴费为USD35,泰佛公司向加工厂收取工缴费收入的3%作为代理手续费,外经贸企业代支付的有关费用由工厂负担,节余的面料需退回外商。

(1)泰佛公司收到外商不计价原辅材料时,应凭业务或储运部门开具的加盖"来料加工"戳记的入库单,连同外商交来的进口单证,通过表外科目备查账簿作借记外商来料——外商名称——面料(只核算数量)400 000米。

(2)将外商提供的原辅材料拨给加工厂时,应凭储运及业务部门开具的加盖"来料加工"戳记的出库单,及加工厂开具的收据,通过表外科目备查账簿作借记拨出来料——加工厂——面料(只核算数量)400 000米,贷记外商来料——外商名称——面料(只核算数量)400 000米。

(3)加工厂交来成品时,应按合约规定的耗用原料定额据以验收入库。凭业务或储运部门开具的加盖"来料加工"戳记的入库单,通过表外科目备查账簿作借记代管物资——外商名称——服装(只核算数量)10 000打,贷记拨出来料——加工厂——面料(核算规定的耗用原料数量)400 000米。

(4)在办理对外出口托运时,应凭业务或储运部门开具的加盖"来料加工"戳记的出库单,通过备查账簿作贷记代管物资——外商名称——服装(只核算数量)10 000打。

(5)收到业务或储运部门交来成品已出运的有关出口单证及向银行交单的联系单时,应根据出口发票作如下会计分录(假设当日美元买入价:1美元=8.30元人民币)

借:应收账款——应收外汇账款——加工补偿——美元——外商名称(USD350 000)
2 905 000

贷:其他业务收入——加工补偿——服装 2 905 000

借:其他业务成本——加工补偿——服装 2 905 000

贷:应付账款——加工厂 2 905 000

(6)代加工厂支付境外运保费,凭有关单据及银行购汇水单,设共支付运保费USD10 000(当日银行卖出价1美元=人民币8.29元),应作如下会计分录:

贷:其他业务收入——加工补偿——服装 82 900(红字)

贷:银行存款——××银行 82 900

同时调整成本,即作:

借:其他业务成本——加工补偿——服装 82 900(红字)

借:应付账款——加工厂 82 900

(7)代加工厂支付各项国内费用,共计人民币6 000元,应凭有关单据作如下会计分录:

借:应付账款——加工厂 6 000

贷:银行存款——××银行 6 000

(8)泰佛公司收到加工工缴费的外汇时(设银行买入价:1美元=8.28元人民币),应凭银行水单作如下会计分录:

借:银行存款——××银行 2 898 000

应付账款——加工厂(汇兑损益) 7 000

贷:应收账款——应收外汇账款——加工补偿——美元——外商名称(USD350 000) 2 905 000

(9)泰佛公司收到工缴费后,应逐笔与加工厂进行清算并收取手续费,本例中扣除垫付境内、外费用和兑换损益以及手续费等后与加工厂结算。

即人民币2 905 000-82 900-6 000-7 000=2 809 100

借:应付账款——加工厂 2 809 100

贷:其他业务收入——加工补偿手续费收入(人民币2 905 000元×3%)

87 150

银行存款——××银行 2 721 950

(10)月末根据手续费收入提取应付税费,分录如下:

借:营业税金及附加 4 793.26

贷:应交税费——营业税(87 150×5%) 4 357.5

——应交城市维护建设税(4 357.50×7%) 305.03

——应交教育费附加(4 357.50×3%) 130.73

(11)设加工厂结余面料10 000米,应凭业务部门开具的原辅料结算单以及业务或储运部门开具的盖有"来料加工"戳记的入库单,通过备查账簿作借记外商来料——外商名称——面料(只核算数量)10 000米。归还外商时:贷记外商来料——外商名称——面料(只核算数量)10 000米。如合约规定节余原料应归加工厂时,毋需作以上会计分录,应由加工厂自行处理,并应负责向海关办理申报补税或核销手续。

所附原始凭证：盖有“来料加工”印记的原辅材料入库单及出库单、加工品入库单、加工厂加工费发票、加工品出库单、出口发票、汇票及运输单证等。

2. 来料加工由外经贸企业承担合同责任的核算(自营形式)

【例 11-2】 沿用例 11-1 的资料，改由泰佛公司独自与外商签订合同，承担来料加工任务，外商付给泰佛公司每件成品 USD3.5 的外汇工缴费，然后泰佛公司采取委托加工方式组织某国内加工厂生产，并支付加工厂每件成品 20 元的加工费。

(1)泰佛公司收到外商提供的不作价原辅材料以及将该原辅材料拨交工厂委托加工时，应同样以表外科目“外商来料”及“拨出来料”作记录，详见例 11-1 的(1)、(2)两点。

(2)加工厂交来成品时，应按收到成品及合约规定的耗用原料数量作表外科目记录详见例 11-1 的(3)“拨出来料和代管物资记录”。

(3)支付工厂加工费：

借：其他业务成本——委托加工——面料　　2 000 000

　贷：银行存款　　2 000 000

(4)在办理对外出口托运时，同例 11-1 的(4)。

(5)收到业务或运储部门交来成品已出运的有关出口单证：

借：应收账款——应收外汇账款——加工补偿——美元——外商名称(USD350 000)　　2 905 000

　贷：其他业务收入——委托加工——服装　　2 905 000

(6)支付境外运保费：

　贷：其他业务收入——委托加工——服装　　82 900(红字)

　贷：银行存款——××银行　　82 900

(7)支付各项国内费用：

借：其他业务成本——委托加工——面料　　6 000

　贷：银行存款——××银行　　6 000

(8)泰佛公司收到加工工缴费的外汇时：

借：银行存款——××银行　　2 898 000

　其他业务成本——委托加工——面料　　7 000

　贷：应收账款——应收外汇账款——加工补偿——美元——外商名称(USD350 000)　　2 905 000

11.3 进料加工

进料加工方式下，加工贸易的经营企业，在接到外商的订单后，自行付汇在境外购买加工所需要的原材料，自行报关进口，由自己加工或委托国内其他有加工能力的企业加工，加工完成后，再由经营企业将产品直接销售给外商，收取货款。

11.3.1 进料加工与来料加工的区别

进料加工和来料加工的不同点在于:进料加工由企业用自身的外汇进口原料,采取自营加工或以委托、作价加工形式加工成成品后再出口,企业对材料及产品享有所有权,自负盈亏,其进口对象与出口对象无直接关系;而来料加工则由外方供料,且供料人就是成品的承受人,所有权与盈亏均属外方,我方只收取加工费。但两者的共同点,则是都受我国政府的鼓励,享受相似的政策优惠,例如我国的《进出口关税条例》就有免税等规定。

从会计的角度讲,进料加工和来料加工的不同之处在于对存货的核算。来料加工不拥有存货的所有权,会计上不需要正式核算存货,一般只将耗料作为账外备查项目核算,以便海关监管及企业内部管理之用。而进料加工企业则需要正式的存货核算。与一般工业企业存货的核算并无不同,甚至,因为国家对保税货物监管的要求,对存货的核算要求更严格。

11.3.2 进料加工业务的核算

进料加工贸易的主要特点是“两头在外”,即用于加工成品的全部或部分料件采购来自境外,而加工完成品又销往境外。外经贸企业的进料加工业务,材料及产品的进出口经营单位是流通型的外经贸企业,经营单位以保税方式付汇进口材料后,委托国内有加工能力的生产型企业来加工生产。生产完成后,加工企业将产品交回外经贸企业再出口销售。这时产供销会涉及经营单位和生产企业两个实体。外经贸企业在接到境外客商的自营订单或者暂时尚没有进出口经营权的生产型企业接到境外客商的订单后,会较多地采用这种方式操作。进料加工不仅仅是收取加工费,而是通过自行加工或以委托、作价形式加工成成品后再行复出口的业务。进料加工是一个严格意义上的“产、供、销”过程。因此,进料加工实际上由进口、加工及出口3个环节组成,其出口环节的会计核算与自营出口业务完全一致。因此,进料加工贸易核算主要解决的是进口、加工两个环节的核算问题。与来料加工相比,进料加工从境外进口的料件要按进口合同如数支付价款,进口料件的税金实行“保证金台账”制度。在加工环节,由于存在作价加工和委托加工两种方式,因此,应分别两种情况对待。现举例说明如下。

【例 11-3】 某外经贸企业与外商签订进口钢材合同,进口螺纹钢 1 500 吨,CIF 价 3 000 000 港元,加工生产的水泥预制件全部用于复出口,进口钢材海关实行减免进口关税及进口增值税。

1. 进口原辅料件

根据进口合同规定,对外支付进口钢材款,共值 HKD3 000 000(银行当日卖出价 1 港元 = 人民币 1.10 元),应凭全套进口单证,作如下会计分录:

借:在途物资——进料加工——进口螺纹钢　　3 300 000

　　贷:银行存款——××银行　　3 300 000

支付上述进口钢材的各项国内外直接费用，可按上述会计分录同样处理。

2. 交付进口税金

为加工复出口，进口的钢材，根据出示对应出口合同的具体情况，海关实行减免进口关税及进口增值税制度。即进出口合同需用数量基本一致时，可以免征或少征，无法提供对应合同时，则执行减免85%的征税制度。

本合同项下进料无须交税。如需交税的应按照海关开出的进口关税和进口增值税缴款书缴税，并同时将进口关税归集到"在途物资"成本（进口增值税为价外税，不归集到进口成本）。

3. 进口料件入库

进口料件入库，应凭储运或业务部门开具的入库凭证，作如下会计分录：

借：原材料——进料加工——进口螺纹钢　　3 300 000

　贷：在途物资——进料加工——进口螺纹钢

　　　3 300 000（全部采购成本）

4. 进口材料的加工

1）作价加工方式

（1）企业对进口材料采用作价方式进行加工，根据所订加工合同，按实际进料成本作价给加工企业，凭储运或业务部门开具的出库凭证、增值税专用发票以及加工单位开具的收据，作如下会计分录：

借：银行存款——××银行（或应收账款——××加工单位）

　　3 861 000

　贷：其他业务收入——作价加工销售——进口料件加工　3 300 000

　　　应交税金——应交增值税（销项税额）　561 000

借：其他业务成本——作价加工销售——进口料件加工　3 300 000

　贷：原材料——进料加工——进口螺纹钢　3 300 000

（2）按（含加工费）向加工企业支付加工成品水泥预制件货款1130万元（不含税价）时，凭储运或业务部门开具的商品入库通知单及加工单位的增值税专用发票，作如下会计分录：

借：库存商品——水泥预制件　11 300 000

　　应交税费——应交增值税（进项税额）　1 921 000

　贷：银行存款——××银行　13 221 000

（如有应收未收原料款应予扣除）

根据现行《出口货物退（免）税管理办法》有关规定："出口企业以'进料加工'贸易方式减免税进口原材料、零部件用于加工或转售给其他企业加工时，应先填具'进料加工贸易申请表'，报经主管其出口退税的税务机关同意签章后，再将此申请表送其征税的税务机关，并据此在计算征税时予以扣除，或在开具增值税专用发票时，可按规定税率计算注明销售料件税额，主管出口企业征税的税务机关，对这部分准予扣除的税额或销售料件的销售发票上所注明的应交税额不计征入库,而由主管退税的税务机关在出口企业办理出口退税时,在退税额中扣抵。”为此,出口企业在进行作价加工时,应注意按税法规定办理申报手续。

2)委托加工方式

(1)如果企业进口材料以委托方式委托另一家加工企业进行加工,仍用例11-3相关资料,假设加工生产水泥预制件全部用于复出口,加工费为8 000 000元,根据所订加工合同,凭储运或业务部门开具的出库及加工凭证以及加工单位开具的实物收据,作如下会计分录:

借:委托加工物资——××加工单位——进口螺纹钢　　3 300 000

　贷:原材料——进料加工——进口螺纹钢　　3 300 000

(2)支付加工费时,凭储运或业务部门开具的商品入库单及加工单位的加工费增值税专用发票,作如下会计分录:

借:委托加工物资——××加工单位——进口螺纹钢(加工费)

　　8 000 000

　应交税费——应交增值税(进项税额)　　1 360 000

　贷:银行存款——××银行　　9 360 000

借:库存商品——水泥预制件　　11 300 000

　贷:委托加工物资——××加工单位——进口螺纹钢　　11 300 000

关于委托加工物资剩余材料的会计处理略。

5.进料加工业务实训案例

1)作价加工

【例11-4】　天津泰佛进出口有限公司与印度SUPER HOUSE LEATHERS有限公司签定合同,进口牛皮37 076平方英尺,CIF价USD59 692.36,付款方式T/T in advanced,采用作价加工方式由天津飞跃制鞋有限公司加工成皮革靴11 868双并全部出口。进口的牛皮革海关实行减免进口关税及增值税。

(1)进口牛皮,总值USD59 692.6　当日汇率美元卖出价1:7.763 8。

借:在途物资——进料加工——牛皮　　463 439.54

　贷:应付账款——应付外汇账款——美元户

　　USD59 692.36 / 463 439.54

原始单据——进口发票见表11-2所示。

表 11-2 进口发票

SUPER HOUSE LAETHERS LIMITED
150 FEET ROAD, JAJMAU, KANPUR, INDIA

INVOICE

TIANJIN TIFER IMPORT
EXPORT CO., LTD
NO 9, BINSHUI ROAD.
TIANJIN CHINA

SHIPPED TO:
SAME

INVOICE NO: 786/A-1219/06-07 DATE 07-DEC-2006

PAYMENT BY T/T ADVANCE
ORIGIN: INDIA

Description	Quantity	Unit price	Amount
CHINA BUFFALO CRAZY HORSE LAETHER (COW LAETHER) 2.00-2.20MM	37076 SF	USD1.61/SF	USD 59692.36

SD59692.36

SUPER HOUSE LAETHERS LIMITED
Rohit

(2)进口付汇，当日汇率美元卖出价 1:7.848 3。

借:应付账款——应付外汇账款——美元户 USD59 692.36 / 463 439.54

财务费用——手续费 668.48

财务费用——汇兑损益 5 044.01

贷:银行存款——美元户 468 483.55

——人民币户 668.48

原始单据 1——汇出汇款证实书见表 11-3 所示。

表 11-3　汇出汇款证实书

中国银行　天津市分行

BANK OF CHINA

TIANJIN BRANCH　　MADE

BY ORC4

CONFIRMATION OF OUTWARD REMITTANCE

业务编号(OUR REF): **TT200A0016374/06**

日期(DATE): 2006-12-11

(TO): TIANJIN 泰佛 IMPORT AND EXPORT CO.,LTD.

下列款项我行已于即日汇出,如有问题,请速与我行联系.

CONFIRM THE FOLLOWING REMITTANCE HAS BEEN REMITTED AS YOU INSTRUCTED. IF YOU HAVE ANY PROBLEM, PLEASE CONTACT US AS SOON AS POSSIBLE.　　支票号(CHECK NO.):

起息日(VALUE DATE):**2006-12011**		汇款金额(REM CCY-AMT):**USD 59,692.36**		
收款人账号/名称/地址(BENEFICIARY):**/8900057661/SUPERHOUSE LEATHERS LIMITED**				
汇款附言(PAYMENT DETAILS):**INV ON.786/A-1219/06-07**				
汇出款项(OUTWARD REMITTANCE)				
借记账户 DEDUCTED A/C(S)	借记金额 DR AMOUNT	买入价 RATE	等值汇款金额 EQUIVALENT	备注 DETAILS
00108149508093001	**RMB468 483.55**		**USD59 692.36**	卖出价
	0.00		**USD0.00**	**7.848 300**
我行费用(OUR BANKING CHGS)				
00108149508093001	RMB668.48		总费用(TTL CHGS)	**RMB668.48**
TOTAL: RMB469,152.03			手续费(COMM)	**RMB518.48**
			邮电费(POST/CABLE)	**RMB150.00**
			买卖差价(BUY/SELL)	**RMB0.00**
付现找零金额	**RMB0.00**		内扣费用(EQ CHGS)	**RSD0.00**

申报号码:A004

BANK OF CHINA, TIANJIN BRANCH

中国银行天津市分行

原始单据 2——海外汇款申请书见表 11-4 所示。

表 11-4 海外汇款申请书

APPLICATION FOR OVERSEAS REMITTANCE

请用英文打字机填制

PLEASE FILL IN BLOCK LETTERS

天津市分行　　　　　　　　　　　　　　　　　　　日 期：

CHINA，　　　　　　　　　　　　　　　　　　　　DATE：2006.12.11

BRACH，TIANJIN，

按所列条款代办下列汇款：

Writing remittance to the conditions overleaf:

Payment	账号：08149508093001 账号：	付款方式及付款账号 Charge Method And A/c No.	□ 外扣 □内扣 账号：
选择 Method	□电汇 □ 票汇 T/T D/D	我行汇款编号 Our Ref. No.	TT DD
汇款币别及金额 Currency & Amount	小写金额 （Amount In Figure）	币别（Currency）：USD 金额（Amount）：59 692.36	
大写金额 (Amount in Words)	US DOLLARS FIFTY NINE THOUSAND SIX HUNDRED AND NINITY TOW AND CENTS THIRTY SIX		
抵扣币别及金额 Currency and Amt Deducted		汇 率 Exchange Rate	@ @
汇款申请人 By Order Of	TIANJIN 泰佛 IMPORT & EXPORT CO., LTD No86. ZHUJIANG ROAD. TIANJIN, CHINA		
汇款申请行 Ordering Inst	BANK OF CHINA, TIANJIN BRANCH		
收款银行之代理行 Correspondent of Beneficiary's Banker	银行代码（Swift Code）：IRVTUS3N 银行号（Bank Code）： 银行名称（Bk s Name）：THE BANK OF NEW YORK 银行地址（Bk s Address）：NEW YORK NY-10015, USA		
收款人开户银行 Beneficiary's Banker	银行代码（Swift Code）：PUNBINBBCKH 银行号（Bank Code）： 银行名称（Bk s Name）：PUNJAB NATIONAL BANK 银行地址（Bk s Address）：THE MALL, KANPUR, IND		
收款人账号、名称及地址 Beneficiary's Bank No., Name and Address	账号（A/c No）：890-0057-661 名称（Name）：SUPER HOUSE LEATHERS LIMITED 地址(Address)：150 FEET ROAD, JAJMAU, KANPUR, INDIA		
汇款附言 Details Of Payment	限 140 个字位 NOT Exceeding 140 Characters) INV NO． 786/A -1219/06-07		
境外费用（All Bank's Charges If Any Are To Be Borne By）：□ 收款人（Beneficiary） □ 汇款人（Remitter）			
申请人签章（Applicant's Signature） 姓名(Name)：	电话(Phone No)	审核部门签章（Approved By）	
核印（Sig. Ver）	核单（Doc. Ver.）		复核（Checker）

FOR APPLICANT

天津泰佛进出口有限公司 财务专用章

王强之印

原始单据 3——供汇审批单见表 11-5 所示。

表 11-5 供汇审批单

中国银行天津分行贸易项下供汇审批单

2006 年 12 月 11 日　　　　津中贸字 No 0197118

购汇单位：天津泰佛进出口有限公司	企业账号：1264598292027587
业务号：	用汇分类：预付货款
供货人：SUPERHOCESE LEATHERS LIMITED	
购汇金额小写	U S D 5 9 6 9 2 3 6
购汇金额大写：美元伍万玖仟陆百玖拾贰元叁角陆分	
该企业此笔用于贸易项下的用汇申请及所提交的合规性文，对上符合供汇要求，特准予批汇。 有关业务部门协助办理售汇事宜。 供汇审批单仅限在中国银行天津市分行内使用，有效期七。 件　份　页	销汇审批专用章： （中国银行股份有限公司分行国际结算部 2006.12.11 收讫 (1)）

审核：　　　　　　复审：

第一联：购汇单位留存

(3)进口材料到货入库。

借:原材料——进料加工——牛皮　　463 439. 54

　贷:在途物资——进料加工——牛皮　　463 439. 54

原始单据——入库单见表 11-6 所示。

表 11-6　入库单

天津泰佛进出口有限公司　　　　津泰入　No. 0002047

商品收购通知单（代卡片账）　　　　地点　　　　证号

制单日期 2006 年 12 月 11 日

出口国别：　　　　记账日期　　年　　月　　日

仓库名称	
库间	
区段排号	
字　　号	

品名	规格	进货数量 件数	@	细数	单位	单价	金额 千	百	十	万	千	百	十	元	角	分	凭证编号	备字注号
牛皮革	（37076SF）			6382	千克			¥	4	6	3	4	3	9	5	4	增加	
																	增加	

毛：　净：公斤 ×　×　公分	注意事项	送货 自提 厂存		收货记录	

出库单号	摘要	出库 件数	出库 细数	结存 件数	结存 细数	年月日	出库单号	摘要	出库 件数	出库 细数	结存 件数	结存 细数
泰佛 A/R 0002234			6382 千克		0							

财会科记账凭证

保管员　　　科长　　　记账　　　复核　　　制单　孙明明

(4)将进口牛皮采用作价加工方式，根据所订加工合同，按实际进料成本作价销售给加工企业。

借：银行存款　　542 223. 66

　贷：其他业务收入——作价加工销售收入——牛皮革　　463 439. 54

　　应交税费——应交增值税——销项税　　78 784. 12

原始单据 1——增值税专用发票见表 11-7 所示。

表 11-7　增值税专用发票

天津增值税专用发票　　NO 00753268

发票联（国家税务总局监制）

开票日期：2006 年 12 月 12 日

购货单位	密码区
名　　称：天津飞祆制鞋有限公司 纳税人识别号：120117948131918 地 址 电 话：汉沽区河西留庄西 25963327 开户行及账号：工行天津市汉沽支行寨上分理处 93103900038010	6>>345*+23+-92*/<-111　加密版本:01 100*<84<+*<3000712/4- 31/+/41<*0/3077>47544　1200063140 90-12-*477*/2302>>>94　00753268

货物或应税劳务名称	规格型号	单位	数量	单价	金额	税率	税额
牛皮革	37.76SF	千克	6 382	72.616 66	463 439.54	7%	78784.12
合　计					¥463 439.54		¥78 784.12
价税合计（大写）	⊗伍拾肆万贰仟贰佰贰拾叁圆陆角陆分				（小写）¥542 223.66		

销货单位		备注
销货单位	名　　称：天津泰佛进出口有限公司 纳税人识别号：120103730360888 地址、电话：天津市河西区宾江道 9 号 28375820 开户行及账号：中行天津市分行 2092-08149580901010	泰佛进出口有限公司 税号：120101722956733 发票专用章

第三联：记账联　销货方记账凭证

收款人：　　复核：　　开票人：李岩　　销货单位：（章）

原始单据 2——银行进账单见表 11-8 所示。

表 11-8 进账单

浦发银行天津分行进账单(收账通知)3

2007 年 12 月 12 日

出票人	全称	天津市飞跃制鞋有限公司	收款人	全称	天津泰佛进出口有限公司
	账号	801287828		账号	126981-429207887
	开户银行	6586		开户银行	126981

金额	人民币 (大写) 伍拾肆万贰仟贰佰贰拾叁元陆角陆分	亿	千	百	十	万	千	百	十	元	角	分
				¥	5	4	2	2	2	3	6	6

票据种类		票据张数	上海浦东发展银行天津分行 营业部 2007.12.12 转讫 (27)
票据号码			
复核　　记账			收款人开户银行签章

(5)结转成本。

借:其他业务成本——作价加工销售成本——牛皮革　463 439. 54

　贷:原材料——牛皮革　463 439. 54

原始单据——出库单见表 11-9 所示。

表 11-9 出库单

天 津 泰 佛 进 出 口 公 司　　出口 NO: 00003927

商检商品外销商品出库　　合约号 2007P019J 号

制单日期 2006 年 12 月 12 日　　出口国别＿＿＿＿

＿＿＿统一记账日期＿＿年＿＿月＿＿日　　发货日期＿＿年＿＿月＿＿日

增	
减	
财会编号	字　号

收购单号	商品编号	品名	规格	件数	@	细数	单位	单价	金额
RK00008905		牛皮革		11 868			千克	39.049 506 2	463 439.54
			2						
	结存			明细单号：PDJ53020—2007N			出口发票号：PDJ53020—2007N		
				批号					

财务记账凭证

部门：出口八部　　部长：赵利　　业务员：周超　　制单：武国

(6)2007.6.15 加工成牛皮靴子 11 868 双,验收入库。不含税价 1 005 816.47 元。

借:库存商品——靴子　　　　　　　　　　　　　　1 005 816.47

　应交税费——应交增值税——进项税　　　　　　　170 988.80

　贷:应付账款——天津飞跃制革有限公司　　　　　　1 176 805.27

原始单据——入库单见表 11-10 所示。

表 11-10　入库单

天 津 泰 佛 进 出 口 有 限 公 司

津加入字 NO.00526

进料加工进货（入库）通知单　6

制单 07 年 1 月 13 日

记账　年　月　日

地点　储存　仓库名称

库 区　间 段　排　号

证号　字　号

商品编号	品名及规格	进货数量 件数	@	细数	单位	加工费单价	加工费金额 十	万	千	百	十	元	角	分	收货批次 批号 毛净 公斤 体积 ×× 公分
102378	靴子	1978	箱	11868	双		5	4	2	3	7	7	4	6	

原料品名及规格	数量	单位	单价	金额 千	百	十	万	千	百	十	元	角	分	收货记录	入库 车	味	定额面积	使用面积
45680	6 382	千克				4	6	3	4	3	9	5	4					
比例		合计				4	6	3	4	3	9	5	4					
(原料款) +(加工费) ÷(1- %) × %																		
成本	加工费+原料款+税金	平均单价		7	1	0	0	5	6	1	6	4	7					

注意事项:
1、此空栏处制单人不得复写其他事项
2、制单人需按各栏详细填写
3、加工费单价及耗料比例按合同规定填写
4、平均单价= 总成本/成品数量

第六联财会结算凭证

保管员:　科长:　记账:　复核:　制单:李明明

原始单据 2——增值税专用发票(略)。

2)委托加工

如果泰佛进出口有限公司采用委托加工方式,加工牛皮靴 11868 双,加工费价税合计为 542 377.46 元。

(1)根据出库单将牛皮革 37 076 件总金额 463 439.54 元,拨给天津市飞跃制鞋有限公司。

借:委托加工物资——天津飞跃制鞋有限公司——牛皮革

　　　　　　　　　　　　　　　　　　　　　463 439.54

　贷:原材料——进料加工——牛皮革　　　　　　　463 439.54

原始单据——出库通知单见表 11-11 所示。

表 11-11　出库通知单

天 津 泰 佛 进 出 口 公 司　　出口 N0：00003927

商检商品外销商品出库　　合约号 2007P019J 号

增	
减	
财会编号	字　号

制单日期　2006 年 12 月 12 日　　出口国别____

____统一记账日期____年____月__日　　发货日期____年__月__日

收购单号	商品编号	品　名	规　格	件数	@	细数	单位	单价	金额
RK00008905		牛皮革		11868			千克	39.0495062	463439.54
		结存		明细单号：PDJ53020—2007N			出口发票号：PDJ53020—2007N		
				批号					

2

财务记账凭证

部门：出口八部　　部长：赵利　　业务员：周艳　　制单：武国

(2) 支付加工费 542 377.46 元。

借：委托加工物资——天津飞跃制鞋有限公司——牛皮革　　463 570.48

　应交税费——应交增值税——进项税　　78 806.98

　贷：银行存款——人民币户　　542 377.46

原始单据——加工费增值税见表 11-12 所示。

表 11-12　增值税发票

全国统一发票监制章 天津 国家税务总局监制

发票联

NO 00753268

开票日期：2006 年 12 月 12 日

购货单位		密码区	
名　　称：天津飞跃制鞋有限公司 纳税人识别号：1 2 0 1 1 7 9 4 8 1 3 1 8 2 6 地 址 电 话：河西区河西留庄西 25963327 开户行及账号：中国银行天津分行 931039000895		密码区	6>>345*+23+ −92*/<−111　加密版本:01 100*<84<+*<3000712/4 − 31/+/41<*0/3077>47544 1200063140 90−12−*477*/2302>>>94　03943550

货物或应税劳务名称	规格型号	单位	数量	单价	金额	税率	税额
牛皮靴		双	11 868	39.060 539 26	463 570.48	17%	78 806.98
合　计					¥463 570.48		¥78 806.98
价税合计（大写）	⊗伍拾肆万贰仟叁佰柒拾柒元肆角陆分				（小写）¥542 377.46		

销货单位		备注	
销货单位	名　　称：天津泰佛进出口有限公司 纳税人识别号：1 20103730360888 地址、电话：天津市河西区宾江道 9 号 28375820 开户行及账号：中行天津市分行 2092-08149580901010	备注	泰佛进出口有限公司 税号：120101722956733 发票专用章

收款人：　　复核：　　开票人：　　销货单位：（章）

第三联：记账联 销货方记账凭证

(3) 入库。

借：库存商品——牛皮靴　　1 005 816.47

贷:委托加工物资——天津飞跃制鞋有限公司——牛皮革 1 005 816.47

原始单据——入库单见表 11-13 所示。

表 11-13 入库单

天津 泰佛 进出口有限公司

(本市)商品入库通知单

制单 07 年 01 月 15 日　　进仓 07 年 01 月 15 日　　编号

品名	规格	单位	件数	每件重量	重量/数量	单价	金额											发站
							亿	千	百	十	万	千	百	十	元	角	分	
牛皮靴		双			11 868				1	0	0	5	8	1	6	4	7	
备注	车号: 合同号: 仓位: 其他参考号:					合计			1	0	0	5	8	1	6	4	7	
						说明: 本表 3 联:1.业务留底;2.财务留存;3.备用联												
制单			复核							业务:李明明								

12

费用的核算

本章学习要点

- 了解费用的概念及分类。
- 熟悉各种费用的明细项目。
- 掌握销售费用、管理费用、财务费用的会计核算。
- 掌握外经贸企业费用的分摊原则及两种不同分摊方法的计算。

12.1 费用概述

12.1.1 费用的内容

外经贸企业的费用是指本期发生的、不能直接归属于某个特定商品成本而直接计入损益的费用。它是保证外经贸企业进出口业务顺利进行必须开支的各项费用，是外经贸企业当期发生的费用中的重要组成部分。主要包括以下七项内容。

(1)人工及其相关费用 。是指支付企业工作人员的工资、工资性质的津贴、补贴和各种奖金以及按规定提取的工会经费、职工教育经费、养老保险金和住房公积金等。

(2)劳务费。是指支付给其他单位或个人的进货运杂费、装卸费、保管费、修理费、租赁费和水电费等。

(3)物质资料消耗费用。是指固定资产的折旧费、包装费、低值易耗品的摊销和原材料的耗费等。

(4)采购和推销商品的费用。是指为采购和推销商品发生的差旅费、广告费和展览费等。

(5)商品损耗。是指商品在运输、保管和销售过程中发生的正常损耗。

(6)经营过程中发生的管理费用。是指经营过程中发生的业务招待费、劳动保险费、咨询费、诉讼费、聘请中介机构费等。

(7)筹资费用。是指发生的除了予以资本化的利息以外的借款利息、债券利息和汇兑净损失以及支付给金融机构的手续费等。

12.1.2 费用的分类

外经贸企业在经营活动中发生的费用可以按以下标准分类。

1. 按费用与商品的关系分类

(1)直接费用,是指发生的费用能够直接认定其用于某种商品的费用。

(2)间接费用,是指发生的费用无法认定其用于某种商品的费用。

按这种标准分类,有利于正确反映每种商品应负担的费用和实际的利润或发生的亏损。

2. 按费用与商品流通额的关系分类

(1)可变费用,是指费用的发生额与商品流通额有直接联系的费用。可变费用随着商品流通额的增加而增加;随着商品流通额的减少而减少。通常直接费用属于可变费用。

(2)不变费用,是指费用的发生额与商品流通额没有直接联系的费用。不变费用不随着商品流通额的增减变动而变动。通常间接费用属于不变费用。

按这种标准分类,有利于对费用进行管理和分析,控制费用的发生。

3. 按费用发生的环节分类

(1)销售费用,是指外经贸企业在商品流通的整个经营环节所发生的各项费用。

(2)管理费用,是指外经贸企业行政管理部门为组织和管理企业经营活动所发生的各项费用。

(3)财务费用,是指外经贸企业为筹集业务经营所需资金等而发生的各项费用。

按这种标准分类,可以对各环节前后各期发生的费用进行比较分析,研究其升降的原因,以有利于寻求降低费用的途径。

12.2 费用的核算

费用核算的内容很广泛,它分为3个科目和若干个子目,本节仅阐述几个较为重要项目的核算。

12.2.1 职工薪酬的核算

职工薪酬是指企业根据按劳分配的原则直接支付给职工个人的劳动报酬。它是外经贸企业在组织商品流通过程中耗费的活劳动，是费用的重要组成部分。外经贸企业必须根据国家的工资政策和企业的安排支付职工薪酬，正确地组织职工薪酬的核算。

职工薪酬是企业根据有关规定支付给职工的各种薪酬。职工薪酬是企业必须付出的人力成本，是吸引和激励职工的重要手段。职工薪酬主要包括以下几方面内容：①职工工资、奖金、津贴和补贴；②职工福利费；③医疗保险费、养老保险费、失业保险费、工伤保险费和生育保险费等社会保险费；④住房公积金；⑤工会经费和职工教育经费；⑥非货币性福利；⑦其他职工薪酬。

企业应当通过"应付职工薪酬"科目，核算应付职工薪酬的提取、结算、使用等情况。该科目贷方登记已分配计入有关成本费用项目的职工薪酬的数额，借方登记实际发放职工薪酬的数额；该科目的贷方余额，反映企业应付未付的职工薪酬。"应付职工薪酬"应当按照"工资"、职工福利、社会保险费、住房公积金、工会经费、职工教育经费、非货币性福利、辞退福利、股份支付等应付职工薪酬项目设置明细科目，进行明细核算。外商投资企业按规定从净利润中提取的职工奖励及福利基金，也在本科目核算。

1. 确认应付职工薪酬

(1)货币性职工薪酬。企业应当在职工为其提供服务的会计期间，根据职工提供服务的受益对象，将应确认的职工薪酬(包括货币性薪酬和非货币性福利)计入相关资产成本或当期损益，同时确认应付职工薪酬。具体分别以下情况进行处理：

外经贸企业 生产部门人员的职工酬薪，借记"生产成本"、"制造费用"、"劳务成本"等科目，贷记"应付职工薪酬"科目；

管理部门人员的职工薪酬，借记"管理费用"科目，贷记"应付职工薪酬" 科目；

销售人员的职工薪酬，借记"销售费用"科目，贷记"应付职工薪酬" 科目；

应由在建工程、研发支出负担的职工薪酬，借记"在建工程"、" 研发支出"科目，贷记"应付职工薪酬"科目。

【例 12-1】 泰佛公司本月应付工资总额 392 000 元，工资费用分配汇总表中列示的产品生产人员工资为 320 000 元，企业行政管理人员工资为 60 400 元，销售人员工资为 11 600 元。泰佛公司的有关会计分录如下。

借:生产成本——基本生产成本	320 000	
管理费用	60 400	
销售费用	11 600	
贷:应付职工薪酬——工资		392 000

本例中，根据不同职工提供服务的受益对象不同，产品生产人员工资 320 000 元应记入"生产成本——基本生产成本"科目，行政管理人员工资 60 400 元应记入"管

理费用”科目,销售人员工资 11 600 元应记入“销售费用”科目。

【例 12-2】 根据国家规定的计提标准计算,泰佛公司本月应向社会保险经办机构缴纳职工基本养老保险费共计 39 880 元,其中,应计入销售费用的金额为 19 800 元,应计入管理费用的金额为 20 080 元。泰佛公司的有关会计处理如下。

借:管理费用	20 080	
销售费用	19 800	
贷:应付职工薪酬——社会保险费(基本养老保险)		39 880

(2)非货币性职工薪酬。企业以其自产产品作为非货币性福利发放给职工的,应当根据受益对象,按照该产品的公允价值,计入相关资产成本或当期损益,同时确认应付职工薪酬,借记“管理费用”、“生产成本”、“制造费用”等科目,贷记“应付职工薪酬——非货币性福利”科目。

将企业拥有的房屋等资产无偿提供给职工使用的,应当根据受益对象,将该住房每期应计提的折旧计入相关资产成本或当期损益,同时确认应付职工薪酬,借记“管理费用”、“销售费用”等科目,贷记“应付职工薪酬——非货币性福利”科目,并且同时借记“应付职工薪酬——非货币性福利”科目,贷记“累计折旧”科目。

租赁住房等资产供职工无偿使用的,应当根据受益对象,将每期应付的租金计入相关资产成本或当期损益,并确认应付职工薪酬,借记“管理费用”、“销售费用”等科目,贷记“应付职工薪酬——非货币性福利”科目。

(3)企业以现金与职工结算的股份支付,在等待期内每个资产负债表日,按当期应确认的成本费用金额,借记“管理费用”、“生产成本”、“制造费用”等科目,贷记“应付职工薪酬——股份支付”。在可行权日之后,以现金结算的股份支付当期公允价值的变动金额,借记或贷记“公允价值变动损益”科目,贷记或借记“应付职工薪酬”。

(4)因解除与职工的劳动关系给予的补偿,借记“管理费用”科目,贷记“应付职工薪酬”。

【例 12-3】 泰佛公司共有职工 200 名,其中 170 名为商品经营人员,30 名为公司管理人员。2007 年 2 月,泰佛公司以其生产的每台成本为 900 元的微波炉作为春节福利发放给公司每名职工。该型号的微波炉市场售价为每台 1 000 元,泰佛公司适用的增值税税率为 17%。泰佛公司的有关会计处理如下:

借:销售费用	198 900	
管理费用	35 100	
贷:应付职工薪酬——非货币性福利		234 000

本例中,应确认的应付职工薪酬 = 200 × 1 000 × (1 + 17%) = 234 000(元)。

其中,应记入“销售费用”科目的金额 = 170 × 1 000 × (1 + 17%) = 198 900(元)。

应记入“管理费用”科目的金额 = 30 × 1 000 × (1 + 17%) = 35 100(元)。

泰佛公司向职工发放微波炉作为福利,同时要根据相关税收规定,视同销售计算增值税销项税额。泰佛公司的有关会计处理如下：

借：应付职工薪酬——非货币性福利　　234 000
　贷：主营业务收入　　200 000
　　应交税费——应交增值税（销项税额）　　34 000

借：主营业务成本　　180 000
　贷：库存商品——微波炉　　180 000

泰佛公司应确认的主营业务收入 = 200 × 1 000 = 200 000（元）

泰佛公司应确认的增值税销项税额 = 200 × 1 000 × 17% = 34 000（元）

泰佛公司应结转的销售成本 = 200 × 900 = 180 000（元）

【例 12-4】 泰佛公司共有部门经理以上职工 10 名，每人提供一辆桑塔纳汽车免费使用，假定每辆桑塔纳汽车每月计提折旧 1 000 元；该公司共有总经理以上高级管理人员 5 名，公司为其每人租赁一套面积为 200 平方米带有家具和电器的公寓，约租金为每套 10 000 元。泰佛公司的有关会计处理如下。

借：管理费用　　50 000
　贷：应付职工薪酬——非货币性福利　　50 000

借：应付职工薪酬——非货币性福利　　10 000
　贷：累计折旧　　10 000

2. 发放职工薪酬

（1）支付职工工资、奖金、津贴和补贴。外经贸企业按照有关规定向职工支付工资、奖金、津贴等，借记“应付职工薪酬——工资”科目，贷记“银行存款”、“库存现金”等科目；外经贸企业从应付职工薪酬中扣还的各种款项（代垫的家属药费、个人所得税等），借记“应付职工薪酬”科目，贷记“银行存款”、“库存现金”、“其他应收款”、“应交税费——应交个人所得税”等科目。

在实务中，企业一般在每月发放工资前，根据“工资结算汇总表”中的“实发金额栏的合计数向开户银行提取现金，借记“库存现金”科目，贷记“银行存款”科目；然后再向职工发放。

【例 12-5】 泰佛公司根据“工资结算汇总表”结算本月应付职工工资总额 486 000 元，代扣职工房租 50 000 元，企业代垫职工家属医药费 6 000 元，实发工资 430 000 元。泰佛公司的有关会计处理如下。

向银行提取现金：

借：库存现金　　430 000
　贷：银行存款　　430 000

发放工资，支付现金：

借：应付职工薪酬——工资　　430 000
　贷：库存现金　　430 000

代扣款项：

借:应付职工薪酬——工资　　56 000
　贷:其他应收款——职工房租　　50 000
　　——代垫医药费　　6 000

(2)支付职工福利费。外经贸企业向职工食堂、职工医院、生活困难职工等支付职工福利费时,借记"应付职工薪酬——职工福利"科目,贷记"银行存款"、"库存现金"等科目。

【例 12-6】 2007 年 9 月,泰佛公司以现金支付职工张某生活困难补助 1 000 元。泰佛公司的有关会计分录如下。

借:应付职工薪酬——职工福利　　1 000
　贷:库存现金　　1 000

(3)支付工会经费、职工教育经费和缴纳社会保险费、住房公积金。企业支付工会经费和职工教育经费用于工会运作和职工培养,或按照国家有关规定缴纳社会保险费或住房公积金时,借记"应付职工薪酬——工会经费(或职工教育经费、社会保险费、住房公积金)"科目,贷记"银行存款"、"库存现金"等科目。

【例 12-7】 泰佛以银行存款缴纳参加职工医疗保险的医疗保险费 60 000 元,泰佛公司的有关会计分录如下。

借:应付职工薪酬——社会保险费　　60 000
　贷:银行存款　　60 000

(4)发放非货币性福利。外经贸企业以自产产品作为职工薪酬发放给职工时,应确认主营业务收入,借记"应付职工薪酬——非货币性福利"科目,贷记"主营业务收入"科目,同时结转相关成本,涉及增值税销项税额的,还应进行相应的处理。

外经贸企业支付租赁住房等资产供职工无偿使用所发生的租金,借记"应付职工薪酬——非货币性福利"科目,贷记"银行存款"等科目。

【例 12-8】 承【例 12-4】,泰佛公司每月支付总经理以上高级管理人员 5 人住房租金时,应进行如下会计处理:

借:应付职工薪酬——非货币性福利　　50 000
　贷:银行存款　　50 000

(5)企业以现金与职工结算的股份支付,在行权日,借记"应付职工薪酬",贷记"银行存款"、"库存现金"等科目。

(6)企业因解除与职工的劳动关系给予职工的补偿,借记本科目,贷记"银行存款"、"库存现金"。

12.2.2 利息的核算

外经贸企业向银行借入的短期借款,银行一般在季末结算利息。为了使企业费用负担合理,真实地反映各期利息支出的情况,可在每个季度的前两个月月末计算它们当月发生的短期借款利息,予以预提列支。其计算公式如下:

本月短期借款利息 = 本月短期借款平均余额 × 月利率

本月短期借款平均余额＝本月短期借款账户余额累计数/30天

“财务费用”是损益类账户，用以核算企业为筹集资金而发生的利息各项费用。企业在经营期间发生的利息支出记借方，月末转入“本年利润”账户时记入贷方。

【例12-9】 泰佛公司于2007年1月1日向银行借入生产经营用短期借款360 000元，期限6个月，年利率5%，该借款本金到期后一次归还，利息分月预提，按季支付。假定所有利息均不符合利息资本化条件。有关利息支出的会计处理如下：

每月末，预提当月份应计利息：

360 000×5%÷12＝1 500〈元〉

借：财务费用　　1 500

　贷：应付利息　　1 500

【例12-10】 泰佛于2007年1月1日向银行借入生产经营用短期借款360 000元，期限6个月，年利率5%，该借款本金到期后一次归还，利息分月预提，按季支付。假定1月份其中120 000暂时作为闲置资金存入银行，并获得利息收入400元。假定所有利息均不符合利息资本化条件。1月份相关利息的会计处理如下：

1月末，预提当月份应计利息：

360 000×5%÷12＝1 500〈元〉

借：财务费用　　1 500

　贷：应付利息　　1 500

同时，当月取得利息收入400元应作为冲减财务费用处理。

借：银行存款　　400

　贷：财务费用　　400

12.2.3 水电费等含税费用的核算

在我国提供电力、热力、气体等货物及修理修配劳务的企业要交纳增值税，因此，外经贸企业支付的电费、煤气费和修理费等是含税价格，外经贸企业在收到上述货物或劳务的专用发票、支付款项时，应根据货款或劳务费借记“销售费用”或“管理费用”等账户；根据税额借记“应交税费”账户；根据价税合计数贷记“银行存款”账户。

【例12-11】 泰佛公司1月31日，收到电力公司专用发票一张，开列电费2 200元、增值税额374元，当即以转账支票付讫。电费中仓库照明用800元，业务和管理部门用1 400元，做会计分录如下：

借：销售费用——保管费　　800

　管理费用——其他费用　　1 400

　应交税费——应交增值税——进项税额　　374

　贷：银行存款　　2 574

12.2.4 其他费用的核算

【例12-12】 泰佛公司就一项产品的设计方案向有关专家进行咨询，以现金支付咨询费 30 000 元。会计分录如下：

借：管理费用　　30 000

　　贷：库存现金　　30 000

【例 12-13】　泰佛公司 9 月份共发生费用 224 000 元，其中：行政人员薪酬 150 000 元，行政部专用办公设备折旧费 45 000 元，报销行政人员差旅费 21 000 元（假定报销人均未预借差旅费），其他办公、水电费 8 000 元（均用银行存款支付）。会计分录如下：

借：管理费用　　224 000

　　贷：应付职工薪酬　　150 000

　　　　累计折旧　　45 000

　　　　库存现金　　21 000

　　　　银行存款　　8 000

【例 12-14】　泰佛公司当月按规定计算确定的应交房产税为 3 000 元，应交车船税为 2 600 元，应交土地使用税为 4 300 元。会计分录如下：

借：管理费用　　9 900

　　贷：应交税费——应交房产税　　3 000

　　　　　　　——应交车船税　　2 600

　　　　　　　——应交土地使用税　　4 300

12.2.5　费用的明细分类核算

外经贸企业的费用是通过“销售费用”、“管理费用”和“财务费用”账户进行总分类核算的，通过核算反映了销售费用、管理费用和财务费用的总括情况。为了反映和监督费用开支的详细情况，并为分析检查销售费用、管理费用和财务费用预算的执行情况，为改善经营管理提供资料，必须对销售费用、管理费用和财务费用进行明细分类核算。

销售费用、管理费用和财务费用按子目设置明细分类账户，可以采用“三栏式”账页。为了在账页上集中反映销售费用、管理费用和财务费用各项目开支情况，便于记账，也可以采用“多栏式”账页，现将销售费用多栏式明细分类账的格式列示如表 12-2 所示。

表 12-2 销售费用明细分类账

2003年 月	日	凭证号数	摘要	运输装卸费	包装费	差旅费	经营人员工资	合计
1	2	7	支付购入商品的运杂费和包装费	900	100			1 000
	3	12	采购员报销差旅费			800		800
	4	28	支付职工薪酬				48 500	48 500

由于销售费用、管理费用和财务费用账户明细项目较多,平时发生的主要是借方金额,因此采用多栏式账页时,每个子目只设一个金额栏,登记借方发生额,若发生贷方发生额时,则可在金额栏内用红字反映。

12.3 费用核算的实训举例

1. 支付上海浦东发展银行电汇业务手续费人民币 30 元

原始单据 1——借记通知单,见表 12-3 所示。

表 12-3 借记通告单

上海浦东发展银行外汇业务 借记通知

如凭证业务编号相同,系重复打印,仅一份有效

日期:2006 年 12 月 04 日

户名:天津泰佛进出口有限公司 账号:1264598292027587	
业务编号:42010700002590 摘要:手续费	起息日:2006 年 12 月 04 日 RMB30.00
金额:人民币捌拾肆万零伍拾捌元伍角伍分	

经办:赵忻　　打印:赵忻　　(银行盖章)

浦发银行天津分行
营业部
2006.12.4
转讫
(27)

借:财务费用——手续费　　30

贷:银行存款 30

2. 支付国内运杂费 7 900

借:销售费用 7 900

贷:银行存款 7 900

原始单据 2——国内货物运输代理专用发票,见表 12-4 所示。

表 12-4 国内货物运输代理业专用发票

发票代码

212000672011

INTERNATIONAL FREIGHT FORWARDING SPECIAL INVOICE Invoice Code

发票号码：01179756

Invoice Number

开户银行名称：中行天津市分行

账 号：

800111192018091001

BANK ACCOUNT：

发 票 联

INVOICE

付款单位

PAYER 天津泰佛进出口有限公司

开票日期

DATE ISSUED 2006-12-05

船名/航次/航班/车次

VESSEL/VOY/FRT/TRAUN/ NO. SYMS SONGSHAN E48H1461

提（运）单号

B/L NO _

开航日期

DATE SAILED 2006-12-02

起运港

LOAD PORT XINGANG

卸货港

DIS.PORT

目的港

DESTINATION CHIITAGONG

收费内容（货物名称，数 量，单 价） PARTICULARS（DESCRIPTIONS，QUANTITY，UNIT PRICE）		金额 AMOUNT	备注 REMARKS
运杂费		7 900	
金额合计（大写） TOTAL IN CAPITAL	人民币贰仟壹佰壹拾圆整	合计 ￥7 900.00 LUMP SUM	

第二联 付款方记账

企业签章 天津正通物流有限公司

BUSINESS SEAL

工商登记号 1201922003568

BUSINESS REGISTER

税务登记号

TAX REGISTER NO

复核 LINDA

CHECKED BY

制单 MAGGIE

ISSUED BY

（手开无效）

HAND WRITING NULL AND VOID

3. 支付餐费 600 元

原始单据 3——商业统一发票,见表 12-5 所示。

表 12-5　天津市商业统一发票

客户名称：天津泰佛进出口公司 2006 年 12 月 3 日　　　　NO 112006

货号	品格及规格	单位	数量	单价	金额							
	餐费				超	万	千	百	十	元	角	分
					十			6	0	0	0	0
					万							
					元						.	
合计金额	（大写）：x 万 x 仟陆佰玖拾肆元零角零分				无效			6	[illegible]	0	0	0
付款方式	现金	开户银行及账号										

收款企业(盖章有效)　　收款人：刘 佳　　开票人：李 兰

（印章：天津市鸿起来酒店　2006.12.3　业务章　行号：2875）

借：管理费用——业务招待费　　600

　贷：银行存款　　600

4. 收到银行存款利息

原始单据 4——存款利息传票，见 12-6 所示。

表 12-6　存款利息传票(贷方)

时间：2006 年 09 月 21 日　　币种：人民币　　(对方科目)借：52101

借款人账号	01201200284202			
借款人	天津泰佛进出口有限公司			
利息借款	大写肆佰壹拾叁元捌角伍分			小写　¥413.85
起息日	止息日	活期利率	活期积数	活期利息
20060621	20060920	0.6 0.0 0.0	20 692 656.13 0.0 0.0	 413.85 0.0 0.0
备注				

会计　　记账　　复核

借：银行存款　　413.85

　贷：财务费用——利息　　413.85

5. 缴纳个人所得税

原始单据 5——税收通用缴纳书，见表 12-7 所示。

表 12-7 税收通用缴纳书

(2006)津地缴电字

类型：其他有限责任公司 填发日期 年 月 日 征收机关：**1058610 号**

<table>
<tr><td rowspan="4">收款单位人</td><td>代 码</td><td>10117408</td><td rowspan="3">预算科目</td><td>编码</td><td>0701093</td></tr>
<tr><td>全 称</td><td>天津泰佛进出口有限公司</td><td>名称</td><td>其他个人所得税（中央/市、区县</td></tr>
<tr><td>开户银行</td><td>104110030012</td><td>级次</td><td>共享</td></tr>
<tr><td>账 号</td><td>800107165608096001</td><td colspan="2">收款国库</td><td></td></tr>
<tr><td colspan="3">税款所属时期： 2006-11-01 至 2006-11-30</td><td colspan="3">税款限缴日期： 20061207</td></tr>
<tr><td colspan="6">
税种/税目 计税金额 税率 税额
5%率工资薪金 46.471.30 0.050 0 403.59
10%率工资薪金 192 392.42 0.100 0 5 173.24
15%率工资薪金 56 383.60 0.150 0 3 705.04
20%率工资薪金 22 605.90 0.200 0 2 436.18
</td></tr>
<tr><td colspan="2">金额合计</td><td colspan="4">（大写） ￥壹万壹仟柒佰壹拾柒元零伍分 11 717.05</td></tr>
<tr><td colspan="2">缴款单位（人）
（盖章）
经办人（章）</td><td>税务机关
（盖章）
填票人（章）</td><td colspan="2">上列款项已收妥并划转收款单位账户
国库（银行）盖章 年 月 日</td><td>备注</td></tr>
</table>

无银行收讫章无效 逾期不缴按税法规定加收滞纳金

借：应交税费——应交个人所得税 11 717.05

　贷：银行存款 11 717.05

13

关税与出口退税的核算

本章学习要点

- 关税的概念及特点。
- 关税的核算。
- 进出口关税的账务处理。
- 关税的纳税申报。
- 出口退税的基本问题。
- 出口退税的业务流程。
- 出口退税的账务处理

13.1 关税概述

13.1.1 关税的概念、分类

1. 关税的概念及特点

关税(customs duties)是海关代表国家,按照国家制定的关税政策和公布实施的税法及进出口税则,对进出国境或关境的货物和物品所征收的一种税。包括出口关税和进口关税。

关税具有以下特点:

(1)税款缴纳上的统一性和一次性;

(2)税收征管的过“关”性;

(3)税率采用的复式性;

(4)税收征管上的权威性;

(5)具有对国家进出口贸易的调节性。

许多国家通过制定和调整关税税率来调节进出口贸易,达到奖出限入的目的。在鼓励出口方面,通过低税、免税和退税来刺激商品出口;在限制进口、保护民族工业方面,通过税率的调整、减免来调节商品的进口,如对某些进口商品加征特别附加关税。

2. 进口关税的分类

(1)按照关税的计征方式,可将关税分为从量关税、从价关税、复合关税、选择关税和滑准关税。

(2)按照货物的流动方向,可将关税分为进口关税、出口关税和过境关税。

(3)按照关税的差别,可将关税分为歧视关税和优惠关税。

在我国,海关还要代税务机关征收进口增值税和进口消费税,代交通部门征收船舶吨税并纳入中央预算管理。

13.1.2 关税纳税人和征税范围

1. 关税纳税人

关税纳税人是指依法负有直接向国家缴纳关税义务的人。关税的纳税人可分为两类:一类为经营进出口货物的收、发货人或其代理人;另一类为入境物品的所有人、持有人及收受人,而且关税的纳税人既可以是自然人,也可以是法人。进出口货物,除另有规定外,可以由进出口货物收发货人自行办理报关纳税手续,也可以由进出口货物收发货人委托海关准予注册登记的报关企业办理报关纳税手续。具体如下:

(1)进出口货物的关税纳税人是进出口货物的收发货人;

(2)入境旅客行李、物品和个人邮递物品的纳税人,是其所有人、收件人或持有人。

2. 关税的征税范围

关税的征税对象是进出口货物和进出境的物品。我国关税的征税对象是进出我国关境的货物和物品的进出口额或进出境额。其中货物是贸易性商品;物品包括入境旅客随身携带的行李和物品、个人邮递物品、各种运输工具上的服务人员携带进口的自身物品、馈赠物品以及以其他方式进入国境的个人物品。除关税优惠政策规定的以外,进口货物大部分征收关税;出口货物一般不征税,仅对少部分货物征收出口关税。“进出口额”或“进出境额”是指关税完税价格。

13.1.3 关税的税则、税目和税率

1. 关税税则与税目

关税税则是根据国家关税政策,通过一定的国家立法程序制定公布实施的,对进

出口的应税和免税商品加以系统分类的一览表。海关凭此征收关税，是关税政策的具体体现。关税税则一般包括以下内容：

(1)国家实施该税则的法令，即该税则的实施细则以及使用税则的有关说明；

(2)税则的归类总规则，即说明它们各自应包括和不应包括的商品以及对一些商品的形态、功能、用途等方面的说明；

(3)税目表，包括商品分类目录和税率栏两大部分。

2. 关税税率

1)进口关税税率

改革开放后，我国多次降低进口关税税率。按2002年的新税则，我国的关税税率总水平已降至12%。为履行入世承诺，我国的进口关税总水平在2003年降至11.5%，2004年为10.6%，2005年至2007年为10.1%，2008年为10%。1997年10月1日起，我国对35个税目采用了从量税、复合税和滑准税，从2002年1月1日起，增至51个税目。进口关税税率可查阅“进口货物从价比例税率表”、“配额进口货物税率表”和“适用最终保障措施货物关税配额数量及加征关税税率表”等。我国现行进口关税税则设有最惠国税率、协定税率、特惠税率、普通税率等共四种税率。

2)出口关税税率

我国出口关税实行一栏税率。国家仅对少数资源性产品及易于竞相杀价、盲目出口、需规范出口秩序的半成品计征出口关税。现行税则对较少出口商品计征出口关税，主要是鳗鱼苗、部分有色金属矿砂及其精矿、生锑、磷、氟钽酸钾、苯、山羊板皮、部分铁合金、钢铁废碎料、铜和铝原料及其制品、镍锭、锌锭、锑锭等。自2007年6月1日起，国家为进一步控制高能耗、高污染和资源性产品出口，对142项商品加征出口关税。这些商品主要包括板材、型材及其他钢材产品，此外，还有天然石墨、铬、锰和稀土金属等，出口关税税率以5%～15%的较多，且每年均有增减调整。

3)特别关税税率

特别关税包括报复性关税、反倾销税、反补贴税和保障性关税。征收特别关税的货物，其适用的国别、税率、期限和征收办法，由国务院关税委员会根据适时进出口贸易状况临时决定，由海关总署负责实施。

3. 关税税率的运用

我国进出口货物，应当按照关税税则规定的归类原则归入适当的税号，并按不同税号适用的关税税率征收关税。2007年适用的新的关税税率参见中国税务总局网站。

13.1.4 我国海关进口环节代征的其他税种

1. 消费税

1)消费税的涵义

消费税是对在我国境内生产、委托加工和进口应税消费品的单位和个人，就其应税消费品的销售额或销售量而课征的一种流转税。

2)进口消费品消费税的计算

进口的应税消费品,于报关进口时缴纳消费税,并由报关地海关代征消费税。进口消费品应纳消费税的计算方式如下。

(1)实行从价定率办法征收的,其公式为:

应纳消费税税额 = 按组成计税价格确定的计税销售额 × 消费税税率

组成计税价格 = (关税完税价格 + 关税) ÷ (1 - 消费税税率)

其中,关税完税价格是指海关核定的应税消费品的计税价格。

(2)实行从价定额办法征收的,其公式为:

应纳消费税税额 = 报关进口应税消费品数量 × 消费税单位税额

(3)实行从价定率加从量定额征收的,其公式为:

应纳消费税税额 = 按组成计税价格确定的计税销售额 × 消费税税率 + 报关进口应税消费品数量 × 消费税单位税额

2. 增值税

1)增值税的涵义

增值税是对在我国境内销售货物、进口货物以及提供加工、修理修配劳务的单位和个人,就其取得货物的销售额、进口货物金额、应税劳务销售额计算税款,并实行税款抵扣制的一种流转税。

2)增值税的税率

现行增值税的税率有以下几种:

(1)基本税率为17%。适用于一般纳税人销售除低税率和零税率以外的所有应税货物以及进口货物和提供加工、修理修配劳务。

(2)低税率为13%。适用于纳税人销售或进口粮食、食用植物油、粮食复制品;自来水、热水、暖气、冷气、煤气、沼气、天然气、石油液化气、居民生活用煤;图书、报纸、杂志;饲料、化肥、农药、农机、农膜;农业产品、金属矿采选产品、非金属矿采选产品等。目前国家对其中某些品种实行了免征增值税。

(3)零税率。除国家另有规定限制出口的货物外,报关出口货物的增值税税率为零。

商业企业小规模纳税人销售货物或者应税劳务,实行按照销售额和征收率计算应纳税额的简易方法,征收率为3%,不得抵扣进项税额。

3)进口商品增值税的计算

纳税人进口货物,应按组成计税价格和规定的税率计算应纳增值税税额:

组成计税价格 = 关税完税价格 + 关税 + 消费税

应纳增值税 = 组成计税价格 × 适用的增值税税率

其中,关税完税价格应按进口应税货物的到岸价格(CIF)计算,若已知报价为离岸价(FOB)或成本加运费价(CFR)则:

$$\frac{(FOB+F)}{1-(1+投保加成率)\times保险费率}$$

$$CIF=\frac{CFR}{1-(1+投保加成率)\times保险费率}$$

准予从销项税额中抵扣的进项税额必须是取得的合法增值税扣税凭证上注明的增值税额。因此,对与周边国家易货贸易进口环节减征的增值税税款不能作为下一道环节的进项税额抵扣。纳税人购进货物或者应税劳务,未按照规定取得并保存增值税扣税凭证,或者增值税扣税凭证上未按照规定注明增值税额及其他有关事项的,其进项税额不得从销项税额中抵扣。

13.2 关税的核算

13.2.1 关税的计税依据

关税的计税依据即关税的完税价格。关税完税价格是指海关计征关税所依据的价格,也可理解为应税价格。关税的完税价格又可分为进口货物的完税价格和出口货物的完税价格。2002年新修订的《海关法》规定:进出口货物的完税价格是海关凭以从价计征关税的价格,由海关以该货物的成交价格为基础审查确定。成交价格不能确定时,完税价格由海关估定。进口货物的完税价格是进口关税的计税依据,出口货物的完税价格是出口关税的计税依据。

1.进口货物的完税价格

1)一般进口货物完税价格的确定

进口货物的完税价格即进口货物的成交价格,是指该货物运抵中国关境内的实付或应付价格。实付及应付价格是指买方为进口货物向卖方或为卖方的利益直接或间接、已经支付或将要支付的总额。包括货物的货价、货物运抵我国境内输入地点起卸前的运输费及其相关费用、保险费。对进口货物的完税价格中应当包括的费用,《新估价法规》将其分为两类:一类是各缔约方应当计入的费用;另一类是各缔约方可以自由选择的费用,包括进口货物运输至进口港或者进口地运输费、与运输有关的装卸费和手续费、保险费。2002年新修订的《海关法》中将上述第一类费用,即各缔约方应当计入进口货物完税价格的费用统称为货价。根据《新估价法规》的规定,如果买方支付的价格中没有包括下列费用,海关应当将其计入成交价格:除购买佣金以外的佣金和经纪费、货物的容器费以及包装劳务和材料成本;与进口货物的生产和销售有关的、买方免费或减价提供协助的费用;作为被估货物的销售条件买方必须支付的、与被估货物有关的特许权使用费;卖方因买方转售、处置或者使用货物而直接或者间接得到的收益。

2)进口货物完税价格的特殊规定

(1)进口货物运费和保险费的计算。以境外口岸离岸价格成交的,应当另加该项货物从境外发货口岸或境外交货口岸运达我国境内目的口岸前实际支付的运费、保险费,完税价格＝离岸价格＋运费＋保险费;以运抵我国境内口岸的货价、运费价格成交的,应另加保险费,完税价格＝货价＋运费＋保险费;陆、空、邮运进口货物的保险费无法确定时,都可按“货价加运费”两者总额的3‰计算保险费。

(2)进口货物海关估价的确定。进口货物的成交价格无法确定或申报价格经海关审查不能接受的,海关依次以下列价格为基础估定完税价格:从该项货物的同一出口国或地区购进的相同货物的成交价格;从该项货物的同一出口国或地区购进的类似进口货物的成交价格;该项进口货物的相同或类似货物在国际市场上公开的成交价格;进口货物的相同或类似货物在国内市场的批发价格,减去进口关税和进口环节其他税费以及进口后的正常运输、储存、营业费用及利润后的价格;按进口货物下列成本总和确定,包括生产该进口货物所使用的原材料和进行生产、装配或其他加工所发生的费用,此类进口货物出口销售中获得的平均利润(含销售所必需的费用)以及该进口货物运至我国输入地点启卸前的各项费用。

2. 出口货物关税的完税价格

1)一般出口货物完税价格的确定

出口货物关税完税价格由海关以该货物向境外销售的成交价格为基础审查确定,应包括货物运至我国境内输出地点装载前的运输及其相关费用、保险费,但其中包含的出口关税税额应当扣除。出口货物的成交价格是指货物出口销售到我国境外时买方向出口方实付或应付的价格。出口货物的销售价格中如果包括离境口岸至境外口岸之间的运费、保险费,则该运费、保险费应予以扣除。

2)出口货物的成交价格不能确定时

出口货物的成交价格不能确定时,完税价格由海关依次使用下列方法估定:同时或大约同时向同一国家或地区出口的相同货物的成交价格;同时或大约同时向同一国家或地区出口的类似货物的成交价格;根据境内生产相同或类似货物的成本、利润和一般费用、境内发生的运输及其相关费用、保险费计算所得的价格;按照合理方法估定的价格。出口货物的成交价格中含有支付给境外的佣金如单独列明,应予以扣除。

3. 进出口环节税费计征适用汇率的规定

进出口货物的价格及有关费用以外币计价的,海关按照该货物所适用的计征汇率折合为人民币计算完税价格。完税价格采用四舍五入法计算至分。

海关每月使用的计征汇率按上一个月第三个星期三(第三个星期三为法定节假日的,顺延采用第四个星期三)中国银行的外汇折算价(简称中行折算价)折算。

13.2.2 进出口关税税额的计算

1. 进口关税的计算

1)从价进口关税的计算

应纳进口关税税额＝应税货物进口数量×单位完税价格×进口关税税率

$=$应税货物进口数量×进口货物单位正常成交到岸价格×进口关税税率

或　进口商品完税价格 = 进口商品 CIF 原币价格×外币折算价

应纳税额 = 进口商品完税价格×进口关税适用税率

(1)进口环节应纳关税和增值税的计算。(已知 CIF 价)

【例 13-1】 泰佛公司 2002 年从美国进口微型机一批,按购销合同和发票标明到岸价(CIF)总额为 100 000 美元;报关进口当日市场汇率为 1∶7.754 45,已知该公司适用增值税税率为 17%,进口关税税率为 6%。计算应纳进口关税、进口增值税额。

$$应纳进口关税税额 = USD100\ 000 \times 7.5445 \times 6\% = 45\ 267(元)$$

$$应纳进口增值税税额 = (USD100\ 000 \times 7.5445 + USD100\ 000 \times 7.5445 \times 6\%) \times 17\% = 128\ 333.45\ (元)$$

(2)进口环节应纳关税和增值税的计算(已知 FOB 求 CIF 报价)。

【例 13-2】 泰佛公司从加拿大进口新闻纸 100 吨,进口申报价格为 FOB 温哥华每吨 900 美元,每吨付海运运费 50 美元,保险费率为 2%。进口日市场汇率为 1∶7.544 5。新闻纸进口关税税率为 8.5%,进口增值税税率为 17%,计算应纳进口关税、增值税税额。

$$应纳进口关税税额 = 100 \times \frac{(900+50)\times 7.544\ 5}{1-2\%} \times 8.5\% = 62\ 165.14\ (元)$$

$$应纳增值税税额 = \left[100 \times \frac{(900+50)\times 7.5445}{1-2\%} + \frac{100\times(900+50)\times 7.544\ 5}{1-2\%} \times 8.5\%\right] \times 17\% = 134\ 898.35(元)$$

(3)进口环节应纳关税和增值税的计算(已知 CFR 求 CIF 报价)。

【例 13-3】 泰佛公司从德国进口强化木地板 5 000 件,进口申报价为 CFR 大连每件 200 美元,保险费率为 0.5%,进口当日外汇市场汇率为 1∶7.544 5。地板进口关税税率为 6.8%,进口增值税税率为 17%,计算应纳关税与增值税税额。

$$应纳进口关税税额 = 5\ 000 \times \frac{200\times 7.5445}{1-0.5\%} \times 6.8\% = 540\ 027.36\ (元)$$

$$应纳增值税税额 = \left(5\ 000 \times \frac{200\times 7.5445}{1-0.5\%} + 5\ 000 \times \frac{200\times 7.544\ 5}{1-0.5\%} \times 6.8\%\right) \times 17\% = 1\ 441\ 873.07(元)$$

(4)到岸价格无法估定(仅征收关税和增值税)的计算。

【例 13-4】 泰佛进出口公司 2003 年从巴西进口椰子汁一批,因无法确定到岸价格,经海关批准,以国内同类货物的市场批发价 2 786 000 元估定为关税完税价格。椰子的进口关税税率为 15%,进口增值税税率为 17%。计算应纳税额。

$$应纳进口关税税额 = 2\ 786\ 000 \times 15\% = 417\ 900(元)$$

$$应纳增值税税额 = (2\ 786\ 000 + 2\ 786\ 000 \times 15\%) \times 17\% = 544\ 663(元)$$

2)从量进口关税的计算

应纳进口关税税额=应税货物进口数量×单位货物税额

3)复合进口关税的计算

应纳进口关税税额=应税货物进口数量×单位货物税额+应税进口货物数量×单位完税价格×进口关税税率

4)滑准进口关税的计算

应纳进口关税税额=应税货物进口数量×单位完税价格×滑准税率

2. 出口关税的计算

应纳出口关税税额=应税货物出口数量×单位完税价格×出口关税税率

完税价格=出口货物离岸价÷(1+出口关税税率)

【例13-5】 泰佛公司向荷兰出口铝制品一批,申报出口离岸价总计为1 800 000美元,出口当日外汇市场汇率为1: 7.544 5,铝制品出口关税税率为6%,计算应纳税额。

完税价格=1 800 000×7.5445 ÷(1+6%)=12 811 415.09(元)

应纳出口关税税额=12 811 415.09×6%=768 684.91(元)

【例13-6】 泰佛公司向俄罗斯出口山羊板皮一批,出口含税到岸价(CIF)为5 467 000元,其中含保险费500 000元、运费307 000元。山羊板皮的出口关税税率为10%。计算应纳税额。

完税价格=(5 467 000-500 000-307 000)÷(1+10%)

=4 236 363.64(元)

应纳出口关税税额=4 236 363.64×10%=423 636.36(元)

13.2.3 进出口关税的账务处理

1. 进口环节关税的账务处理

纳税人发生的进口环节关税,在会计核算上不需要设置专门的账户来进行核算,而是将支付的进口关税和进口货物的价款、国外运费、保险费等直接计入进口货物的采购成本,即借记"材料采购"、"在途物资"、"原材料"、"库存商品"、"低值易耗品"、"固定资产"、"在建工程"等账户,贷记"银行存款"、"其他货币资金"等账户。外经贸公司进口业务应缴的关税,也可通过"应交税费——应交进口关税"账户核算。对代理进口货物的进口关税因由委托方负担,受托方只是代垫性质,因此可通过"应收账款"、"应付账款"、"预收账款"账户核算。

(1)进口货物报价为CIF时,进口环节关税、增值税的账务处理

【例13-7】 泰佛公司2002年从美国进口微电机一批,按购销合同和发票标明到岸价(CIF天津)总额为100 000美元,报关进口当日市场汇率为1: 7.544 5,泰佛公司为增值税的一般纳税人,适用增值税税率为17%,微电机进口关税税率为6%,货到采用信用证存款付讫,进口税费以转账支票付讫。计算应交的关税和增值税的账务处理。

应交进口关税税额 = 100 000 × 7.544 5 × 6% = 45 267（元）

应交增值税税额 = (100 000 × 7.544 5 + 100 000 × 7.5445 × 6%) × 17%

= 135 951.89（元）

向海关支付进口税金时会计处理如下：

借:应交税费——应交进口关税　　45 267

　应交税费——应交增值税(进项税额)　　135 951.89

　贷:银行存款　　181 218.89

借:在途物资　　45 267

　贷:应交税费——应交进口关税　　45 267

(2)进口货物报价为FOB时,进口环节关税、增值税的账务处理

【例13-8】　泰佛公司从澳大利亚进口新闻纸100吨,进口申报价格为离岸价(FOB悉尼)每吨900美元,每吨付海运运费50美元,保险费率为2%。进口当日外汇市场汇率为1∶7.544 5。新闻纸进口关税税率为8.5%,进口增值税税率为17%,货款和运费、保险费暂欠,进口关税和进口增值税以转账支票付清。账务处理如下。

支付进口关税、增值税时会计处理如下：

借:在途物资——新闻纸　　823 979.59

　应交税费——应交增值税(进项税额)　　151 983.04

　应交税费——应交进口关税　　70 038.27

　贷:应付账款　　823 979.59

　　　银行存款　　222 021.31

借:在途物资——新闻纸　　70 038.27

　贷:应交税费——应交进口关税　　70 038.27

(3)委托代理进口环节关税、增值税的账务处理

【例13-9】　泰佛公司接受某公司委托代理进口椰子汁一批,预收进口货款3 000 000元存入公司银行账户。该批进口椰子汁到岸价为250 000美元,进口日市场汇率为1∶7.544 5,进口椰子汁关税税率为15%,进口增值税税率为17%。

代付进口税费时会计处理如下：

应付进口关税税额 = 250 000 × 7.544 5 × 15% = 282 918.75（元）

应付进口增值税税额 = (250 000 × 7.544 5 + 2 829 186.75) × 17%

= 368 737.4375(元)

借:预收账款　　651 656.187 5

　贷:银行存款　　651 656.187 5

2. 出口关税的账务处理

纳税人应纳的出口关税,在会计核算上,一般计提时借记"营业税金及附加"账户,贷记"应交税费——应交出口关税"账户;实际缴纳时,借记"应交税费——应交出口关税"账户,贷记"银行存款"账户。外经贸公司代理出口应交的出口关税,也贷

记“应交税费——应交出口关税”账户，借方对应账户为“应付账款”账户如下。

以 FOB 出口货物，出口关税的账务处理

【例 13-10】 泰佛公司向日本自营出口钨品一批，报关出口离岸价折合人民币 4 200 000元，钨品出口关税税率为 20%，出口关税以转账支票付讫。交纳出口关税时会计处理如下：

应交出口关税税额 = 4 200 000 ÷ (1 + 20%) × 20% = 700 000(元)

借：营业税金及附加　　700 000

　贷：应交税费——应交出口关税　　700 000

借：应交税费——应交出口关税　　700 000

　贷：银行存款　　700 000

【例 13-11】 泰佛公司向荷兰自营出口铝制品一批，申报出口离岸价总计为 1 800 000 美元，出口日市场汇率为 1∶7.544 5，铝制品出口关税税率为 6%，税款以银行支票支付。

计提及缴纳出口关税时会计处理如下：

应交出口关税税额 = 1 800 000 × 7.544 5 ÷ (1 + 6%) × 6%

= 768 684.91 (元)

借：营业税金及附加　　768 684.91

　贷：应交税费——应交出口关税　　768 684.91

借：应交税费——应交出口关税　　768 684.91

　贷：银行存款　　768 684.91

13.2.4 进出口关税的申报、缴纳及退补

1. 进出口关税的申报时间

关税的纳税人进口货物应自运输工具申报进境之日起 14 日内，出口货物应在货物运抵海关监管区后装货前的 24 小时内，向海关办理申报纳税手续。

2. 进出口关税的申报、缴纳地点

海关征收关税时，根据纳税人的申请及进出口货品的具体情况，可以在关境地征收，也可以在主管地征收。

1）关境地征收，即口岸纳税

不管纳税人的注册地在哪里，进出口货品在哪里通关，纳税人即在该海关缴纳关税，这是一种常见的方法。

2）主管地纳税，亦称集中纳税

纳税人缴纳关税时，经海关办理有关手续，进出口货品即可由纳税人住址所在地的海关（主管地海关）监管其通关，关税也在纳税人住址所在地（主管地）缴纳。这种方式只适合于集装箱运载货物时使用。

3. 进出口关税的缴纳期限

进出口货物的收发货人或其代理人，应当在海关填发税款缴纳证之日起 15 日内

(法定公休日顺延),向指定银行缴纳税款。逾期缴纳的,除依法追缴外,由海关自到期的次日起至缴清税款日止,按日加收欠缴税款滞纳金。

纳税人缴纳关税时,需凭海关填写的“海关(进出口关税)专用缴款书”(表13-1),并携带有关单证。“缴款书”一式六联,依次是收据联(此联是国库收到税款签章后退还纳税人作为完税凭证的法律文书,是关税核算的原始凭证)、付款凭证联、收款凭证联、回执联、报查联、存根联。

表13-1　海关(进出口关税)专用缴款书

收入系统：　　　　填发日期　　年　月　日　　　　No.

<table>
<tr><td rowspan="3">收款单位</td><td>收入机关</td><td></td><td rowspan="3">缴款单位</td><td>名　称</td><td colspan="2"></td><td rowspan="10">第一联：收据　国库收款签章后交缴款单位或缴款人</td></tr>
<tr><td>科　目</td><td></td><td>账　号</td><td colspan="2"></td></tr>
<tr><td>收款国库</td><td></td><td>开户银行</td><td colspan="2"></td></tr>
<tr><td>税　号</td><td>货物名称</td><td>数量</td><td>单位</td><td>完税价格(¥)</td><td>税率(%)</td><td>税款金额</td></tr>
<tr><td></td><td></td><td></td><td></td><td></td><td></td><td></td></tr>
<tr><td colspan="5">金额人民币(大写)</td><td>合计</td><td></td></tr>
<tr><td>申请单位编号</td><td></td><td>报关单编号</td><td></td><td rowspan="4">填制单位
制单人
复核人</td><td colspan="2" rowspan="4">收款国库(银行)</td></tr>
<tr><td>合同(批文)号</td><td></td><td>运输工具(号)</td><td></td></tr>
<tr><td>缴款期限</td><td>年　月　日</td><td>提/装货单号</td><td></td></tr>
<tr><td colspan="4">备注</td></tr>
</table>

4. 关税的退税和补缴规定

1)关税的退税规定

有下列情况之一的,进出口货物的收发货人或其代理人,可以自缴纳税款之日起1年内,书面声明理由,连同纳税收据向海关申请退税,逾期不予受理:

(1)因海关误征,多纳税款的;

(2)海关核准免验进口的货物,在完税后发现有短缺情况并经海关审查认可的;

(3)已征出口关税的货物,因故未装运出口,申报退关,经海关查验属实的。

上述退税事项,海关应当自受理退税申请之日起30日内做出书面答复,并通知退税申请人。

2)进出口关税的补缴

(1)关税的缓纳。关税的纳税人因特殊情况不能按期纳税的,经海关审核批准可以将纳税人的全部或部分应纳税款的缴纳期限予以延长。擅自逾期不缴的,除了限期追缴外,还要按日征收欠缴税款1‰的滞纳金。

(2)关税的补缴。关税的纳税单位或个人进出口货物后,如果发现由于海关计算有误造成短缴关税的情况,海关可以从缴纳税款之日起1年内向进出口货物的收、发货人或者其代理人追缴应缴的关税。

因收发货人或其代理人违反规定而造成少征或者漏征的,海关在3年内可以追征,因特殊情况,追征期可延至10年。

关税的纳税单位或个人骗取退税款的,海关无限期追征。

13.3 出口退税概述

13.3.1 出口退税的含义、作用

1. 出口退税的含义

出口退税是指出口企业将国产商品出口后,向国家税务机关提出申请,退回出口商品在国内流通环节所交纳的流转税。我国稽征的流转税包括增值税、营业税、消费税、资源税四个税种。由于营业税的课税商品或劳务营业行为不存在出口情况,资源税是国有资产的一种权益回收,不体现纳税人的经营成果。因此,目前我国出口货物退税范围只限于增值税、消费税两个税种,其中增值税出口退税业务居多。

我国增值税和消费税相关法规均规定对出口货物实行零税率和免税制度,这是依据国际惯例鼓励我国出口企业以不含税价格参与国际商品竞争、努力增加出口创汇而采取的奖出限入的经济措施。

2. 出口退税的作用

一国政府采用出口退税政策有如下的作用:使本国的出口商品以不含税的价格进入国际市场,提高本国出口商品的竞争能力;有效地避免国际双重课税,出口商品到达国外后,进口国要依据本国的税法对进口商品征税。出口退税将出口国所征的流转税退还给出口者,由进口国征收流转税,避免出口商品的重复课税。

13.3.2 出口退税的范围和条件

1. 出口退税的范围

根据国家税务总局《出口货物退(免)税管理体制办法》的规定,对如下出口货物增值税和消费税进行退还和免征:出口货物特准退还或免征增值税和消费税;对外承包工程公司运出境外用于对外承包项目的货物;对外承接修理修配业务的企业用于对外承包项目的货物;外轮供应公司、远洋运输供应公司销售给外轮、远洋国轮而收取外汇的货物;利用国际金融组织或外国政府贷款采取国际招标方式由国内企业中标销售的机电产品、建筑材料;企业在国内采购并运往境外作为在国外投资的货物。

出口免征增值税、消费税的货物包括:来料加工复出口的货物;避孕药品和用具、古旧图书;出口计划内的卷烟;军品以及军队系统企业出口军需工厂生产或军需部门调拨的货物;国家规定的其他免税的货物。

除国家批准属于进料加工复出口贸易外,不予退还或免征增值税、消费税的货物

包括:国家计划外出口的原油;化肥、焦炭、木松节油、部分钢材产品等。

2. 外经贸公司办理出口退税的条件

根据我国国家税务总局《出口货物退免税管理办法》的规定,出口退税的条件为:外经贸公司和有出口经营权的企业出口和代理出口的货物,可在货物报关出口并确认出口销售收入后,凭有关凭证按月报送税务机关批准退还或免征增值税和消费税。外经贸公司办理出口退税需具备如下条件:一是必须是增值税、消费税征收范围的货物;二是货物必须报关离境;三是确认出口销售收入并提供有关凭证;四是必须出口收汇并核销。

13.3.3 外经贸公司出口退税业务流程

1. 原始凭证与账簿

外经贸企业办理出口退税时,应提交出口退税的原始凭证和账簿,以备有关机构核查。

出口退税凭证是指出口企业办理出口商品退税时应当附送税务机关或留存企业备查的有关单据票证。目前出口退税凭证包括以下四种。

1)增值税专用发票或消费税专用税票

出口商品购进时取得的发票是证明出口商品在国内已纳流转税的有效凭证,申请退增值税的,应提供出口商品购进时取得的增值税专用发票的抵扣联;申请退消费税的,应提供由工厂开具并经税务机关和银行(国库)签章的消费税税收(出口货物专用)缴款书(也称专用税票)。

2)出口商品销售明细账

出口销售明细账是证明本月实际出口数量的账薄,外经贸公司应按企业会计准则的规定准确核算出口销售量,并将出口商品销售明细账留存出口企业以备主管出口退税的税务机关核查。

3)出口货物报关单

出口货物报关单是证明商品实际出口的有效凭证。办理出口退税时原则上应附送盖有海关验讫章的“出口货物报关单”的出口退税联。但对少数出口业务量大,出口口岸分散难以及时收回报关单的企业,经批准可延缓在 3 个月期限内提供。逾期不能提供的,应扣回已退(免)税款。

4)出口收汇核销单

出口收汇核销单是证明出口货款已结汇的有效证件。外经贸公司应将银行收汇单证按月装订成册并汇总,以备税务机关核查。凡无法提供出口收汇单证的,税务机关将扣回已退(免)的税款。但对如下货物出口退税可不提供出口收汇单证:易货贸易、补偿贸易出口的货物;对外承包工程出口的货物;经省级经贸主管部门批准远期收汇而未逾期的出口货物;企业在国内采购并运往境外作为在国外投资的货物。

2. 外经贸企业出口退税的业务流程

出口商品销售完成后,外经贸公司应持取得和填制出口退税凭证,按月向税务机关申请退税,以保证及时收回出口退税款,加速资金周转。外经贸公司出口退税的业务流程如下。

1)备齐有关单证,填写“出口货物退(免)税申请表”

填写“出口货物退(免)税申请表”并随附有关凭证,向税务机关办理出口退税。外经贸公司应于月末备齐本月已出口商品的增值税专用发票(抵扣联)、出口货物报关单(出口退税专用)、出口收汇核销单(出口退税专用)或远期收回证明,如出口消费税应税产品还应提供消费税税收(出口货物专用)缴款书,并据上述单证填写“出口货物退(免)税申请表”。

2)办理出口退税手续

“出口货物退(免)税申请表”填写后,连同核对无误的出口退税两单一票,凭以向属地税务机关申请出口退税。

13.4 外经贸公司出口退(免)税的账务处理

13.4.1 外经贸公司增值税出口退(免)税的账务处理

1.增值税出口退(免)税的账务处理

外经贸公司出口货物有自营出口和代理出口两种形式,代理出口的退税由委托方办理,自营出口时其出口货物所获得的增值税退税款,在账务处理上,计算应退增值税时,借记“应收出口退税款”账户,贷记“应交税费——应交增值税(出口退税)”账户;计算不予退还的增值税税额时,借记“主营业务成本”账户,贷记“应交税费——应交增值税(进项税额转出)”账户;实际收到出口货物退回的增值税时,借记“银行存款”账户,贷记“应收出口退税”账户。企业应在期末编制资产负债表时,将“应收出口退税”账户余额并入“应收账款”账户内。

下面利用泰佛公司的实例,介绍出口退(免)税的账务处理。

【例13-12】 泰佛公司具有进出口经营权,本期该公司从海尔电器股份有限公司购进一批家电产品用于出口,取得海尔公司开具的增值税专用发票,内列家电货款100万元,增值税17万元,价税款合计以银行汇票付讫。该批所购家电产品本期全部出口,离岸价为15万美元,当日市场汇率为1: 7.544 5,申请退税的单证齐全。该家电产品出口退税率为15%。

申报出口退税时账务处理如下:

应退增值税 = 1 000 000 × 15% = 150 000(元)

出口货物不予退税的税额 = 1 000 000 × (17% − 15%) = 20 000(元)

借:应收出口退税——增值税出口退税	150 000	
贷:应交税费——应交增值税(出口退税)		150 000
借:主营业务成本	20 000	
贷:应交税费——应交增值税(进项税额转出)		20 000

收到增值税出口退税款时会计处理如下：

借：银行存款　　150 000

　　贷：应收出口退税——增值税出口退税　　150 000

2. 生产型外经贸公司"免、抵、退"增值税的账务处理

实行"免、抵、退"办法办理出口退税的生产型外经贸公司直接出口和生产型企业委托外经贸公司代理出口的增值税应税货物，在出口销售环节免征增值税，并按规定的退税率计算出口货物的进项税额、抵减内销产品应纳税额。企业按购进原材料等取得的增值税进项税额，出口抵减内销产品应纳税额。企业按购进原材料等取得的增值税专用发票（抵扣联）上记载的增值税进项税额与按照退税率计算的增值税税额的差额，借记"主营业务成本"账户，贷记"应交税费——应交增值税（进项税额转出）"账户，按规定的退税率计算出口货物的进项税额抵减内销产品的应纳税额，借记"应交税费——应交增值税（出口抵减内销产品应纳税额）"账户，贷记"应交税费——应交增值税（出口退税）"账户；对确因出口比重过大，在规定期限内不足抵减的，不足抵减部分可按有关规定给予退税，借记"应收出口退税"账户，贷记"应交税费——应交增值税（出口退税）"账户。

（1）生产型外经贸公司"免、抵、退"增值税的账务处理。

【例 13-13】 泰佛公司为有进出口自营权的生产企业，本期内销电子产品不含税价款为 2 400 000 元，出口销售电子产品折合人民币为 4 600 000 元，同期购入货物的进项税额为 180 000 元，期初未交增值税借方余额为 120 000 元，出口退税率为 15%，申请退税单证齐全。

账务处理如下：

内销产品销项税额 = 2 400 000 × 17% = 408 000（元）

当期不予抵（退）税额 = 4 600 000 ×（17% − 15%）= 92 000（元）

当期应纳（退）增值税税额 = 408 000 −（180 000 − 92 000）− 120 000

= 200 000（元）

结转当期不予抵（退）税额时：

借：主营业务成本　　92 000

　　贷：应交税费——应交增值税（进项税额转出）　　92 000

月末提取应交增值税时：

借：应交税费——应交增值税（转出未交增值税）　　200 000

　　贷：应交税费——未交增值税　　200 000

上缴应交增值税税额时：

借：应交税费——未交增值税　　200 000

　　贷：银行存款　　200 000

【例 13-14】 泰佛公司为有进出口自营权的生产企业，本期内销产品不含税售价总额为 20 000 000 元，出口销售额折合成人民币为 10 000 000 元，公司适用的增值税税率为 17%，适用的出口退税率为 15%，本期购入货物的进项税额 2 500 000 元，期初未缴增值税借方余额为 1 400 000 元，本期全部产品销售成本总额为 24 000 000 元，申请退税单证齐全。

会计处理如下：

本期内销货物销项税额 = 20 000 000 × 17% = 3 400 000（元）

本期不予抵（退）税额 = 10 000 000 ×（17% − 15%）= 200 000（元）

当期应纳（退）税额 = 3 400 000 −（2 500 000 − 200 000）− 1 400 000
= − 300 000（元）

本期免、抵退税额 = 10 000 000 × 15% = 1 500 000

因此，当期应退税额为 300 000 元

结转当期不予抵（退）税额时：

借：主营业务成本　　200 000

　贷：应交税费——应交增值税（进项税额转出）　　200 000

结转出口抵减内销产品税额时：

借：应交税费——应交增值税（出口抵减内销产品应纳税额）
　　1 200 000

　贷：应交税费——应交增值税（出口退税）　　1 200 000

结转应退税额时：

借：应收出口退税　　300 000

　贷：应交税费——应交增值税（出口退税）　　300 000

【例 13-15】 泰佛公司为有进出口自营权的生产企业，本期内销设备不含税收入 3 000 000 元，出口设备折合为人民币 7 000 000 元，本期国内购进原材料等进项税额合计 1 020 000 元，期初未抵扣增值税借方余额 430 000 元，国内销售价税款项合计已收妥存入银行，内销产品制造成本为 2 100 000 元，出口销售价款尚未收到，出口销售产品制造成本为 4 600 000 元。适用的增值税税率为 17%，出口退税率为 15%，申请退税单证齐全。

国内销售时会计处理如下：

借：银行存款　　3 510 000

　贷：主营业务收入　　3 000 000

　　应交税费——应交增值税（销项税额）　　510 000

同时：

借：主营业务成本　　2 100 000

　贷：库存商品　　2 100 000

出口销售时会计处理如下：

借：应收账款　　7 000 000

　贷：主营业务收入　　7 000 000

同时：

借:主营业务成本　　　　4 600 000

　贷:库存商品　　　　4 600 000

结转不予抵(退)税额时会计处理如下：

本期内销货物销项税额 = 3 000 000 × 17% = 510 000(元)

本期不予抵(退)税额 = 7 000 000 × (17% - 15%) = 140 000(元)

本期应纳(退)税额 = 510 000 - (1 020 000 - 140 000) - 430 000

= -800 000(元)

借:主营业务成本　　　　140 000

　贷:应交税费——应交增值税(进项税额转出)　　　　140 000

计算应退税额时会计处理如下：

7 000 000 × 15% = 1 050 000(元)

由于 800 000 < 1 050 000

所以应退税额为 800 000 元。

借:应收出口退税　　　　800 000

　贷:应交税费——应交增值税(出口退税)　　　　800 000

收到退税款时会计处理如下：

借:银行存款　　　　800 000

　贷:应收出口退税　　　　800 000

对于抵减内销产品应纳税额,应作处理如下：

借:应交税费——应交增值税(出口抵减内销应纳税额)　　　　250 000

　贷:应交税费——应交增值税(出口退税)　　　　250 000

13.4.2 外经贸公司消费税出口退税的账务处理

消费税退税的有效凭证是消费税专用税票。外经贸公司自营出口和代理出口商品的应退消费税,凡属从价定率计征的,应按商品购进时的进货价格和税率计算;凡属从量定额计征的,应按实际报关出口的商品数量和单位税额计算。计算公式：

出口应退消费税 = 出口商品进货成本(出口数量) × 税率(单位税额)

下面再以实例介绍出口应退消费税的计算。

【例 13-17】 泰佛企业 2004 年 9 月出口啤酒 500 吨,啤酒的消费税额为每吨 220 元,出口粮食白酒 20 吨,单位进货成本 15 000 元,消费税率 25%,计算本月应退消费税。

本月应退消费税：

本月出口啤酒应退消费税 = 500 × 220 = 110 000

本月出口白酒应退消费税 = 20 × 15 000 × 25% = 75 000

计算应收消费税出口退税时：

借:应收出口退税——消费税出口退税　　　　185 000

贷:主营业务成本 185 000

收到退税款时:

借:银行存款 185 000

贷:应收出口退税——消费税出口退税 185 000

14

利润的核算

本章学习要点

- 了解利润的概念、构成及利润分配的顺序。
- 掌握利润形成及分配的核算。
- 掌握所得税费用的核算。
- 熟练编制利润及利润分配核算的凭证,登记相关账户。

14.1 利润概述

14.1.1 利润的概念

利润,是指企业在一定会计期间的经营成果。利润包括收入减去费用后的净额、直接计入当期利润的利得和损失等。

收入减去费用后的净额,主要是指企业销售产品、提供劳务、让渡资产使用权等活动中发生的收入与费用。

直接计入当期利润的利得和损失,是指应当计入当期损益、会导致所有者权益发生增减变动的、与所有者投入资本或者向所有者分配利润无关的利得或者损失。主要包括公允价值变动损益、资产减值损失、营业外收支等。

14.1.2 利润的构成

根据一般企业利润表编制要求,企业利润分为营业利润、利润总额和净利润。

14.1.2.1 营业利润

营业利润由营业收入、营业成本、营业税金及附加、销售费用、管理费用、财务费用、资产减值损失、公允价值变动损益、投资收益等构成。

营业收入反映企业经营主要业务和其他业务所确认的收入总额,包括主营业务收入和其他业务收入。

营业成本反映企业经营主要业务和其他业务所发生的成本总额,包括主营业务成本和其他业务成本。

营业税金及附加反映企业经营业务应负担的消费税、营业税、资源税、出口关税、城市维护建设税、教育费附加等。

销售费用、管理费用、财务费用统称为期间费用。其具体内容前已述及,此处不再赘述。

资产减值损失反映企业各项资产减值而计提的各项资产减值准备所形成的损失。

公允价值变动损益反映企业相关资产或负债的公允价值变动形成的应计入当期损益的利得或损失。

投资收益反映企业以各种方式对外投资取得的收益或发生的损失。

营业利润的计算公式为:

营业利润 = 营业收入 - 营业成本 - 营业税金及附加 - 销售费用 - 管理费用 - 财务费用 - 资产减值损失 + 公允价值变动收益(- 公允价值变动损失) + 投资收益(- 投资损失)

14.1.2.2 利润总额

利润总额由营业利润和营业外收支净额构成。

营业外收支反映企业发生的与企业日常活动无直接关系的各项利得和损失。营业外收支净额是指营业外收入减去营业外支出后的差额。

利润总额的计算公式为:

利润总额 = 营业利润 + 营业外收入 - 营业外支出

14.1.2.3 净利润

净利润由利润总额和所得税费用构成。

所得税费用反映企业确认的应从当期利润中扣除的所得税费用。

净利润的计算公式为:

净利润 = 利润总额 - 所得税费用

14.1.3 利润分配的顺序

根据我国相关法规的规定,企业每期实现的净利润,首先用于弥补以前年度尚未

弥补的亏损,然后按下列顺序进行分配:

(1)提取税后利润的10%列入法定盈余公积金;

(2)经股东会或股东大会决议,也可从税后利润中提取任意盈余公积金;

(3)向投资者分配利润或股利。

向投资者分配利润或股利的基数称为可供投资者分配的利润,其金额等于企业当期实现的净利润扣除提取的法定盈余公积和提取的任意盈余公积后的差额,再加上期初未分配利润。

14.2 利润形成及分配的核算

14.2.1 账户设置

为了核算企业利润形成及分配过程,除前述章节设置的相关损益类账户外,还需要设置下列账户以满足企业的核算需求。

14.2.1.1 "本年利润"账户

"本年利润"账户属于所有者权益类账户,用于核算企业当期实现的净利润或发生的净亏损。该账户贷方登记从损益类账户中转入的收入、收益额;借方登记从损益类账户中转入的成本、费用、损失等。期末,企业应将各损益账户的金额转入本账户。结转后,若本账户为贷方余额则为当期实现的净利润,若为借方余额则为当期发生的净亏损。

14.2.1.2 "营业外收入"账户

"营业外收入"账户属于损益类账户,用于核算企业发生的各项营业外收入,主要包括非流动资产处置利得、非货币性资产交换利得、债务重组利得、政府补助、盘赢利得、捐赠利得等。该账户贷方登记企业取得的各项营业外收入;借方登记期末转入"本年利润"账户的营业外收入额。结转后该账户无余额。

该账户可按营业外收入项目进行明细核算。

14.2.1.3 "营业外支出"账户

"营业外支出"账户属于损益类账户,用于核算企业发生的各项营业外支出,主要包括非流动资产处置损失、非货币性资产交换损失、债务重组损失、公益性捐赠支出、非常损失、盘亏损失等。该账户借方登记发生的各项营业外支出;贷方登记期末转入"本年利润"账户的营业外支出额。结转后该账户无余额。

该账户可按支出项目进行明细核算。

14.2.1.4 "所得税费用"账户

"所得税费用"账户属于损益类账户,用于核算企业确认的应从当期利润总额中扣除的所得税费用。该账户借方登记企业本期发生的所得税费用;贷方登记期末转入"本年利润"账户的本期所得税费用额。结转后该账户无余额。

该账户可按"当期所得税费用"、"递延所得税费用"进行明细核算。

14.2.1.5 “利润分配”账户

“利润分配”账户属于所有者权益类账户，用于核算企业利润的分配（或亏损弥补）和历年分配（或弥补）后的余额。该账户贷方登记年终从“本年利润”账户中转入的本年净利润额；借方登记已分配的利润额或年终从“本年利润”账户中转入的本年净亏损额。年终结账后，若本账户为贷方余额则表示企业累计未分配的利润，若为借方余额则为累计未弥补亏损。

该账户应分别按“提取法定盈余公积”、“提取任意盈余公积”、“应付现金股利或利润”、“转作股本的股利”、“盈余公积补亏”、“未分配利润”等进行明细核算。

14.2.2 利润形成的核算

14.2.2.1 取得营业外收入的核算

企业根据取得营业外收入的项目不同确认营业外收入，借记“银行存款”、“库存现金”、“应付账款”、“固定资产清理”、“待处理财产损益”等账户，贷记“营业外收入”账户。

【例 14-1】 泰佛公司收到合同违约现金罚款 700 元。

借：库存现金	700	
贷：营业外收入——罚款收入		700

【例 14-2】泰佛公司将处置固定资产中产生的净收益 4 300 元转作营业外收入。

借：固定资产清理	4 300	
贷：营业外收入——非流动资金处置利得		4 300

14.2.2.2 发生营业外支出的核算

企业根据发生营业外支出的项目不同确认营业外支出，借记“营业外支出”账户，贷记“银行存款”、“库存现金”、“固定资产清理”、“待处理财产损益”等账户。

【例 14-3】 泰佛公司用银行存款支付税收滞纳金 5 000 元。

借：营业外支出——罚款支出	5 000	
贷：银行存款		5 000

【例 14-4】 泰佛公司将盘亏的固定资产净损失 35 000 元转作营业外支出。

借：营业外支出——盘亏损失	35 000	
贷：待处理财产损益——待处理固定资产损益		35 000

14.2.2.3 利润总额形成的核算

期末，企业应将企业当期取得的收入、收益和发生的成本、费用等进行结转，从而形成当期的利润总额，即将各损益类账户的当期发生额转到“本年利润”账户。其账户对应关系为见图 14-1 所示。

(1)结转当期收入、收益等，其中公允价值变动取得收益。

借：主营业务收入

　　其他业务收入

　　公允价值变动损益

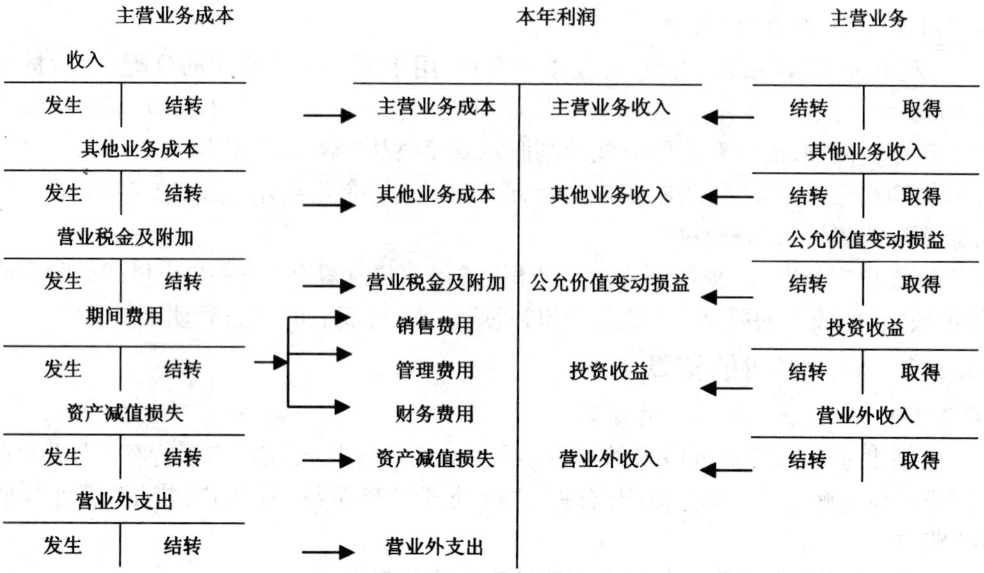

图 14-1 利润形成与账户对应关系图

投资收益
营业外收入
贷:本年利润

(2)结转当期成本、费用等,其中公允价值变动产生损失。

借:本年利润
贷:主营业务成本
其他业务成本
营业税金及附加
销售费用
管理费用
财务费用
公允价值变动损益
资产减值损失
营业外支出

【例 14-5】泰佛公司适用所得税税率为 25%。2006 年度各损益类账户累计发生额如表 14-1 所示,要求编制结转本年利润的分录。

表 14-1 2006 年度损益类账户本年度累计发生额 单位:元

科目名称	借方发生额	贷方发生额
主营业务收入		5 500 000

续表

科目名称	借方发生额	贷方发生额
其他业务收入		2 000 000
主营业务成本	3 000 000	
其他业务成本	1 500 000	
营业税金及附加	12 000	
销售费用	120 000	
管理费用	582 600	
财务费用	180 000	
资产减值损失	185 400	
投资收益		9 000
营业外收入		300 000
营业外支出	132 240	

借:主营业务收入　　5 500 000
　其他业务收入　　2 000 000
　投资收益　　9 000
　营业外收入　　300 000
　贷:本年利润　　7 809 000

借:本年利润　　5 712 240
　贷:主营业务成本　　3 000 000
　　其他业务成本　　1 500 000
　　营业税金及附加　　12 000
　　销售费用　　120 000
　　管理费用　　582 600
　　财务费用　　180 000
　　资产减值损失　　185 400
　　营业外支出　　132 240

14.2.2.4 净利润形成的核算

根据前述公式,净利润的金额等于利润总额扣减所得税费用后的余额。为了形成某一期间的净利润,首先要计算企业本期应负担的所得税费用。通常,在不考虑资产、负债的账面价值与其计税基础间差异的情况下,企业的所得税费用等于企业当期实现的利润总额与企业适用税率间的乘积。即:所得税费用 = 利润总额 × 所得税税率。此时,与所得税费用相关的核算主要包括所得税费用的计提和所得税费用的结转。

1. 所得税费用的计提

借:所得税费用

　　贷:应交税费——应交所得税

2. 所得税费用的结转

借:本年利润

　　贷:所得税费用

在将企业当期应负担的所得税费用结转至“本年利润”账户后,“本年利润”账户的余额即为企业当期实现的净利润。账户对应关系见图 14-2 所示。

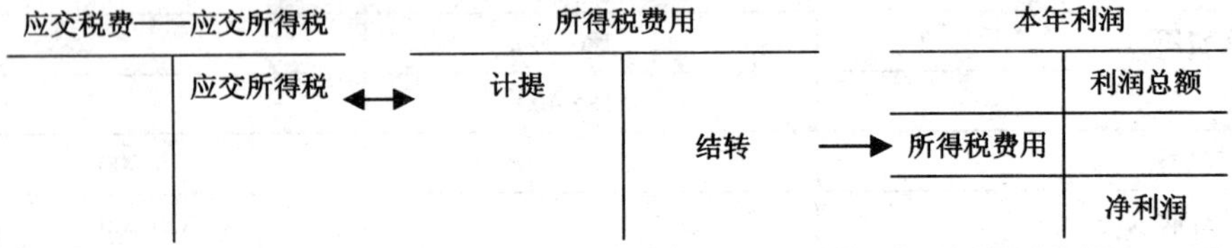

图 14-2　所得税账户对应关系图

【例 14-6】　沿用【例 14-5】资料,假设不存在任何与所得税费用有关的调整事项,编制计提和结转所得税费用的会计分录,并计算当期净利润。

当期应负担的所得税费用 = (7 809 000 − 5 712 240) × 25%
= 2 096 760 × 25% = 524 190(元)

借:所得税费用　　524 190

　　贷:应交税费——应交所得税　　524 190

借:本年利润　　524 190

　　贷:所得税费用　　524 190

当期净利润 = (7 809 000 − 5 712 240) − 524 190 = 1 572 570(元)

14.2.3　利润分配的核算

14.2.3.1　结转净利润的核算

会计年度终了,企业应将年度财务成果,即净利润或净亏损,结转至“利润分配——未分配利润”账户。

若企业实现净利润,则:

借:本年利润

　　贷:利润分配——未分配利润

若企业发生净亏损,则:

借:利润分配——未分配利润

　　贷:本年利润

结转后,“本年利润”账户应无余额。

【例 14-7】　沿用【例 14-6】资料,结转泰佛公司实现的净利润。

借:本年利润　　1 572 570

贷:利润分配——未分配利润 1 572 570

14.2.3.2 利润分配过程的核算

根据规定,企业当年实现的净利润在弥补以前年度亏损后,要按照一定顺序进行利润分配。需要说明的是,企业在用当年实现的净利润弥补以前年度亏损时,只需要结转净利润即可,也就是将"本年利润"账户的贷方余额转至"利润分配——未分配利润"账户的贷方,直接在"利润分配——未分配利润"账户中进行弥补,不需要再作其他账务处理。

1.提取法定盈余公积

根据公司法规定,企业当年实现的净利润弥补了以前年度亏损后,如果还有剩余,应按照税后利润10%的比例提取法定盈余公积。同时规定若企业法定盈余公积累计额超过注册资本的50%可不再提取。企业提取法定盈余公积时,应借记"利润分配——提取法定盈余公积"账户,贷记"盈余公积——法定盈余公积"账户。

【例14-8】 沿用【例14-7】资料,泰佛公司按照当年实现净利润的10%提取法定盈余公积。

应提取的法定盈余公积额=1 572 570×10%=157 257(元)

借:利润分配——提取法定盈余公积 157 257

贷:盈余公积——法定盈余公积 157 257

2.向投资者分配利润或股利

企业当年实现的净利润在扣除弥补以前年度亏损和提取法定盈余公积以后剩余的部分,再加上期初未分配利润,即为当年的可供分配利润,一般地,这是向投资者分配利润的限额。企业可以根据自身情况决定向投资者分配利润的数额,借记"利润分配——应付现金股利或利润"账户,贷记"应付股利"(或"应付利润")账户。实际支付利润时,借记"应付股利"(或"应付利润")账户,贷记"银行存款"等账户。

【例14-9】 沿用【例14-7】资料,泰佛公司决定按当年实现净利润的50%向投资者分配利润。

分配的利润额=1 572 570×50%=786 285(元)

借:利润分配——应付现金股利或利润 786 285

贷:应付股利(应付利润) 786 285

另外,股份有限公司可由公司股东大会或类似权力机构决定提取任意盈余公积。企业提取任意盈余公积时,此时应借记"利润分配——提取任意盈余公积"账户,贷记"盈余公积——任意盈余公积"账户。

14.2.3.3 "利润分配"各明细账户的结转

会计年度终了,企业应将"利润分配"账户下的其他明细账户转至"未分配利润"明细账户下,通常可将这一过程称为结转本年利润分配,通过结转,"利润分配"除"未分配利润"明细账户外的其他明细账户的余额均为零,"未分配利润"明细账户的余额即为企业年末未分配利润,填入资产负债表所有者权益下的"未分配利润"项目期末数栏中。结转时,借记“利润分配——未分配利润”账户,贷记“利润分配”其他明细账户。

【例14-10】沿用【例14-8】、【例14-9】资料,泰佛公司年终结转本年利润分配时应编制如下分录,见图14-3所示。

借:利润分配——未分配利润　　943 542

　贷:利润分配——提取法定盈余公积　　157 257

　　　　　　——应付现金股利或利润　　786 285

利润分配核算中各账户间的对应关系可描述为:

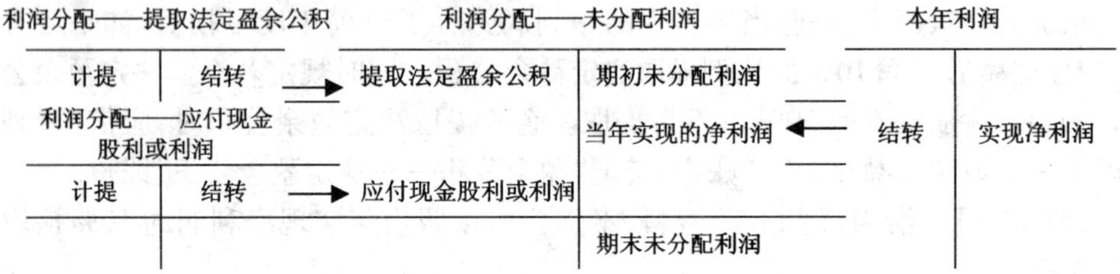

图14-3　年终结转本年利润分配分录图

14.3　所得税费用的核算

14.3.1　所得税费用概述

14.3.1.1　应纳税所得额与税前会计利润

应纳税所得额,也称为应税收益,它是指企业按照企业所得税法规定的项目计算确定的收益。它是计算企业当期应纳所得税的基数。

税前会计利润,也称为会计收益、利润总额,它是指企业按照企业会计准则的规定计算确定的收益。

一般地,应纳税所得额与税前会计利润间存在一定的差异,导致这种情况的原因主要是二者遵循的原则和服务的目的不同。应纳税所得额遵循国家的税收法规,以课税为目的;税前会计利润遵循企业会计准则,以真实完整地反映企业的财务状况、经营成果、现金流量等情况,完成财务会计报告的目标。

实际中,我们通常需要将税前会计利润转换为应纳税所得额,其计算公式为:

应纳税所得额 = 税前会计利润 + 纳税调整增加额 - 纳税调整减少额

企业的纳税调整增加额主要包括企业已计入当期损失而税法规定不允许扣除项目的金额,如罚款等,还包括税法规定允许扣除项目中,企业已计入当期费用但超过税法规定扣除标准的金额,如企业超过税法规定多发的职工工资等。

企业的纳税调整减少额主要包括按税法规定允许弥补的亏损和准予免税的项目,如国债利息等。

14.3.1.2 所得税与所得税费用

所得税是根据企业应纳税所得额的一定比例上交给国家的一种税金。企业当期所得税的计算公式为：

应交所得税 = 应纳税所得额 × 所得税税率

所得税费用是指应在会计税前利润中扣除的所得税费用，包括当期所得税费用和递延所得税费用或收益。所得税费用的计算公式为：

所得税费用(或收益) = 当期所得税 + 递延所得税费用(- 递延所得税收益)

其中： 递延所得税费用 = 递延所得税负债增加额 + 递延所得税资产减少额

递延所得税收益 = 递延所得税负债减少额 + 递延所得税资产增加额

前已述及，由于税收与财务会计报告之间存在的差异，从而导致税法上的应纳税所得额和会计上的税前会计利润存在差异，也就产生了所得税与所得税费用间的差异，这种差异逐步分离，从而推动了所得税会计的产生和发展。

14.3.1.3 所得税费用确认与计量的方法

所得税费用的确认与计量主要包括应付税款法和资产负债表债务法两种方法。

应付税款法下，企业的所得税费用与企业应缴纳的所得税金额相等，不确认递延所得税费用。

资产负债表债务法下，企业不仅要确认当期所得税费用，而且还要确认递延所得税费用。

根据我国现行准则规定，所得税费用的确认应采用资产负债表债务法。

14.3.2 计税基础与暂时性差异

14.3.2.1 计税基础

所谓计税基础，是指企业计提企业所得税的依据。一般地，企业在取得资产、负债时，应当确定其计税基础，通常，计税基础可分为资产的计税基础和负债的计税基础。

资产的计税基础，是指企业收回资产账面价值过程中，计算应纳税所得额时按照税法规定可以自应税经济利益中抵扣的金额。

负债的计税基础，是指负债的账面价值减去未来期间计算应纳税所得额时按照税法规定可予抵扣的金额。

14.3.2.2 暂时性差异

暂时性差异，是指资产或负债的账面价值与其计税基础之间的差额；未作为资产和负债确认的项目，按照税法规定可以确定其计税基础的，该计税基础与其账面价值之间的差额也属于暂时性差异。

按照暂时性差异对未来期间应税金额的影响，可分为应纳税暂时性差异和可抵扣暂时性差异。

1. 应纳税暂时性差异

应纳税暂时性差异，是指在确定未来收回资产或清偿负债期间的应纳税所得额时，将导致产生应纳税金额的暂时性差异。一般地，当资产的账面价值大于其计税基础或负债的账面价值小于其计税基础时，产生应纳税暂时性差异。

2. 可抵扣暂时性差异

可抵扣暂时性差异，是指在确定未来收回资产或清偿负债期间的应纳税所得额时，将导致产生可抵扣金额的暂时性差异。一般地，当资产的账面价值小于其计税基础或负债的账面价值大于其计税基础时，产生可抵扣暂时性差异。

14.3.3 所得税费用的核算

14.3.3.1 账户设置

与所得税费用核算相关的账户主要包括："所得税费用"、"应交税费——应交所得税"、"递延所得税资产"、"递延所得税负债"等账户。其中，"所得税费用"和"应交税费——应交所得税"账户前已述及，此处不再赘述。

1. "递延所得税资产"账户

"递延所得税资产"账户属于资产类账户，用于核算企业确认的可抵扣暂时性差异产生的递延所得税资产，其性质相当于预付的税款，可以在未来期间抵扣应纳税款，其入账金额为可抵扣暂时性差异与现行税率之积。该账户借方登记企业确认的可抵扣暂时性差异产生的递延所得税资产；贷方登记企业转回可抵扣暂时性差异产生的递延所得税资产，期末若有余额，一般在借方反映企业已确认的递延所得税资产。

该账户应按可抵扣暂时性差异等项目进行明细核算。

2. "递延所得税负债"账户

"递延所得税负债"账户属于负债类账户，用于核算企业确认的应纳税暂时性差异产生的递延所得税负债，其性质相当于应付的税款，需要在未来期间转为应纳税款，其入账金额为应纳税暂时性差异与现行税率之积。该账户贷方登记企业确认的应纳税暂时性差异产生的递延所得税负债；借方登记企业转回应纳税暂时性差异产生的递延所得税负债，期末若有余额，一般在贷方，反映企业已确认的递延所得税负债。

该账户可按应纳税暂时性差异的项目进行明细核算。

14.3.3.2 账务处理

1. 递延所得税资产

资产负债表日，企业确认递延所得税资产时，应借记"递延所得税资产"账户，贷记"所得税费用"账户。

资产负债表日，递延所得税资产的期末余额大于期初余额时，应按期末与期初余额间的差额，借记"递延所得税资产"账户，贷记"所得税费用"账户。

资产负债表日，递延所得税资产的期末余额小于期初余额时，应按期初与期末余额间的差额，借记"所得税费用"账户，贷记"递延所得税资产"账户。

【例 14-11】沿用【例 14-5】资料，假设泰佛公司除因计提固定资产减值准备 180 000 元造成固定资产账面价值与其计税基础存在差异外,不考虑其他项目对所得税费用的影响。

分析:按照税法规定,计提的固定资产减值准备不允许在税前扣除,所以泰佛公司的应税收益 = 7 809 000 - 5 712 240 + 180 000 = 2 276 760(元),所以企业的应纳所得税额 = 2 276 760 × 25% = 569 190(元),因为计算应纳所得税额的税基增加,所以使泰佛公司本期缴纳的所得税高于在会计收益中扣除的所得税费用,从而形成一项因可抵扣暂时性差异而产生的递延所得税资产 45 000 元(180 000 × 25%),所以当期的所得税费用为 524 190 元(569 190 - 45 000)。

借:所得税费用——当期所得税费用　　569 190
　　贷:应交税费——应交所得税　　569 190
借:递延所得税资产　　45 000
　　贷:所得税费用——当期所得税费用　　45 000

或:

借:所得税费用——当期所得税费用　　524 190
　　递延所得税资产　　45 000
　　贷:应交税费——应交所得税　　569 190

2. 递延所得税负债

资产负债表日,企业确认递延所得税负债时,应借记"所得税费用"账户,贷记"递延所得税负债"账户。

资产负债表日,递延所得税负债的期末余额大于期初余额时,应按期末与期初余额间的差额,借记"所得税费用"账户,贷记"递延所得税负债"账户。

资产负债表日,递延所得税负债的期末余额小于期初余额时,应按期初与期末余额间的差额,借记"递延所得税负债"账户,贷记"所得税费用"账户。

【例 14-12】沿用【例 14-5】资料,假设泰佛公司取得的投资收益 9 000 元均为国债利息收入,不考虑其他项目对所得税费用的影响。

分析:按照税法规定,国债利息收入不需要缴纳所得税,所以泰佛公司的应税收益 = 7 809 000 - 5 712 240 - 9 000 = 2 087 760(元),所以企业应纳所得税额 = 2 087 760 × 25% = 521 940(元),因为计算应纳所得税额的税基减少,所以使泰佛公司本期缴纳的所得税低于在会计收益中扣除的所得税费用,从而形成一项因应纳税暂时性差异而产生的递延所得税负债 2 250 元(9 000 × 25%),所以当期的所得税费用为 524 190 元(521 940 + 2 250)。

借:所得税费用——当期所得税费用　　521 940
　　贷:应交税费——应交所得税　　521 940
借:所得税费用——当期所得税费用　　2 250
　　贷: 递延所得税负债　　2 250

或

借:所得税费用——当期所得税费用　　524 190

　贷:应交税费——应交所得税　　521 940

　　　递延所得税负债　　2250

15

财务会计报告

本章学习要点

- 了解财务会计报告的概念和作用。
- 了解财务报表的分类及编制要求。
- 掌握资产负债表、利润表的编制方法。
- 熟悉编制资产负债表、利润表。
- 熟悉现金流量表及所有者权益变动表的基本结构。
- 熟悉财务报表附注的基本内容。

15.1 财务会计报告概述

15.1.1 财务会计报告的概念

财务报表是对企业财务状况、经营成果和现金流量的结构性表述。在企业日常的会计核算中,企业所发生的各项经济业务均已按照一定的会计程序,在有关的账簿中进行全面、连续、分类、汇总的记录和计算。企业在一定日期的财务状况和一定时期内的经营成果,在日常会计记录里已经得到反映。但是,这些日常核算资料数量太多,而且比较分散,不能集中、概括地反映企业的财务状况与经营成果。根据企业会计准则的要求,企业应当编制财务会计报告,将分散于会计账簿中的会计信息形成一个有机结合的，概括、系统、全面反映企业财务状况、经营成果和现金流量等信息的体系，以满足企业现有和潜在投资者、债权人、政府有关部门、企业管理当局及其他使用者对会计信息的需求，帮助他们对企业财务状况和经营成果进行合理的评价，以便作出正确决策。

15.1.2 财务会计报告的作用

编制财务会计报告是提供会计信息的一种重要手段。财务会计报告是指企业提供的反映企业某一特定日期的财务状况和某一会计期间的经营成果、现金流量等会计信息的文件。企业编制财务会计报告，对于改善企业外部有关方面的经济决策环境和加强企业内部经营管理，具有重要作用。具体来说，财务报表的作用主要表现在以下几个方面。

(1)企业的投资者，包括现有的和潜在的投资者，出于对自身利益的考虑，需要了解企业的各种财务信息，如企业的赢利情况、利润分配情况、偿债能力等等，企业通过编制财务会计报告，为其提供详简适度的会计信息，以便于他们做出对自己有利的投资决策。

(2)企业的债权人，包括现有的和潜在的债权人，为了做出正确的信贷决策，需要利用企业的财务会计报告，分析企业的获利能力和偿债能力及其资金流转情况，进而评判一家企业的资信状况；检查企业各项借款的使用情况及偿债保证的履行，决定是否对企业提供贷款。

(3)财政、税务、工商行政管理等政府有关部门，为了加强宏观经济管理，利用各单位提供的财务会计报告资料进行汇总分析，了解和掌握各部门、各地区经济计划(预算)完成情况，了解并促使企业遵守国家各种财经法律制度，发挥财经监督的作用，调控经济活动，优化资源配置。

(4)企业的管理者只有及时掌握准确与完整的会计信息，才能进行有效的经营和管理。通过企业的财务报表了解企业的资源分布、企业的权益结构、企业的偿债能力、赢利能力和企业的财务成果等情况。通过对财务报表的阅读与分析，检查企业各项计划的完成情况，分析企业经营业绩的取得和存在的问题，以便促进企业进一步改善经营管理。

15.2 财务报表的分类及编制要求

15.2.1 财务报表的分类

财务报表可根据实际需要，按不同的标准进行分类。

15.2.1.1 按照财务报表反映的经济内容分类

1. 财务状况报表

财务状况报表是总括反映企业在某一特定日期或一定时期财务状况的财务报

表。一般包括资产负债表和现金流量表。资产负债表通过资产、负债、所有者权益项目,反映企业在某一特定日期的财务状况,是静态报表;现金流量表通过反映企业的现金流入和流出,揭示企业一定会计期间财务状况的变动,反映企业理财的过程和结果,是动态报表。

2. 经营成果报表

经营成果报表是总括反映企业在一定时期利润的形成与分配等情况的财务报表。一般包括利润表和利润分配表。利润表反映企业在一定期间的经营成果情况;利润分配表反映企业利润分配的过程。

15.2.1.2 按照财务报表编制的时间分类

国家的统一会计制度将财务会计报告分为年度、半年度、季度和月度财务会计报告,其中,半年度、季度和月度财务会计报告又称为中期财务会计报告。相应地,财务报表也分为年度财务报表和中期财务报表。

1. 年度财务报表

年度财务报表简称年报,是指企业每年年度终了编报的财务报表,通常称为决算报告,主要有资产负债表、利润表、现金流量表和所有者权益变动表。年度财务报表应当于年度终了后4个月内(节假日顺延,下同)对外提供。

2. 中期财务报表

中期财务报表指企业于年度中期末、季末和月末编报的财务报表,主要有资产负债表和利润表。半年度中期财务报表应当于年度中期结束后60天内(相当于两个连续的月份)对外提供;季度中期财务报表应当于季度终了后15天内对外提供;月度中期财务报表应当于月度终了后6天内对外提供。

15.2.1.3 按照财务报表报送的对象分类

财务报表按照报送的对象分类,可以分为外部报表和内部报表。

1. 外部报表

外部财务报表是指为满足企业外部投资者、债权人和政府有关部门了解企业财务状况、经营成果和现金流量的需要而定期对外提供和发布的财务报表。按照国家统一的会计制度,企业对外提供的财务报表包括:资产负债表、利润表、现金流量表、资产减值准备明细表、利润分配表、股东权益增减变动表、分部报表及其他有关附表。

2. 内部报表

内部报表是指为满足企业内部经营管理的需要而报送企业内部职能部门和决策人的财务报表。这类报表主要是为内部经营决策提供资料,主要包括成本报表和有关附表以及企业预算、计划、业绩考评等报表。根据企业会计制度规定,内部报表的种类、报告内容、格式等由企业自行规定。

15.2.1.4 按照财务报表的填报单位分类

财务报表按照填报单位不同,可分为基层财务报表和汇总财务报表。基层财务报表是由独立核算的基层单位编制的反映本单位经济活动情况的报表。汇总财务报表是由上级主管部门根据所属单位编制的基层财务报表,加上本身报表而编制的财务报表。汇总报表一般是按上下级的所属关系,逐级进行汇总。

15.2.1.5 按照财务报表的编报主体分类

财务报表按照编报主体不同,可分为个别财务报表和合并财务报表。个别财务报表是由企业在自身会计核算的基础上,对会计账簿记录进行加工整理而编制的财务报表,反映的是企业自身的财务状况、经营成果和现金流量等情况。合并财务报表是以母、子公司组成的企业集团为会计主体,根据母公司及所属子公司的个别财务报表,采用一定的方法,由母公司编制的综合反映企业集团财务状况、经营成果和现金流量等的报表。

15.2.2 财务报表的编制要求

为充分发挥财务报表的作用,确保财务报表所提供的信息质量和满足有关各方的需要,国家统一的会计制度规定,企业的财务报表应当根据记录完整、审核无误的账簿记录和其他有关资料编制,做到数字真实、计算准确、内容完整、报送及时。

15.2.2.1 数字真实

财务报表应根据审核无误的账簿记录和其他有关资料编制,做到数字真实。企业的各项经营活动最终都将在账簿记录中予以反映,编制财务报表必须以核对无误后的账簿记录和其他有关资料为依据,不能使用估计或推算的数据,更不能以任何方式弄虚作假,隐瞒谎报。财务报表中的各项数字必须真实可靠,才能如实反映企业经济活动情况,为各报表使用人提供切实的会计信息。

15.2.2.2 计算准确

财务报表的所有项目计算应准确无误。财务报表的结构及项目设置都是根据会计信息使用者的需要而建立的,所以必须根据已有的账簿资料,经过计算分析填列。计算中应注意财务报表之间的勾稽关系,当期财务报表与上期财务报表有关项目的数据要衔接一致。

15.2.2.3 内容完整

财务报表应按照国家统一会计制度规定的报表种类、结构填列,做到内容完整。凡是会计制度要求提供的财务报表,各企业必须全部编制、报送,不得漏编、漏报;对于应当填列的报表指标,不论是表内项目还是表外补充资料,必须全部填列,不得少列、漏列,更不能随意取舍;对于那些对企业构成重大影响的会计信息,首先应在财务报表中说明,如不能说明,应按要求单独说明。

15.2.2.4 报送及时

财务报表应严格遵守规定的报送期限,做到报送及时。财务报表信息具有极强的时效性,一旦过期,信息的价值、功效就会降低或丧失,为使各报表使用人能充分利用报表所提供的会计信息,在某一个会计期间结束后应及时编制财务报表,并按国家统一的会计制度规定的期限,按时报送给有关部门和单位。

为保证实现上述要求,必须做好编制财务报表的准备工作。首先,按权责发生制原则进行期末账项调整，将属于当期的收入及成本及时入账，为编制财务报表提供准确的核算资料；其次，要做好各项财产物资的清查工作，保证账实相符。编制财务报表前，对发生的盘盈、盘亏等会计事项，应及时调整有关账簿记录，做到账实相符，以提高财务报表的可靠性；再者，对所有会计账簿进行稽核，做到账账相符。核对总分类账户余额与其所属的明细分类账户余额之和是否相符，然后进行试算平衡。

15.3 外经贸企业财务报表体系

财务会计报告包括财务报表及其附注和其他应当在财务会计报告中披露的相关信息和资料。一套完整的财务报表至少应当包括“四表一注”，即资产负债表、利润表、现金流量表、所有者权益（或股东权益，下同）变动表和附注。

根据规定，我国财务会计报告体系分一般企业、商业银行、保险公司、证券公司等四类行业进行规范，外经贸企业财务报告体系适用一般企业财务报告体系。

15.4 资产负债表

15.4.1 资产负债表的概念及作用

资产负债表是反映企业在某一特定日期财务状况的财务报表，它是根据“资产＝负债＋所有者权益”这一会计恒等式，按照一定的分类标准和顺序，把企业一定日期的资产、负债和所有者权益各项目予以适当排列，它表明企业在该特定日期所拥有或控制的经济资源、所承担的现有义务和所有者对净资产的要求权。其提供的企业某一特定日期的财务状况的内容主要包括：

（1）企业所拥有的各种经济资源（资产）；

（2）企业所负担的债务（负债）以及企业的偿债能力（包括短期与长期的偿债能力）；

（3）企业所有者在企业里所持有的权益（所有者权益）；

（4）企业未来财务状况的变动趋势。

15.4.2 资产负债表的格式及内容

资产负债表在形式上分为表头、表身、表尾三个部分。表头主要包括资产负债表的名称、编制单位、编制日期和金额单位；表身包括资产、负债和所有者权益各项目金额；表尾主要包括附注资料等。

资产负债表的格式有账户式和报告式两种。报告式资产负债表将资产、负债、所有者权益项目采用垂直分列的形式进行反映。按照我国会计制度规定，我国资产负债表采用账户式反映，即资产负债表分为左方和右方，左方列示企业的各项资产，右方列示企业的各项负债和所有者权益，报表左方的资产总计与报表右方的负债及所有者权益总计应保持平衡关系。同时,资产负债表还提供“期末余额”和“年初余额”的比较资料。

资产负债表左方列示的资产项目,按资产流动性分类排列,具体分为流动资产、非流动资产的类别加以反映;资产负债表的右方列示的负债和所有者权益项目,负债按其偿还的先后顺序排列,具体分为流动负债和非流动负债,所有者权益项目按实收资本、资本公积、盈余公积和未分配利润等顺序进行列示。这种分类排列,不仅能清晰地反映项目的对应关系,而且便于提供财务状况的重要资料。

根据《企业会计准则第30号——财务报表列表》的相关解释规定,我国一般企业资产负债表基本格式如表15-1所示。

表15-1 资产负债表　　会企01表

编制单位:　　____年__月__日　　单位:元

资　　产	期末余额	年初余额	负债和所有者权益	期末余额	年初余额
流动资产:			流动负债:		
货币资金			短期借款		
交易性金融资产			交易性金融负债		
应收票据			应付票据		
应收账款			应付账款		
预付款项			预收款项		
应收利息			应付职工薪酬		
应收股利			应交税费		
其他应收款			应付利息		
存货			应付股利		
一年内到期的非流动资产			其他应付款		
其他流动资产			一年内到期的非流动负债		
流动资产合计			其他流动负债		
非流动资产:			流动负债合计		
可供出售金融资产			非流动负债:		
持有至到期投资			长期借款		
长期应收款			应付债券		
长期股权投资			长期应付款		
投资性房地产			专项应付款		
固定资产			预计负债		
在建工程			递延所得税负债		
工程物资			其他非流动负债		

续表

资产	期末余额	年初余额	负债和所有者权益	期末余额	年初余额
固定资产清理			非流动负债合计		
生产性生物资产			负债合计		
油气资产			所有者权益：		
无形资产			实收资本(或股本)		
开发支出			资本公积		
商誉			减:库存股		
长期待摊费用			盈余公积		
递延所得税资产			未分配利润		
其他非流动资产			所有者权益合计		
非流动资产合计					
资产总计			负债和所有者权益总计		

15.4.3 资产负债表的编制方法

资产负债表是反映企业在某一特定日期财务状况的报表,是一种静态报表,所以在编制时,应根据总分类账户和明细分类账户上资产、负债和所有者权益等账户的余额分析填列。资产负债表各项目数据的来源主要通过以下五种方式取得。

一是根据总分类账户余额直接填列。在编制资产负债表时,很多项目都可以根据相应总分类账户期末余额直接填列,具体项目有:“交易性金融资产”、“应收票据”、“应付职工薪酬”、“应交税费”、“应付股利”、“实收资本”、“资本公积”、“盈余公积”等项目。

二是根据总分类账户余额计算填列。资产负债表某些项目需要根据若干个总分类账户的期末余额计算填列,如“货币资金”项目,根据“库存现金”、“银行存款”和“其他货币资金”等总分类账户的期末余额的合计数填列。又如“未分配利润”项目,反映企业尚未分配的利润。应根据“本年利润”和“利润分配”账户的期末余额计算填列。年终时,可根据“利润分配”账户的余额直接填列。

三是根据明细分类账户余额计算填列。资产负债表某些项目不能根据总分类账户期末余额分析填列,而需要根据有关账户所属的明细分类账户的期末余额计算填列。如“应付账款”项目,应根据“应付账款”、“预付账款”账户所属明细分类账户的期末贷方余额计算填列。

四是根据总分类账户和明细分类账户余额分析计算填列。资产负债表上某些项目需要根据总分类账户和明细分类账户期末余额分析计算填列,如“长期借款”项目,应根据“长期借款”总分类账户的期末余额扣除“长期借款”账户所属的明细分类账户中反映的将于一年内到期的长期借款部分分析计算填列。

五是根据账户余额减去其备抵项目后的净额填列。如“无形资产”项目,由“无形资产”账户的期末余额减去其“无形资产减值准备”备抵账户余额后的净额填列。

15.4.3.1 年初余额的填列

根据规定,财务报表应采取前后期对比的方式编制,所以,资产负债表由“期末余额”和“年初余额”两个栏目组成。资产负债表的“年初余额”栏各项目数字,应根据上年末资产负债表“期末余额”栏内所列数字填列。若上期的项目分类和内容与本期不一致的,应当将上期数按本期项目和内容,调整有关数字,填入报表中的“年初余额”栏内。

15.4.3.2 期末余额的填列

资产负债表的“期末余额”栏各项目应根据编表时各有关账户的期末余额选择上述方法进行填列。具体填列方法有以下52种。

(1)“货币资金”项目,反映企业库存现金、银行结算户存款、银行汇票存款、银行本票存款、信用卡存款、信用证保证金存款、外埠存款等货币资金的合计数。如前所述,该项目根据“库存现金”、“银行存款”和“其他货币资金”账户的期末余额合计填列。

(2)“交易性金融资产”项目,反映企业为交易目的所持有的债券投资、股票投资、基金投资等交易性金融资产的公允价值。该项目直接根据“交易性金融资产”账户的期末余额填列。

(3)“应收票据”项目,反映企业因销售商品、提供劳务等而收到的商业汇票,包括银行承兑汇票和商业承兑汇票。该项目直接根据“应收票据”账户的期末余额填列。

(4)“应收账款”项目,反映企业因销售商品、提供劳务等经营活动应收取的款项,减去已计提的坏账准备后的净额。该项目应根据“应收账款”、“预收账款”总账科目所属明细科目的借方余额之和,减去“坏账准备”账户中有关应收账款计提的坏账准备期末余额后的净额填列。

(5)“预付款项”项目,反映企业预先付给对方单位的各种款项。该项目应根据“预付账款”、“应付账款”总账科目所属明细科目的借方余额之和,减去“坏账准备”账户中有关预付账款计提的坏账准备期末余额后的净额填列。

(6)“应收利息”项目,反映企业交易性金融资产、持有至到期投资、可供出售金融资产等应收取的利息。该项目应根据“应收利息”账户的期末余额填列。

(7)“应收股利”项目,反映企业应收取的现金股利和应收取其他单位分配的利润。该项目应根据“应收股利”账户的期末余额填列。

(8)“其他应收款”项目,反映企业除存出保证金、买入返售金融资产、应收票据、应收账款、预付账款、应收股利、应收利息、长期应收款等以外的其他各种应收及暂付款项。该项目应根据“其他应收款”账户期末余额减去“坏账准备”账户中有关其他应收款计提的坏账准备期末余额后的净额填列。

(9)“存货”项目,反映企业在库、在途和在加工中的各项存货的可变现净值。该项目应根据“材料采购”(或“在途物资”)、“原材料”、“包装物”、“低值易耗品”、“委托加工物资”、“生产成本”、“自制半成品”、“库存商品”、“材料成本差异”等账户的期末余额计算结果,减去“存货跌价准备”账户期末余额后的金额填列。

(10)“一年内到期的非流动资产”项目,反映企业长期持有的非流动资产中,随着时间推移将于未来1年内到期的部分,该项目应根据“持有至到期投资”、“长期应收款”账户所属明细科目余额中将于1年内到期的金额之和计算填列。

(11)“其他流动资产”项目,反映企业除以上流动资产项目以外的其他流动资产。该项目应根据有关账户的期末余额填列。

(12)“可供出售金融资产”项目,反映企业持有的可供出售金融资产的公允价值,包括划分为可供出售的股票投资、债券投资等金融资产。该项目根据“可供出售金融资产”账户的期末余额扣减可供出售金融资产减值准备后的金额填列。

(13)“持有至到期投资”项目,反映企业持有至到期投资的摊余成本。该项目根据“持有至到期投资”账户期末余额扣减提取的“持有至到期投资减值准备”及将于1年内(含1年)到期的部分后的净额填列。

(14)“长期应收款”项目,反映企业因融资租赁或采用递延方式具有融资性质的销售商品和提供劳务等产生的长期应收款项。该项目根据“长期应收款”账户的期末余额扣除“未实现融资收益”和“坏账准备”所属明细账户期末余额以及将于1年内(含1年)到期的部分后的金额填列。

(15)“长期股权投资”项目,反映企业持有的采用成本法和权益法核算的长期股权投资。该项目根据“长期股权投资”账户期末余额扣减提取的“长期股权投资减值准备”后的净额填列。

(16)“投资性房地产”项目,反映企业采用成本模式计量的投资性房地产的成本或采用公允价值模式计量投资性房地产的公允价值。该项目根据“投资性房地产”账户的期末余额扣减提取的“投资性房地产减值准备”后的净额填列。

(17)“固定资产”项目,反映企业持有的固定资产的实际价值。该项目根据“固定资产”账户的期末余额扣减“累计折旧”和“固定资产减值准备”后的净额填列。

(18)“在建工程”项目,反映企业基建、更新改造等在建工程发生的支出。该项目根据“在建工程”账户的期末余额扣减“在建工程减值准备”后的金额填列。

(19)“工程物资”项目,反映企业为在建工程准备的各种物资的成本,包括工程用材料、尚未安装的设备以及为生产准备的工器具等。该项目根据“在建工程”账户的期末余额扣减工程物资减值准备后的金额填列。

(20)“固定资产清理”项目,反映企业因出售、报废、毁损、对外投资、非货币性资产交换、债务重组等原因转出的固定资产价值以及在清理过程中发生的费用等。该项目根据“固定资产清理”账户的期末余额填列,若“固定资产清理”账户期末为贷方余额,则以“-”号填列。

(21)“生产性生物资产”项目,反映企业持有的生产性生物资产的实际价值。该项目根据“生产性生物资产”账户的期末余额扣减“生产性生物资产累计折旧”和“生产性生物资产减值准备”后的金额填列。

(22)“油气资产”项目,反映企业持有的矿区权益和油气井及相关设施的实际价值。该项目根据“油气资产”账户的期末余额扣减“累计折耗”和“油气资产减值准备”后的金额填列。

(23)“无形资产”项目,反映企业持有的专利权、非专利技术、商标权、著作权、土地使用权等无形资产的实际价值。该项目根据“无形资产”账户的期末余额扣减“累计摊销”和“无形资产减值准备”后的金额填列。

(24)“开发支出”项目,反映企业开发无形资产过程中能够资本化形成无形资产成本的支出部分。该项目应根据“研发支出”账户中所属的“资本化支出”明细账户期末余额填列。

(25)“商誉”项目,反映企业在合并中形成的商誉价值。该项目根据“商誉”账户的期末余额扣减“商誉减值准备”后的金额填列。

(26)“长期待摊费用”项目,反映企业已经发生但应由本期和以后各期负担的分摊期限在1年以上的各项费用,其中在1年内(含1年)摊销的部分应在“一年内到期的非流动资产”项目中列示。该项目根据“长期待摊费用”账户的期末余额减去将于1年内(含1年)摊销的数额后的金额填列。

(27)“递延所得税资产”项目,反映企业确认的可抵扣暂时性差异产生的递延所得税资产。该项目根据“递延所得税资产”账户的期末余额填列。

(28)“其他非流动资产”项目,反映企业除上述非流动资产项目以外的其他非流动资产。该项目根据其他非流动资产的期末余额分析计算填列。

(29)“短期借款”项目,反映企业向银行或其他金融机构等借入的期限在1年以内(含1年)的各种借款。该项目根据“短期借款”账户的期末余额填列。

(30)“交易性金融负债”项目,反映企业承担的交易性金融负债的公允价值。该项目根据“交易性金融负债”账户的期末余额填列。

(31)“应付票据”项目,反映企业因购买材料、商品和接受劳务供应等开出、承兑的商业汇票,包括银行承兑汇票和商业承兑汇票。该项目根据“应付票据”账户的期末余额填列。

(32)“应付账款”项目,反映企业因购买材料、商品和接受劳务等经营活动应付未付的款项。该项目根据“应付账款”、“预付账款”总账科目所属明细科目的期末贷方余额合计数填列。如“应付账款”科目所属的明细科目有借方余额的,应在“预付款项”项目中填列。

(33)“预收款项”项目,反映企业按合同规定预先收取的款项。该项目根据“预收账款”、“应收账款”总账科目所属的明细科目的贷方余额合计数填列。如“预收账款”科目所属的明细科目有借方余额的,应在“应收账款”项目中填列。

(34)"应付职工薪酬"项目,反映企业根据有关规定应付给职工的各种薪酬,包括职工的工资、奖金、职工福利、社会保险费、住房公积金、职工教育经费、非货币性福利等。该项目根据"应付职工薪酬"账户的期末余额填列。

(35)"应交税费"项目,反映企业按照税法等规定计算应交纳的各种税费,包括增值税、消费税、营业税、企业所得税、资源税、土地增值税、城市维护建设税、房产税、土地使用税、车船税、教育费附加、矿产资源补偿费等。企业代扣代缴的个人所得税也列入本项目。该项目根据"应交税费"账户的期末贷方余额填列,如期末为借方余额的,应以"-"号列示。

(36)"应付利息"项目,反映企业按照合同约定应付而未付的利息。该项目根据"应付利息"账户的期末余额填列。

(37)"应付股利"项目,反映企业分配而未支付的现金股利或利润。该项目根据"应付股利"账户的期末余额填列。

(38)"其他应付款"项目,反映企业除应付票据、应付账款、预收账款、应付职工薪酬、应付利息、应付股利、应交税费、长期应付款等以外的其他各项应付、暂收的款项。该项目根据"其他应付款"账户的期末余额填列。

(39)"1年内到期的非流动负债"项目,反映企业长期负担的非流动负债中,将于资产负债表日后1年内到期部分的金额,该项目应根据"长期借款"、"应付债券"、"长期应付款"账户所属明细科目余额中将于1年内到期的金额之和计算填列。

(40)"其他流动负债"项目,反映企业除以上流动负债项目以外的其他流动负债。该项目应根据有关账户的期末余额填列。

(41)"长期借款"项目,反映企业向银行或其他金融机构借入的期限在1年以上(不含1年)的各项借款。该项目应根据"长期借款"账户的期末余额扣减将于1年内(含1年)到期的部分后的金额填列。

(42)"应付债券"项目,反映企业为筹集长期资金而发行债券的本金和利息。该项目应根据"应付债券"账户的期末余额扣减将于1年内(含1年)到期的部分后的金额填列。

(43)"长期应付款"项目,反映企业除长期借款和应付债券以外的其他各种长期应付款项,包括应付融资租入固定资产的租赁费、以分期付款方式购入固定资产等发生的应付款项等。该项目根据"长期应付款"账户的期末余额减去相应的"未确认融资费用"账户期末余额以及扣减将于1年内(含1年)到期的部分后的金额填列。

(44)"专项应付款"项目,反映企业取得政府作为企业所有者投入的具有专项或特定用途的款项。该项目根据"专项应付款"账户的期末余额填列。

(45)"预计负债"项目,反映企业确认的对外提供担保、未决诉讼、产品质量保证、重组义务、亏损性合同等预计负债。该项目根据"预计负债"账户的期末余额填列。

(46)"递延所得税负债"项目,反映企业确认的应纳税暂时性差异产生的所得税负债。该项目根据“递延所得税负债”账户的期末余额填列。

(47)“其他非流动负债”项目,反映企业除上述非流动负债项目以外的其他非流动负债。该项目根据其他非流动负债的期末余额减去将于1年内(含1年)到期偿还数后的余额填列。

(48)“实收资本(或股本)”项目,反映企业接受投资者投入的实收资本。该项目根据“实收资本”账户的期末余额填列。

(49)“资本公积”项目,反映企业收到投资者出资额超出其在注册资本或股本中所占份额的部分。该项目根据“资本公积”账户的期末余额填列。资本公积为负数时以“-”号填列。

(50)“库存股”项目,反映企业持有尚未转让或注销的本公司股份金额。该项目根据“库存股”账户的期末余额填列。

(51)“盈余公积”项目,反映企业从净利润中提取的盈余公积。该项目根据“盈余公积”账户的期末余额填列。

(52)“未分配利润”项目,反映企业尚未分配的利润。在编制中期会计报表时,该项目根据“本年利润”和“利润分配”账户的期末余额计算填列。在编制年度会计报表时,该项目根据“利润分配——未分配利润”账户的余额直接填列,也可以利用表间勾稽关系从所有者权益变动表(或股东权益变动表)中得到。若为累计未弥补亏损则以“-”号填列。

15.4.4 资产负债表编制举例

【例15-1】 泰佛公司为一般纳税人,适用的增值税税率为17%,所得税税率为25%。该公司2005年12月31日与2006年12月31日借方项目和贷方项目余额如表15-2所示。

表15-2 借方项目与贷方项目余额表

编制单位:泰佛公司　　　　单位:元

项目	期初数	期末数	项目	期初数	期末数
借方项目:			贷方项目:		
货币资金	8 437 800	6 302 814	坏账准备	5 400	10 800
交易性金融资产	90 000	630 000	累计折旧	1 800 000	420 000
应收票据	1 476 000	205 800	累计摊销		360 000
应收账款	2 400 000	4 200 000	固定资产减值准备		180 000
预付款项	600 000	600 000	短期借款	1 800 000	300 000
应收股利			应付票据	1 200 000	600 000
其他应收款	1 830 000	1 830 000	应付账款	5 728 800	5 728 800
存货	15 480 000	15 496 200	预收款项		

续表

项目	期初数	期末数	项目	期初数	期末数
一年内到期的非流动资产			应付职工薪酬	660 000	1 080 000
其他流动资产			应交税费	219 600	631 644
可供出售金融资产			应付利息		
持有至到期投资			应付股利		
投资性房地产			其他应付款	300 000	300,000
长期股权投资	1 500 000	1 500 000	一年内到期的非流动负债	6 000 000	6 000 000
长期应收款			长期借款	3 600 000	3 600 000
固定资产	6 600 000	12 006 000	应付债券		
在建工程	9 000 000	3 168 000	长期应付款		
工程物资	900 000		专项应付款		
固定资产清理			递延所得税负债		
无形资产	3 600 000	3 600 000	其他非流动负债		
开发支出			实收资本(或股本)	30 000 000	30 000 000
商誉			资本公积		
长期待摊费用			盈余公积	600 000	757 257
递延所得税资产		45 000	未分配利润	300 000	1 715 313
其他非流动资产	1 200 000	1 200 000	减:库存股		
借方项目合计:	52 213 800	51 683 814	贷方项目合计	52 213 800	51 683 814

根据借方项目和贷方项目余额表编制的年末资产负债表,如表15-3所示。

表15-3 资产负债表 会企01表

编制单位:泰佛公司 2006年12月31日 单位:元

资 产	期末余额	年初余额	负债和所有者权益	期末余额	年初余额
流动资产:			流动负债:		
货币资金	6 302 814	8 437 800	短期借款	300 000	1 800 000
交易性金融资产	630 000	90 000	交易性金融负债	0	0
应收票据	205 800	1 476 000	应付票据	600 000	1 200 000
应收账款	4 189 200	2 394 600	应付账款	5 728 800	5 728 800
预付款项	600 000	600 000	预收款项	0	0
应收利息	0	0	应付职工薪酬	1 080 000	660 000
应收股利	0	0	应交税费	631 644	219 600
其他应收款	1 830 000	1 830 000	应付利息	0	0

续表

资　　产	期末余额	年初余额	负债和所有者权益	期末余额	年初余额
存货	15 496 200	15 480 000	应付股利	0	0
一年内到期的非流动资产	0	0	其他应付款	300 000	300 000
其他流动资产	0	0	一年内到期的非流动负债	6 000 000	6 000 000
流动资产合计	29 254 014	30 308 400	其他流动负债	0	0
非流动资产：			流动负债合计	14 640 444	15 908 400
可供出售金融资产	0	0	非流动负债：		
持有至到期投资	0	0	长期借款	3 600 000	3 600 000
长期应收款	0	0	应付债券	0	0
长期股权投资	1 500 000	1 500 000	长期应付款	0	0
投资性房地产	0	0	专项应付款	0	0
固定资产	11 406 000	4 800 000	预计负债	0	0
在建工程	3 168 000	9 000 000	递延所得税负债	0	0
工程物资	900 000	0	其他非流动负债		
固定资产清理	0	0	非流动负债合计	3 600 000	3 600 000
生产性生物资产	0	0	负债合计	18 240 444	19 508 400
油气资产	0	0	所有者权益：	0	
无形资产	3 240 000	3 600 000	实收资本(或股本)	30 000 000	30 000 000
开发支出	0	0	资本公积	0	0
商誉	0	0	减：库存股	0	0
长期待摊费用	0	0	盈余公积	757 257	600 000
递延所得税资产	45 000	0	未分配利润	1 715 313	300 000
其他非流动资产	1 200 000	1 200 000	所有者权益合计	32 472 570	30 900 000
非流动资产合计	21 459 000	20 100 000			
资产总计	50 713 014	50 408 400	负债和所有者权益总计	50 713 014	50 408 400

15.5 利润表

15.5.1 利润表的概念及作用

利润表是反映企业在一定会计期间的经营成果的财务报表。它是根据“收入－费用＝利润”这一等式，把一定期间的收入与其同一会计期间相关的费用进行配比，计算出企业一定时期的净利润（或净亏损）。需要说明的是，由于收入不包括处置固定资产净收益等，费用不包括处置固定资产净损失等，因此，收入减去费用需要经过调整才能等于利润。

通过利润表可以反映企业在一定会计期间的收入、费用、利润(或亏损)的情况,能够反映企业生产经营的收益和成本耗费情况,表明企业生产经营成果。为财务报表使用者提供分析企业获利能力等指标的会计信息,为报表使用人进行决策提供依据。

15.5.2 利润表的格式及内容

利润表在形式上,分为表头、表身两个部分。表头主要反映利润表的名称、编制单位、编制日期和金额单位;表身反映报告期间的各项收支及利润指标。

利润表是通过一定的格式来反映企业的经营成果。目前比较普遍的利润表的格式有多步式利润表和单步式利润表两种。根据《企业会计准则第30号——财务报表列表》的相关解释规定,我国一般企业利润表基本格式如表15-4所示。

表15-4 利润表

会企02表

编制单位: ____年____月 单位:元

项目	本期金额	上期金额
一、营业收入		
减:营业成本		
营业税金及附加		
销售费用		
管理费用		
财务费用		
资产减值损失		
加:公允价值变动收益(损失以"-"号填列)		
投资收益(损失以"-"号填列)		
其中:对联营企业和合营企业的投资收益		
二、营业利润(亏损以"-"号填列)		
加:营业外收入		
减:营业外支出		
其中:非流动资产处置损失		
三、利润总额(亏损总额以"-"号填列)		
减:所得税费用		
四、净利润(净亏损以"-"号填列)		
五、每股收益:		
(一)基本每股收益		
(二)稀释每股收益		

15.5.3 利润表的编制方法

15.5.3.1 编制步骤

我国利润表的编制被分解为多个步骤完成。

(1)计算确定营业利润。即以营业收入减去营业成本、营业税金及附加、销售费用、管理费用、财务费用、资产减值损失,加上公允价值变动收益(减去公允价值变动损失)和投资收益(减去投资损失)。

(2)计算确定利润总额。即以营业利润加上营业外收入,减去营业外支出。

(3)计算确定净利润。即以利润总额减去所得税费用。

普通股或潜在普通股已公开交易的企业以及正处于公开发行普通股或潜在普通股过程中的企业,按照要求还应当在利润表中列示每股收益信息。

15.5.3.2 项目填列

按照前后期对比的要求,利润表由“本期金额”和“上期金额”两个栏目组成。

利润表的“上期金额”栏各项目数字,应根据上年该期利润表的“本期金额”栏内所列数字填列。如上年该期各项目的名称、内容与本期不一致时,应按本期的规定进行调整,填入本表“上期金额”栏内。

利润表的“本期金额”栏各项目数字,除“基本每股收益”和“稀释每股收益”项目外,应根据相关账户的本期发生额分析填列。比如,“营业收入”项目应根据“主营业务收入”和“其他业务收入”账户的本期发生额分析计算填列;“营业成本”项目应根据“主营业务成本”和“其他业务成本”账户的本期发生额分析计算填列。

15.5.4 利润表编制举例

【例 15-2】 泰佛公司2006年度利润表科目本年累计发生额如表15-5所示。

表 15-5 2006 年度利润表科目本年度累计发生额 单位:元

科目名称	借方发生额	贷方发生额
营业收入		7 500 000
营业成本	4 500 000	
营业税金及附加	12 000	
销售费用	120 000	
管理费用	582 600	
财务费用	180 000	
资产减值损失	185 400	
投资收益		9 000
营业外收入		300 000
营业外支出	132 240	
所得税费用	524 190	

根据本年度相关科目发生额编制的利润表如表15-6所示。

表15-6 利润表 会企02表

编制单位:泰佛公司 20×6年度 单位:元

项　　目	本期金额	上期金额
一、营业收入	7 500 000	
减:营业成本	4 500 000	
营业税金及附加	12 000	
销售费用	120 000	
管理费用	582 600	
财务费用	180 000	
资产减值损失	185 400	
加:公允价值变动收益(损失以"-"号填列)	0	
投资收益(损失以"-"号填列)	9 000	
其中:对联营企业和合营企业的投资收益	0	
二、营业利润(亏损以"-"号填列)	1 929 000	
加:营业外收入	300 000	
减:营业外支出	132 240	
其中:非流动资产处置损失		
三、利润总额(亏损总额以"-"号填列)	2 096 760	
减:所得税费用	524 190	
四、净利润(净亏损以"-"号填列)	1 572 570	
五、每股收益:		
(一)基本每股收益		
(二)稀释每股收益		

15.6 现金流量表

15.6.1 现金流量表的概念及作用

现金流量表是反映企业在一定会计期间的现金和现金等价物流入和流出的财务报表。其中现金是指企业库存现金以及可以随时用于支付的存款;现金等价物是指企业持有的期限短、流动性强、易于转换为已知金额现金、价值变动风险很小的投资。

众所周知,现金流量是衡量企业质量的一个重要指标,企业的现金流转情况在很大程度上影响着企业的自下而上的发展,而资产负债表和利润表是在权责发生制下编制而成的，分别反映企业某一特定日期财务状况和一定时期经营成果，虽然利润表能够说明筹资活动和投资活动的损益，但却不能说明筹资活动和投资活动产生或运用了多少现金；虽然可以通过前后各期资产负债表的比较反映企业财务状况的变动，但却不能说明其变动的过程和原因，而现金流量表的编制可以弥补上述不足，它为报表使用人提供企业一定会计期间内现金和现金等价物流入和流出的信息，以便于报表使用人了解和评价企业获取现金和现金等价物的能力，并据以预测企业在未来会计期间产生净现金流量的能力、企业偿还债务及支付企业所有者的投资报酬的能力等，为报表使用人的决策服务。

15.6.2 现金流量表的编制基础

根据《企业会计准则第 31 号——现金流量表》规定：现金流量表是以现金为基础编制的。这里所称“现金”是广义的现金概念，它是指企业库存现金、可以随时用于支付的存款以及现金等价物。具体包括以下四种。

1. 库存现金

库存现金是指企业持有可随时用于支付的现金，与会计核算中“库存现金”账户所包括的内容一致。

2. 银行存款

银行存款是指企业存入金融企业，可以随时用于支付的存款。如果存在金融企业的不能随时用于支付的存款则不能作为现金流量表中的现金。

3. 其他货币资金

其他货币资金是指企业存在金融企业有特定用途的资金，如外埠存款、银行汇票存款等。与银行存款项目一样，如果其他货币资金不能随时用于支付，也不能作为现金流量表中的现金。

4. 现金等价物

现金等价物是指企业持有的期限短、流动性强、易于转换为已知金额现金、价值变动风险很小的投资。现金等价物虽然不是现金，但因其支付能力与现金差别不大，所以可视为现金。现金等价物通常指购买在 3 个月或更短时间内即到期或即可转换为现金的短期债券投资。权益性投资变现的金额通常不确定，因而不属于现金等价物。

15.6.3 现金流量表的格式及内容

15.6.3.1 现金流量表的内容

现金流量表反映的是企业现金和现金等价物的流入、流出及净额情况，也就是反映企业的现金流量。企业一定时期内现金流入和流出是由各种因素产生的，净额是流入减流出后的余额。现金流量表首先应对企业现金流量的来源和用途进行合理的分类。《企业会计准则第 31 号——现金流量表》将现金流量分为三类，即：经营活动现金流量、投资活动现金流量、筹资活动现金流量。

1. **经营活动现金流量**

经营活动是指企业投资活动和筹资活动以外的所有交易和事项。经营活动的现金流入主要包括:销售商品、提供劳务收到的现金;收到的税费返还;收到其他与经营活动有关的现金等。经营活动的现金流出主要包括:购买商品、接受劳务支付的现金;支付给职工以及为职工支付的现金;支付的各项税费;支付其他与经营活动有关的现金等。

2. **投资活动现金流量**

投资活动是指企业长期资产的购建和不包括在现金等价物范围内的投资及其处置活动。投资活动的现金流入主要包括:收回投资收到的现金;取得投资收益收到的现金;处置固定资产、无形资产和其他长期资产收回的现金净额;收到其他与投资活动有关的现金等。投资活动的现金流出主要包括:购建固定资产、无形资产和其他长期资产支付的现金;投资支付的现金;支付其他与投资活动有关的现金等。

3. **筹资活动现金流量**

筹资活动是指导致企业资本及债务规模和构成发生变化的活动。筹资活动的现金流入主要包括:吸收投资收到的现金、取得借款收到的现金、收到其他与筹资活动有关的现金等。筹资活动的现金流出主要包括:偿还债务支付的现金;分配股利、利润或偿付利息支付的现金;支付其他与筹资活动有关的现金等。

15.6.3.2 现金流量表的格式

我国对现金流量表格式分为一般企业、商业银行、保险公司、证券公司等企业类型予以规定,企业应当根据自身经营活动的性质,确定本企业适用的现金流量表格式。但不论是何种企业类型的现金流量表均需反映经营活动产生的现金流量、投资活动产生的现金流量、筹资活动产生的现金流量、汇率变动对现金及现金等价物的影响等内容。

根据《企业会计准则第31号——现金流量表》的相关解释规定,我国一般企业现金流量表基本格式如表15-7所示。

表15-7 现金流量表 会企03表

编制单位: ______年____月 单位:元

项 目	本期金额	上期金额
一、经营活动产生的现金流量		
销售商品、提供劳务收到的现金		
收到的税费返还		
收到其他与经营活动有关的现金		
经营活动现金流入小计		
购买商品、接受劳务支付的现金		

续表

项　　目	本期金额	上期金额
支付给职工以及为职工支付的现金		
支付的各项税费		
支付其他与经营活动有关的现金		
经营活动现金流出小计		
经营活动产生的现金流量净额		
二、投资活动产生的现金流量		
收回投资收到的现金		
取得投资收益收到的现金		
处置固定资产、无形资产和其他长期资产收回的现金净额		
处置子公司及其他营业单位收到的现金净额		
收到其他与投资活动有关的现金		
投资活动现金流入小计		
购建固定资产、无形资产和其他长期资产支付的现金		
投资支付的现金		
取得子公司及其他营业单位支付的现金净额		
支付其他与投资活动有关的现金		
投资活动现金流出小计		
投资活动产生的现金流量净额		
三、筹资活动产生的现金流量		
吸收投资收到的现金		
取得借款收到的现金		
收到其他与筹资活动有关的现金		
筹资活动现金流入小计		
偿还债务支付的现金		
分配股利、利润或偿付利息支付的现金		
支付其他与筹资活动有关的现金		
筹资活动现金流出小计		
筹资活动产生的现金流量净额		
四、汇率变动对现金及现金等价物的影响		
五、现金及现金等价物净增加额		
加:期初现金及现金等价物余额		
六、期末现金及现金等价物余额		

根据《企业会计准则第 31 号——现金流量表》规定，企业除编制现金流量表正表外，还必须列示现金流量表附注，以全面披露企业现金流量状况。现金流量表附注适用于一般企业、商业银行、保险公司、证券公司等各类企业，附注披露的内容主要包括三项：一是披露现金流量表的补充资料；二是披露当期取得或处置子公司及其他营业单位的有关信息；三是披露现金和现金等价物的信息。

1. 现金流量表补充资料的基本格式

现金流量表补充资料主要披露将净利润调节为经营活动现金流量的信息。基本格式如表 15-8 所示。

表 15-8 现金流量表补充资料 单位：元

补充资料	本期金额	上期金额
1. 将净利润调节为经营活动现金流量		
净利润		
加：资产减值准备		
固定资产折旧、油气资产折耗、生产性生物资产折旧		
无形资产摊销		
长期待摊费用摊销		
处置固定资产、无形资产和其他长期资产的损失（收益以“－”号填列）		
固定资产报废损失（收益以“－”号填列）		
公允价值变动损失（收益以“－”号填列）		
财务费用（收益以“－”号填列）		
投资损失（收益以“－”号填列）		
递延所得税资产减少（增加以“－”号填列）		
递延所得税负债增加（减少以“－”号填列）		
存货的减少（增加以“－”号填列）		
经营性应收项目的减少（增加以“－”号填列）		
经营性应付项目的增加（减少以“－”号填列）		
其他		
经营活动产生的现金流量净额		
2. 不涉及现金收支的重大投资和筹资活动		
债务转为资本		
一年内到期的可转换公司债券		
融资租入固定资产		
3. 现金及现金等价物净变动情况		
现金的期末余额		

续表

补充资料	本期金额	上期金额
减:现金的期初余额		
加:现金等价物的期末余额		
减:现金等价物的期初余额		
现金及现金等价物净增加额		

2. 披露当期取得或处置子公司及其他营业单位的有关信息的基本格式

根据《企业会计准则第31号——现金流量表》规定,企业应当在附注中以总额披露当期取得或处置子公司及其他营业单位的相关信息。主要包括:取得或处置价格、取得或处置价格中以现金支付的部分、取得或处置子公司及其他营业单位收到的现金、取得或处置子公司及其他营业单位按照主要类别分类的非现金资产和负债。基本格式如表15-9所示。

表15-9 取得或处置子公司及现金流量表

项 目	金额
一、取得子公司及其他营业单位的有关信息	
1. 取得子公司及其他营业单位的价格	
2. 取得子公司及其他营业单位支付的现金和现金等价物	
减:子公司及其他营业单位持有的现金和现金等价物	
3. 取得子公司及其他营业单位支付的现金净额	
4. 取得子公司的净资产	
流动资产	
非流动资产	
流动负债	
非流动负债	
二、处置子公司及其他营业单位的有关信息	
1. 处置子公司及其他营业单位的价格	
2. 处置子公司及其他营业单位收到的现金和现金等价物	
减:子公司及其他营业单位持有的现金和现金等价物	
3. 处置子公司及其他营业单位收到的现金净额	
4. 处置子公司的净资产	
流动资产	
非流动资产	
流动负债	
非流动负债	

3. 披露现金和现金等价物信息的基本格式

根据《企业会计准则第 31 号——现金流量表》规定，企业应当在附注中披露与现金和现金等价物有关的信息。主要包括：现金和现金等价物的构成及其在资产负债表中的相应金额、企业持有但不能由母公司或集团内其他子公司使用的大额现金和现金等价物金额。基本格式如表 15-10 所示。

表 15-10 子公司现金及现金等价物汇总表

项　目	本期金额	上期金额
一、现金		
其中：库存现金		
可随时用于支付的银行存款		
可随时用于支付的其他货币资金		
可用于支付的存放中央银行款项		
存放同业款项		
拆放同业款项		
二、现金等价物		
其中：三个月内到期的债券投资		
三、期末现金及现金等价物余额		
其中：母公司或集团内子公司使用受限制的现金和现金等价物		

15.6.4 现金流量表的编制方法

15.6.4.1 经营活动产生的现金流量的编制方法

经营活动产生的现金流量是评价企业现金流量质量的一项重要指标，经营活动产生的现金流量可以采用直接法和间接法两种方法进行反映。直接法是通过现金流入和现金流出的主要类别反映企业经营活动产生的现金流量，相关项目的数据可以从会计记录中直接获得，也可以在利润表中营业收入、营业成本等数据的基础上，通过计算调整获得。间接法是以本期净利润为起点，调整不涉及现金的收入、费用、营业外收支等有关项目的增减变动，剔除投资活动、筹资活动对现金流量的影响，从而计算出经营活动产生的现金流量。

1. 直接法下相关项目的编制方法

(1)“销售商品、提供劳务收到的现金”项目，反映企业销售商品、提供劳务收到的现金（含应向购买者收取的增值税销项税额），包括本期及前期销售商品、提供劳务收到的现金和本期预收的款项，减去本期退回的本期或前期销售商品支付的现金。企业销售材料和代购供销业务收到的现金也在本项目反映。

(2)“收到的税费返还”项目，反映企业收到返还的各种税费，主要包括返还的增值税、营业税、消费税、企业所得税、关税、教育费附加等各种税费返还款。该项目的金额根据“银行存款”、“营业税金及附加”、“所得税费用”以及“应交税费”等科目的记录分析计算确定。

(3)“收到的其他与经营活动有关的现金”项目,反映企业收到的除上述项目外其他与经营活动有关的现金流入,主要包括罚款收入、经营租赁收到的租金等。若金额较大的应当单独列示。该项目没有固定的科目对应关系,通常需要分析“库存现金”、“银行存款”等科目的借方发生额进行确定。

(4)“购买商品、接受劳务支付的现金”项目,反映企业购买商品、接受劳务实际支付的现金(含支付给销售方的增值税进项税额),包括本期及前期购买商品、接受劳务实际支付的现金和本期预付的款项,减去本期发生的购货退回收到的现金。

(5)“支付给职工以及为职工支付的现金”项目,反映企业本期实际支付给职工的工资、奖金、各种津贴和补贴以及为职工支付的其他费用。不包括支付给离退休人员的各项费用和应由在建工程、无形资产负担的职工薪酬等。

(6)“支付的各项税费”项目,反映企业本期或以前各期发生,本期支付的税费和预交的税金,如支付的营业税、房产税、印花税、土地增值税、车船税、矿产资源补偿费、教育费附加等各项税费。不包括计入固定资产价值、实际支付的耕地占用税及本期退回的增值税、企业所得税等。该项目的金额根据“应交税费”科目所属的各明细科目的借方发生额分析计算确定。

(7)“支付的其他与经营活动有关的现金”项目,反映企业支付的除上述项目外其他与经营活动有关的现金流出,主要包括罚款支出、支付的差旅费、业务招待费、保险费、经营租赁支付的租金等。若金额较大的应当单独列示。该项目一般通过分析“销售费用”、“管理费用”等科目发生额的基础上进行填列。

2. 间接法下相关项目的编制方法

(1)“资产减值准备”项目,反映企业本期计提的坏账准备、存货跌价准备、长期股权投资减值准备、持有至到期投资减值准备、固定资产减值准备等资产减值准备。该项目主要根据“资产减值损失”科目记录情况进行填列。

(2)“固定资产折旧、油气资产折耗、生产性生物资产折旧”项目,反映企业本期计提的固定资产折旧、油气资产折耗、生产性生物资产折旧。

(3)“无形资产摊销”、“长期待摊费用摊销”项目,反映企业本期计提的无形资产摊销、长期待摊费用摊销。分别根据“累计摊销”、“长期待摊费用”科目的贷方发生额分析填列。

(4)“处置固定资产、无形资产和其他长期资产的损失”项目,反映企业本期处置固定资产、无形资产和其他长期资产发生的损益。该项目根据“营业外收入”、“营业外支出”、“其他业务收入”、“其他业务成本”等科目所属明细科目的记录分析填列。若处置结果为取得净收益则以“ - ”号填列。

(5)“固定资产报废损失”项目,反映企业固定资产报废损失(含自然灾害造成的非常损失)以及固定资产盘亏(减去盘盈)后的净损失。该项目根据“营业外收入”、“营业外支出”等科目所属明细科目的记录分析填列。若盘亏损失与盘盈收益相抵后为净收益则以“-”号填列。

(6)“公允价值变动损失”项目,反映企业持有的金融资产、金融负债以及采用公允价值计量模式的投资性房地产的公允价值的变动损失。该项目根据利润表中的“公允价值变动收益”项目的金额填列。若为变动收益则以“-”号填列。

(7)“财务费用”项目,反映企业本期发生的财务费用中应从净利润中剔除不属于经营活动的部分。该项目根据“财务费用”科目的本期借方发生额分析填列。若为收益则以“-”号填列。

(8)“投资损失”项目,反映企业本期投资所发生的损失减去收益后的净损失。该项目根据利润表中的“投资收益”项目的金额填列。若为投资净收益则以“-”号填列。

(9)“递延所得税资产减少”、“递延所得税负债增加”项目,反映企业本期递延所得税资产减少和递延所得税负债增加的情况。其中,“递延所得税资产减少”项目根据资产负债表中“递延所得税资产”项目的期初余额减去期末余额后的差额填列;“递延所得税负债增加”项目根据资产负债表中“递延所得税负债”项目的期末余额减去期初余额后的差额填列。

(10)“存货的减少”项目,反映企业本期存货的增减情况。该项目根据资产负债表中的“存货”项目的期初余额减去期末余额后的差额填列。

(11)“经营性应收项目的减少”项目,反映企业本期经营性应收项目增减情况。该项目根据应收票据、应收账款、预付账款、其他应收款、长期应收款等项目中与经营活动有关的部分及应收的增值税销项税额的期初余额减去期末余额后的差额填列。

(12)“经营性应付项目的增加”项目,反映企业本期经营性应付项目的增减情况。该项目根据应付票据、应付账款、预收账款、应付职工薪酬、应交税费、应付利息、应付股息、其他应付款、长期应付款等项目中与经营活动有关的部分及应付的增值税进项税额的期末余额减去期初余额后的差额填列。

15.6.4.2 投资活动产生的现金流量的编制方法

(1)“收回投资收到的现金”项目,反映企业出售、转让或到期收回除现金等价物以外的交易性金融资产、长期股权投资而收到的现金以及收回的持有至到期投资本金而收到的现金,不包括持有至到期投资收回的利息。

(2)“取得投资收益收到的现金”项目,反映企业因各种投资而分得的现金股利、利润、利息等。主要包括股权性投资分得的现金股利;债权性投资取得的现金利息收入;从子公司、联营企业或合营企业分回的现金利润等。

(3)“处置固定资产、无形资产和其他长期资产收回的现金净额”项目,反映企业处置固定资产、无形资产和其他长期资产取得的现金,减去为处置这些资产而支付的有关费用后的净额。

(4)“处置子公司及其他营业单位收到的现金净额”项目,反映企业处置子公司及其他营业单位所取得的现金减去相关处置费用后的净额。

(5)“收到其他与投资活动有关的现金”项目,反映企业除上述各项以外收到的其他与投资活动有关的现金流入。若金额较大的应当单独列示。

(6)“购建固定资产、无形资产和其他长期资产支付的现金”项目,反映企业购买、建造固定资产,取得无形资产和其他长期资产所支付的现金。不包括为构建固定资产而发生的借款利息资本化的部分以及融资租入固定资产支付的租赁费用等。该项目根据“固定资产”、“在建工程”、“无形资产”、“库存现金”、“银行存款”等科目的记录分析填列。

(7)“投资支付的现金”项目,反映企业取得的除现金等价物以外的权益性投资和债权性投资所支付的现金以及支付的佣金、手续费等附加费用。该项目根据“交易性金融资产”、“持有至到期投资”、“长期股权投资”、“库存现金”、“银行存款”等科目的记录分析填列。

(8)“取得子公司及其他营业单位支付的现金净额”项目,反映企业购买子公司及其他营业单位购买价款中以现金支付的部分,减去子公司及其他营业单位持有的现金和现金等价物后的净额。

(9)“支付其他与投资活动有关的现金”项目,反映企业除上述各项以外支付的其他与投资活动有关的现金流出。若金额较大的应当单独列示。

15.6.4.3 筹资活动产生的现金流量的编制方法

(1)“吸收投资收到的现金”项目,反映企业以发行股票、债券等方式筹集资金实际收到的款项,减去直接支付给金融企业的手续费、宣传费、咨询费、印刷费等发行费用后的净额。该项目可根据“实收资本”(或“股本”)、“库存现金”、“银行存款”等科目的记录分析填列。

(2)“取得借款收到的现金”项目,反映企业举借各种短期、长期借款收到的现金。该项目根据“短期借款”、“长期借款”、“库存现金”、“银行存款”等科目的记录分析填列。

(3)“收到其他与筹资活动有关的现金”项目,反映企业除上述各项以外形成的其他与筹资活动有关的现金流入。若金额较大的应当单独列示。

(4)“偿还债务支付的现金”项目,反映企业以现金偿还包括金融企业的借款、发行的债券等债务的本金。企业偿还的借款利息、债券利息不在本项目中列示。该项目根据“短期借款”、“长期借款”、“应付债券”、“库存现金”、“银行存款”等科目的记录分析填列。

(5)“分配股利、利润或偿付利息支付的现金”项目,反映企业实际支付的现金股利、支付给其他投资者的利润或用现金支付的借款利息、债券利息等。该项目根据“应付股利”、“财务费用”、“应付利息”、“库存现金”、“银行存款”等科目的记录分析填列。

(6)“支付其他与筹资活动有关的现金”项目,反映企业除上述各项以外形成的其他与筹资活动有关的现金流出。若金额较大的应当单独列示。

15.7 所有者权益变动表

15.7.1 所有者权益变动表的概念及作用

所有者权益变动表是反映企业在一定期间所有者权益各组成项目的增减变动情况的报表。通过编制所有者权益变动表能够反映企业所有者权益各项目的增减变动的原因及变动结果以及所有者权益各项目的比例分布情况,为报表使用人的决策提供信息。

15.7.2 所有者权益变动表的格式及内容

所有者权益变动表反映的内容主要包括:因净利润和直接计入所有者权益的利得和损失导致的所有者权益的变动;所有者的资本交易导致的所有者权益的变动以及所有者权益项目内部的变动等。

根据《 < 企业会计准则第 30 号——财务报表列表 > 应用指南》的相关解释规定,我国一般企业所有者权益变动表基本格式如表 15-11 所示。

表 15-11 所有者权益变动表

会企 04 表

编制单位: ________年度 单位:元

项目	本年金额						上年金额					
	实收资本	资本公积	减:库存股	盈余公积	未分配利润	所有者权益合计	实收资本	资本公积	减:库存股	盈余公积	未分配利润	所有者权益合计
一、上年年末余额												
加:会计政策变更												
前期差错更正												
二、本年年初余额												
三、本年增减变动金额(减少以“-”号填列)												
(一)净利润												
(二)直接计入所有者权益的利得和损失												
1. 可供出售金融资产公允价值变动净额												
2. 权益法下被投资单位其他所有者权益变动的影响												
3. 与计入所有者权益项目相关的所得税影响												

续表

项目	本年金额						上年金额					
	实收资本	资本公积	减:库存股	盈余公积	未分配利润	所有者权益合计	实收资本	资本公积	减:库存股	盈余公积	未分配利润	所有者权益合计
4.其他												
上述(一)和(二)小计												
(三)所有者投入和减少资本												
1.所有者投入资本												
2.股份支付计入所有者权益的金额												
3.其他												
(四)利润分配												
1.提取盈余公积												
2.对所有者(或股东)的分配												
3.其他												
(五)所有者权益内部结转												
1.资本公积转增资本(或股本)												
2.盈余公积转增资本(或股本)												
3.盈余公积弥补亏损												
4.其他												
四、本年年末余额												

15.7.3 所有者权益变动表的编制方法

所有者权益变动表中各项目应根据当期净利润、直接计入所有者权益的利得和损失项目、所有者投入资本和向所有者分配利润、提取盈余公积等情况分析填列。

15.7.3.1 上年金额的填列

所有者权益变动表中“上年金额”栏应根据上年度所有者权益变动表“本年金额”栏数字填列。若上年度所有者权益变动表中项目的名称和内容与本年度不一致,应按照本年度的规定进行调整后,填入所有者权益变动表“上年金额”栏内。

15.7.3.2 本年金额的填列

所有者权益变动表中“本年金额”栏各项数字一般应根据“实收资本(或股本)”、“资本公积”、“盈余公积”、“利润分配”、“库存股”、“以前年度损益调整”等科目的发生额分析填列。

15.8 附注

15.8.1 附注的概念及作用

附注是指对在财务报表中列示项目所作的进一步说明以及对未能在这些报表中列示项目的说明等。根据《企业会计准则第30号——财务报表列报》规定,附注是对在资产负债表、利润表、现金流量表和所有者权益变动表等报表中列示项目的文字描述或明细资料以及对未能在这些报表中列示项目的说明等。需要说明的是:本节所述附注不包括现金流量表的附注内容,现金流量表附注见15.4节中的相关内容。附注是财务报表的重要组成部分,企业应当按照规定披露附注信息,为报表使用人提供全面、完整的会计信息。

15.8.2 附注的内容

根据《企业会计准则第30号——财务报表列报》的规定,附注主要包括以下9项内容。

15.8.2.1 企业的基本情况

企业应当披露企业注册地、组织形式和总部地址;企业的业务性质和主要经营活动;母公司以及集团最终母公司的名称;财务报告的批准报出者和财务报告批准报出日等企业的基本情况。

15.8.2.2 财务报表的编制基础

企业应当披露会计年度、记账本位币、会计计量所运用的计量基础、现金和现金等价物的构成等财务报表的编制基础。

15.8.2.3 遵循企业会计准则的声明

企业应当声明编制的财务报表符合企业会计准则的要求,真实、完整地反映了企业的财务状况、经营成果和现金流量等有关信息。

15.8.2.4 重要会计政策和会计估计

企业应当考虑与会计政策或会计估计相关项目的性质和金额,判断会计政策和会计估计是否重要,对企业采用的重要会计政策和会计估计予以披露。

15.8.2.5 会计政策和会计估计变更以及差错更正的说明

企业应当按照《企业会计准则第28号——会计政策、会计估计变更和差错更正》规定,对会计政策和会计估计变更以及差错更正的有关情况进行披露。

15.8.2.6 报表重要项目的说明

企业应当尽可能地以表格形式披露重要报表项目的构成或当期增减变动情况,对报表重要项目的说明应当按照资产负债表、利润表、现金流量表、所有者权益变动表及其项目列示的顺序,采用文字和数字描述相结合的方式进行披露。报表重要项目的明细金额合计,应当与报表项目金额相衔接。

15.8.2.7 或有事项

根据《企业会计准则第13号——或有事项》的相关规定，除在涉及未决诉讼、未决仲裁的情况下，披露全部或部分或有事项信息预期对企业造成重大不利影响外，企业应当在附注中披露预计负债、或有负债、或有资产等或有事项的相关内容。

15.8.2.8 资产负债表日后事项

根据规定，企业应当披露每项重要的资产负债表日后非调整事项的性质、内容及其对财务状况和经营成果的影响，无法做出估计的应当说明原因；资产负债表日后企业利润分配方案中拟分配的以及经审议批准宣告发放的股利或利润等信息。

15.8.2.9 关联方关系及其交易

根据规定，企业应当披露与关联方的关系及关联方的相关信息，若本企业与关联方发生交易的，应当披露各关联方关系的性质、交易类型及交易要素等内容。

15.9 专项会计报表

外经贸企业除需要编制前述资产负债表、利润表、现金流量表、所有者权益变动表等之外，还需要编制一些与其经营特点相关的专项会计报表。本书主要介绍主要进口商品销售成本及盈亏表和主要出口商品成本及盈亏表。

15.9.1 主要进口商品销售成本及盈亏表

主要进口商品销售成本及盈亏表是反映外经贸企业季度、年度主要进口商品销售收入、销售总成本、商品进价及盈亏额情况的会计报表。其基本格式如表15-16所示。

表15-16 主要进口商品销售成本及盈亏表 单位：元

商品名称	计量单位	销售数量	销售收入		销售总成本								盈亏额			
					总值	商品进价					进口费用	销售税金及附加	本年		上年同期	
						合计	国外进价			进口关税及消费税						
			单位	金额			美元单价	美元金额	人民币金额				单位盈亏	总额	单位盈亏	总额
1	2	3	4	6	7	8	9	10	11	12	13	14	17	18	19	20
合计																

财务负责人： 复核人： 填表人：

主要进口商品销售成本及盈亏表填列方法如下。

(1)“商品名称”和“计量单位”栏应按照国家海关统一编制的海关商品码目录执行。

(2)“销售收入”栏应按照各有关进口销售收入账户及其明细账户的发生额分析填列。

(3)“销售总成本”栏填列方法有以下四种

(1)“总值”项应按“商品进价”(国外进价加进口关税及消费税)加“进口费用”和“销售税金及附加”后的金额填列。

(2)“商品进价”中“国外进价”项下“人民币金额”栏应按有关进口销售成本账户发生额分析填列;“美元金额”栏应按期末中国人民银行公布的美元对人民币汇价或国家规定的美元折算价折算后填列。所折算的美元金额除以销售数量得出“美元单价”。

(3)“进口费用”项按照进口商品营业费用和应分摊到进口商品的管理费用和财务费用计算填列。其中,营业费用一般应直接认定到商品,管理费用和财务费用应按照合理方法在账外分摊计入各有关进口商品。

(4)“销售税金及附加”项应按照销售税金及附加科目有关内容分析填列。其中,能直接认定到商品的应直接认定;不能直接认定到商品的在账外合理分摊。

(4)“盈亏额”栏应按照“销售收入”减去“销售总成本”后的金额填列。

15.9.2 主要出口商品成本及盈亏表

主要出口商品成本及盈亏表是反映外经贸企业季度、年度自营出口销售收入、出口总成本、盈亏总额和出口每美元成本等情况的会计报表。其基本格式如表15-17所示:

表15-17 主要出口商品成本及盈亏表

商品名称	计量单位	销售数量	销售收入			出口总成本									盈亏总额	出口美元成本(元)			
			折美元		人民币金额	总值	出口经营成本							出口间接费用		本年		上年同期	
							商品进价			出口直接费用	消费税退税	出口关税	合计						
			单位(元)	金额			单位(元)	金额	中：增值税未退金额							经营成本	总成本	经营成本	总成本
1	2	3	4	5	6	7	8	9	10	11	12	13	14	15	16	17	18	19	20
合计																			

财务负责人: 复核人: 填表人:

主要出口商品成本及盈亏表填列方法如下。

(1)“商品名称”和“计量单位”栏应按照国家海关统一编制的海关商品码目录执行。

(2)“销售收入”栏中“人民币金额”应按“主营业务收入——自营出口销售收入”账户及有关明细账户发生额分析填列。“折美元”下的“金额”应按照栏目中“人民币金额”除以期末国家美元外汇牌价或国家规定的美元折算价计算填列。“折美元”下的“金额”除以销售数量即可得出“折美元”下“单价”金额。

(3)“出口总成本”总值由“出口经营成本”加“出口间接费用”组成。按“主营业务成本——自营出口销售成本”账户及有关明细账户发生额分析填列。

(4)“出口经营成本”由“商品进价”加“出口直接费用”减“消费税退税”加“出口关税”组成。

(5)“盈亏总额”栏按照“销售收入”减去“出口总成本”后的金额填列。

(6)“出口美元成本(元)”栏下“经营成本”应根据“出口每美元经营成本(元)=出口经营成本/销售收入(美元)”公式计算填列。“总成本”应根据“出口每美元总成本(元)=出口总成本/销售收入(美元)”公式计算填列。

16

财务报表分析

本章学习要点

- 了解为什么需要进行财务报表分析。
- 了解财务报表分析的主要内容和原则。
- 掌握财务报表分析的一般步骤和基本方法。
- 了解财务报表分析的基本特征及形成基础。

16.1 财务报表分析概述

报表分析是以企业基本活动为对象,以财务报表为主要信息来源,运用统计分析方法对财务报表中有关数据资料进行整理、比较与研究的活动过程,其目的是对企业的财务状况与经营成果进行评价和预测,为管理者提供可靠的决策依据。

财务报表分析是企业财务管理人员经常进行的重要工作,通过分析,随时找出企业在理财中出现的缺陷和潜在的问题,提出相应的措施,保证企业的各项工作按既定的目标进行。

16.1.1 财务报表分析的作用

外经贸企业在日常会计核算中,通过填制和审核凭证、复式记账、设置账户、登记账簿、成本核算等一系列工作，把企业各项经济活动情况进行分类和归纳，这是会计核算的重要基础工作。而会计日常核算资料很多，且是分散记录在各种账户中，数据不系统，难以集中反映企业的经济活动全貌。为了定期分析和检查企业的经营活动，财会部门必须依照有关法规，按一定的时期将各种账簿的资料进行整理和分类，用特定的报表形式将企业财务状况及经济成果全面反映出来，并对财务报表所反映的各项经济指标进行说明和分析。

企业的财务报表由主表、附表、附注、审计报告及相关图表等组成，有着巨大的信息容量，其所反映的企业各方面的财务状况，能为财务报表的使用者提供重要的经济信息，然而，报表内部及报表之间的错综复杂的数字关系以及会计政策、核算制度和估计方法的选择却给财务报表的不同使用者带来不便，再加上特别项目的处理、主客观原因造成的信息遗漏、部分企业管理人员的暗中操纵及通货膨胀的客观影响等，都成为报表使用的障碍。

如何跨越存在于财务报表中的各种有形、无形的障碍，使复杂的财务信息得以揭示呢？财务报表分析正是实现这一目标的基本途径。分析是人们认识客观事物的最根本方法之一，进行财务报表分析则是了解和认识企业财务状况、发展动态和管理缺陷的基本方法。财务报表分析的作用具体表现在以下几个方面。

1. 财务报表分析是债权人、投资者和经营者进行管理决策的重要依据

财务报表分析是企业预测与决策的基础。财务报表尽管为制定经营决策提供了所需的各种有用数据，但这毕竟是历史性的资料，不能简单地据其进行决策，还需要借助一定的分析方法对财务报表上的数据进行分析，才能了解过去，掌握现在，预测未来，进而做出新的决策。只有搞好财务报表分析，才能掌握经济活动的规律，确保企业预测、决策的准确性。

财务报表分析是检查企业财务目标的完成情况，考核经营管理人员的业绩，完善激励机制的依据。在现代市场经济中，评价一个企业的财务状况和经营业绩，必须把各种经济指标及相关的多种信息联系起来，进行系统的分析，才能得出正确判断。通过财务报表分析，不仅能把握财务活动的结果、财务计划的完成、经营目标的实现程度等，而且能分清各部门的工作成果及其对财务计划执行情况与经济效益的影响。因而通过分析，可以了解各部门的财务业绩，确定各部门的生产、经营、财务活动对整个企业财务成果的影响，并据此进行奖惩。

财务报表分析是挖掘内部潜力、改善经营管理、提高经济效益的手段。在市场经济条件下，每个企业都不可避免地面临着激烈的市场竞争，经受着优胜劣汰的挑战，为了谋生存、求发展，企业必须清楚地了解自己。财务报表分析，不仅能对现有的财务状况和财务成果进行评价，更为重要的是通过分析，研究财务管理中存在的薄弱环节，找到影响财务状况和财务成果的有利因素和不利因素，挖掘潜力，使有利因素进一步巩固和发展，改变不利因素产生的条件，以便拓展财务、改善管理，促进经济效益的提高。

2. 财务报表分析是投资者进行投资决策，并行使其表决权的依据

投资者是企业外部重要的报表使用人。一方面，投资者及潜在投资者进行投资决策时必须借助财务报表分析。企业财务状况和经营成果的好坏，尤其是企业赢利能力的强弱，是投资者决定其投资方向及投资数额多少的关键因素。对于绝大多数投资者而言，了解企业赢利能力状况的最主要途径是财务报表。通过财务报表分析，比较各被投资企业的赢利水平，从而做出投资“进”或“退”的抉择。另一方面，投资者作为企业终极财产所有者和终极风险承担者，他们拥有对企业重大财务事项的表决权。由于投资者并不参与企业的日常经营，其表决权的行使也只能借助于财务报表分析。通过正确、完整的财务报表分析资料，可以详细地了解企业资源结构、资金运用情况、赢利能力、支付能力及信用状况等，从而便于投资者把握企业状况，做出相应决策，维护其合法权益。

3. 财务报表分析是债权人决定其授信对象和授信额度的重要依据

债权人作为企业重要的资金供给人之一，影响着企业的筹资状况和资本结构，关系着企业负债经营的程度和财务杠杆作用的大小。债权优先于所有权，而且企业必须承担还本付息的法定义务，相对于投资者而言，债权人所承担的风险较小。然而，债权人只是通过资金的供应取得利息收入，而不具备表决权，那么，企业的财务状况好坏，尤其是企业偿债能力的强弱，极大地影响着债权人的投资安全性和收益性。因此，债权人在决定其授信对象、授信额度，确定其贷款利率和贷款期限时，必须依据财务报表分析。

4. 财务报表分析是国家经济管理部门维护市场秩序、保证市场有效运转的途径

要维护好市场秩序，促进市场的有效运转，首先增强市场参与者的透明度，否则，由于市场参与者的欺诈行为或提供的模糊信息，必然给相关关系人带来利益损失，引起市场的混乱，削弱市场的竞争效力。国家宏观经济管理部门通过财务报表分析所提供的信息资料，可以检查企业财会法规、制度的贯彻执行情况，可以真实、深入、可靠地了解企业经营状况和财务状况，及时揭露财务报表中的伪造信息，维护正常的市场秩序；并通过汇总的正确财务信息，制定相应的财政政策、税收政策及信贷政策等，解决企业间有限资源的有效配置问题，促进生产正常、高效运转。

16.1.2 财务报表使用者

从财务报表分析中获得益处的人，主要是报表使用者，即企业的利益关系人。他们拿到报表后，要进行分析，获得对自己决策有用的信息。

企业的利益关系人可以分为：投资者、债权人、经营者、客户、政府部门、企业职工、竞争对手和社会公众等，他们使用财务报表的目的不同，需要的信息不同，采用的分析程序不同。因此，不同的财务报表使用者在阅读财务报表时均各有侧重。对此，有必要了解他们对财务报表的分析重点。

1. 投资者(股东)

这里的投资者包括两层含义，一是现存的投资者；二是潜在的、未来的投资者。

投资者最关心的是其权益的风险、投资能否增值、投资报酬或投资回报能有多大、能否满足其期望的投资收益要求。这些决定投资者是否向企业投资，是否还要追加投资，是否需要收回或转让投资。因此，投资者阅读、分析报表的重点首先是企业的获利能力、投资回报率及企业经营的风险水平，以此做出自己的投资决策。

2. 债权人

债权人有多种提供资金的方式，提供资金的目的也不尽相同。大体上可以分为两种：一种是提供商业信用的赊销商，另一种是为企业提供融资服务的金融机构。

商业债权人向企业提供商品或服务，为了扩大销售，他们允许企业在一个合理的期限内延期付款。这个时间界限，根据行业惯例确定，大多数行业惯例都是短期的，通常是30~60天。如果延期付款，商业债权人经常得不到延期的利息。商业债权人的利润直接来自销售的毛利，而不是借款的利息，因此他们只关心企业是否有到期支付货款的现金，而不重视企业是否赢利。

提供融资服务的债权人，也叫非商业债权人。他们向企业提供融资服务，并得到企业的承诺，在未来的特定日期偿还借款并支付利息。融资服务的主要形式是贷款，包括短期贷款和长期贷款。这样，债权人就分为短期债权人和长期债权人。其中，短期债权人提供的债权期限在12个月以内，他们最为关心的是企业偿还短期债务的能力。长期债权人向企业提供1年期以上的债权，他们最为关心的则是企业连续支付利息和到期（若干年后）偿还债务本金的能力。因而，债权人并不十分关心企业的获利能力，但对企业的偿债能力却是时刻保持关注。如企业有多少资产可以作为偿付债务的保证，特别是企业有多少可以立即变现的资产作为偿付债务的保证。

当然，获利能力高低有时会影响债权人的态度，因为企业效益高低是确保企业提高偿债能力的基础，即使企业一时财务状况不佳，偿付能力不强，但如果效益已经好转，也可以使债权人改变态度，决定对企业提供债务融资。

3. 经营者

经营者即企业的经营管理人员，他们受企业业主或股东的委托，对他们投入企业资本的保值和增值担负责任。经营者负责企业的日常经营活动，必须确保公司支付给股东与风险相适应的投资回报，及时偿还企业各种到期债务，使企业的各种经济资源得到充分有效的利用，为企业不断获得赢利。因此，经营者对企业财务状况的各个方面都要了然于胸。他们不仅关心企业的经营成果的表现，更关心企业财务状况变化的原因和企业经营发展的趋势。

4. 客户

客户指企业产品的购买者，在许多情况下，企业可能成为某个客户的重要的商品或劳务供应商，此时，客户就会关心企业能否长期持续经营下去，能否与之建立并维持长期的业务关系，能否为其提供稳定的货源。因此，客户关心企业的长期前景及有助于对此做出估计的获利能力指标与财务杠杆指标。

5. 政府部门

政府机构也是公司财务报表的使用人,包括税务部门、国有企业的管理部门、证券管理机构、会计监管机构和社会保障部门等。他们使用财务报表是为了履行自己的监督管理职责。

我国的政府机构既是财务报表编制规范的制定者,也是会计信息的使用者。通过财务报表分析,税务部门可以审查企业纳税申报数据的合理性,国有企业管理部门可以评价政府政策的合理性和国有企业的业绩,证券管理机构可以评价上市公司遵守政府法规和市场秩序的情况;财政部门可以审查企业遵守会计法规和财务报表制定规范的情况,社会保障部门可以评价职工的收入和就业状况。

6. 其他人士

其他进行财务分析的人士还有企业职工、竞争对手、审计师和社会公众等。

企业职工通常与企业存在长久、持续的关系,他们关心工作岗位的稳定性、工作环境的安全性以及获取报酬的前景。因而,他们对企业的获利能力和偿债能力比率都会予以关注。

竞争对手希望获取关于企业财务状况的会计信息及其他信息,借以判断企业间的相对效率。同时,还可为企业未来可能出现的企业兼并提供信息。因此,竞争对手可能把企业作为接管目标,因而他们对企业财务状况的各个方面均感兴趣。

审计师通过财务分析可以确定审计的重点。他们通过分析性检测程序,发现异常变动,并对引起变动的项目实施更细致的审计程序。

社会公众对特定企业的关心也是多方面的。他们关心企业的就业政策、环境政策、产品政策等方面。对这些方面,往往可以通过分析财务报表了解企业获利能力而获得明确的印象。

报表使用者很多,他们都有其特定的报表阅读要求,这里不再一一列举。

16.1.3 财务报表分析的程序与方法

16.1.3.1 财务报表分析的程序

财务报表分析就是利用特定的方法,对企业当前状况做出综合评价,对未来发展趋势做出预测,使会计信息真正发挥其应有的作用。报表分析一般应按以下程序进行操作。

1. 确定分析目的

在进行会计报表分析时,首先要明确分析目的,比如对赢利情况进行分析,据以预测未来年度的赢利能力,称为赢利性分析;再如对企业获取现金流量能力进行分析,以分析企业的支付能力,据以制定现金管理政策,称为流动性分析,等等。

2. 搜集所需资料

财务会计报告是企业进行财务报表分析的主要资料来源,为了全面掌握企业的经营状况,还需要搜集其他资料,如市场前景、产销情况、员工构成、技术开发,以及预测、计划、定额和标准等资料。

企业财务报表分析所需资料的来源主要有:会计报表、注册会计师查账验证报告、企业的会计政策、其他途径取得的有关资料、调查核实所获得的资料、有关部门对比分析所需的资料等。

在充分搜集了相关报表资料以后,还必须按实事求是的原则,严格按企业生产经营活动的全貌进行加工。只有这样,才能客观地、公正地、如实地反映企业经营的本来面目。

3. 确定分析与计算的方法

分析方法服从于分析目的,应当根据不同的分析目的,采用不同的分析方法。如对未来发展趋势的预测,往往需要用到回归分析法;对流动性的分析,往往需要用到比率分析法等。

根据确定的分析方法及所掌握的财务指标数据资料,进行指标计算,然后进行相应的分析,比如,在进行计划执行情况的分析时,找出实际指标与计划指标之间的差距,分析形成的原因等。

4. 报告分析结果

在分析报告中,应对分析时期、分析过程、所采用的分析方法和依据做出交代,对分析的主要内容和结果做出概括,同时还应当对分析资料、分析方法的局限性做出说明等等。

16.1.3.2 财务报表分析的方法

财务报表分析的方法有很多种,在分析过程中我们可以利用一两种方法,也可以综合运用多种方法。财务报表分析的方法是为分析的目的服务的,所以,我们应根据实际情况选择分析的方法。以下介绍几种最常用的分析方法。

1. 比较分析法

比较分析法也称对比分析法,是最基本和最常用的分析方法,是指通过两个或几个有关的经济指标的对比,找出差异,研究和评价公司经营情况的一种方法。比较分析法主要有以下几种形式:

(1)实际指标与计划指标对比,借以考核有关计划完成情况;

(2)本期实际数同上期实际数相对比,即纵向比较,借以了解有关指标在不同时期的增减变化情况;

(3)本期实际数与同行业企业的指标之间相互比较,即横向比较,通过横向比较了解公司之间的财务状况和经营成果之间的差异。

对于投资者而言,无法对实际指标与计划指标之间相对比,却可以进行纵向与横向的比较。

2. 比率分析法

比率分析法是运用各种相关指标或项目之间的比值来表现特定财务状况的分析方法。它的实际运用有两种情况:一是通过计算两个相关指标或项目的比值,以直接求得的比率为分析的结果,如流动比率、各种构成比率等;另一种是需要将计算出的比率与不同时空条件下的同一种比率数值进行比较，是比较分析法的结合运用。

比率指标可以有不同的类型，主要有以下三类。

1）结构比率

结构比率是指会计报表中个别项目数值与全部项目总和的比率。这类比率揭示了部分与整体的关系，通过不同时期结构比率的比较还可以揭示其变化的趋势。

2）效率比率

效率比率是用以计算某项经济活动中所费与所得的比率，反映投入与产出的关系。利用效率比率指标，可以进行得失的比较，考察经营成果，评价经济效益。如成本费用与销售收入比率、成本费用与利润的比率、资金占用额与销售收入比率等。

3）相关比率

相关比率是以某个项目与相关项目加以对比所得的比率，反映有关经济活动的相互关系。利用相关比率指标，可以考察有联系的相关业务安排是否合理，以保障公司运营活动能够顺利进行。如资产总额与负债总额比率、流动资产与流动负债的比率、负债与所有者权益的比率等。

3. 因素分析法

因素分析法又称因素替换法或连环替代法，是一种我国常用的分析方法。其基本原理是：按照指标组成的因素，以被比较指标为基础，按顺序分析各个因素对某财务指标的影响。当分析某一因素时，把其他具体因素当作不变的因素。由于这种方法分析的结果带有很大程度的假定性，因此，这种方法只是指明了进一步分析的方向，还应结合其他分析方法使分析结论更趋于准确。

16.1.4 财务报表分析的内容

财务报表分析一般包括企业财务结构分析、企业赢利能力分析、企业营运资金状况分析、企业偿债能力分析以及企业发展趋势分析等。

16.1.4.1 企业财务结构状况分析

企业的财务结构，指企业全部的资金来源中负债和所有者权益二者各占的比重及其比例关系，有时还包括各类资产的构成。财务报表分析首先要对企业的财务结构进行分析，从总体上了解和评价企业的财务结构是否健全，资源配置是否合理，财务实力及其安全性、平衡性的高低，企业偿债能力的大小和强弱等。如果企业的财务结构比较健全，则必然拥有雄厚的实力，能够承担经营或财务上的风险，并能够应付来自外界的冲击。分析企业的财务结构，就是要通过各项比例之间的关系，了解其财务结构是否健全，衡量企业承担风险的能力，并通过对各项指标的分析，结合企业的实际情况，确定最佳的财务结构。

16.1.4.2 企业赢利能力状况分析

赢利能力是指企业在一定时期内赚取利润的能力。不论投资者、债权人还是企业管理者，都非常关心企业的赢利能力。“一定时期”包括两个层次的内容：其一是企业在一个会计期间内从事生产经营活动的获利能力的比较与分析；其二是企业在一个较长时期内稳定获取较高利润能力的分析。赢利能力对于企业来说是至关重要的,企业从事生产经营活动的根本目的就是获取数量可观的利润和维持企业稳定、持续的经营和发展。投资者投资的目的在于获得最大的回报,因而他们最为关心企业的赢利能力;债权人特别是长期债权人的利息收益和债权收回也最终取决于企业能否赢利,因此,他们也会关心企业的赢利能力;企业管理者为了衡量业绩,发现问题,履行经营责任,当然同样会非常关心企业自身的赢利能力。总之,赢利能力分析是企业管理当局及各利害关系人最为关注的财务报表分析内容之一。

16.1.4.3 企业营运资金状况分析

企业营运资金指维持企业日常经营正常运行所需要的资金,它指企业的流动资产减去流动负债后的余额。企业会计人员、一般信用调查人员、短期债权人及投资分析人员等最关注的是企业的财务状况、信用状况及其短期偿债能力,而且只有扣除流动负债后的流动资产净额才是企业可以真正自由运用的资金。企业的日常经营活动在企业财务报表上直接反映为企业营运资金及其各项目的变化,通过对企业营运资金的分析,报表使用者可以得到各自关注的有关企业财务状况和经营状况的信息。

16.1.4.4 企业偿债能力状况分析

偿债能力是现代企业财务能力体系的重要组成部分,是企业财务能力的基本反映。对企业内部而言,通过测定企业偿债能力,有利于企业科学合理地进行筹资决策和投资决策;从企业外部来看,债权人最关心的是企业偿债能力的强弱,因为这是他们的投资能否如期收回的主要依据。偿债能力分析是企业偿还所欠债权人债务的能力分析,包括短期偿债能力分析和长期偿债能力分析两个方面。企业偿债能力的分析具有十分重要的意义。

16.1.4.5 企业发展趋势分析

企业发展趋势分析是指通过对企业会计报表的综合分析来预测未来,以帮助企业管理者规划未来,帮助投资人、债权人以及有关各方进行有效决策。

16.2 企业赢利能力状况分析

企业赢利能力是指企业获取利润的能力,企业的赢利能力越强,则其给于股东的回报越高,企业价值越大;同时赢利能力越强,带来的现金流量越多,企业的偿债能力越强。衡量赢利能力的指标有销售(营业)利润率、成本费用利润率、总资产报酬率、净资产收益率、资本保值增值率和出口每美元成本等。

16.2.1 销售(营业)利润率

销售(营业)利润率是指企业一定时期销售(营业)利润同销售(营业)收入净额的比率。它表明企业每单位销售(营业)收入能带来多少销售(营业)利润,反映了企业主营业务的赢利能力,是评价企业经营效益的主要指标。其计算公式为:

$$销售(营业)利润率=\frac{销售(营业)利润}{销售(营业)收入净额}\times 100\%$$

上式中,销售(营业)利润是指企业销售(营业)收入扣除销售(营业)成本、销售(营业)费用、销售(营业)税金及附加后的利润,不包括其他业务利润、长期投资收益、营业外收支等因素。销售(营业)利润的主要组成部分是企业的主营业务利润,主营业务利润是企业全部利润中最为重要的部分,是影响企业整体经营成果的主要因素。

销售(营业)利润率是从企业主营业务的赢利能力和获利水平方面对资本金收益率指标的进一步补充,体现了企业主营业务利润对利润总额的贡献以及对企业全部收益的影响程度。

销售(营业)利润率体现了企业经营活动最基本的获利能力,没有足够高的销售(营业)利润率就无法形成企业的最终利润,为此,结合企业的销售(营业)收入和销售(营业)成本分析,能够充分反映企业成本控制、费用管理、产品营销、经营策略等方面的业绩及存在的不足。该指标越高,说明企业产品或商品定价科学,产品附加值高,营销策略得当,主营商品市场竞争力强,发展潜力大,赢利水平高。

从利润表来看,企业的利润可以分为5个层次:商品销售毛利、商品经营利润、营业利润、利润总额、净利润。其中利润总额和净利润包含着非销售利润,所以,能够直接反映销售赢利能力的指标是:

$$毛利率=\frac{商品销售毛利}{主营业务收入}\times 100\%$$

$$商品经营利润率=\frac{商品经营利润}{主营业务收入}\times 100\%$$

$$营业利润率=\frac{营业利润}{主营业收入}\times 100\%$$

另两个指标是评价企业总的赢利能力:

$$销售利润率=\frac{利润总额}{主营业务收入}\times 100\%$$

$$销售净利率=\frac{净利润}{主营业务收入}\times 100\%$$

由于产品销售业务是企业的主营业务活动,因此,经营利润水平的高低对企业总体能力有着举足轻重的影响。同时,通过考察经营利润占整个利润总额比重的升降,可以发现企业经营理财状况的稳定性、面临的危险或可能出现的转机迹象。

16.2.2 成本费用利润率

成本费用利润率是指企业一定时期的利润总额同企业成本费用总额的比率。成本费用利润率表示企业为取得利润而付出的代价,从企业支出方面补充评价企业的收益能力。其计算公式为:

$$成本费用利润率=\frac{利润总额}{成本费用总额}\times100\%$$

上式中，成本费用总额是指企业销售（营业）成本、营业费用、管理费用、财务费用之和。利润总额是指企业的净利润加上所得税。

成本费用利润率是从企业内部管理等方面，对资本收益状况的进一步修正，该指标通过直接比较企业收益与支出，能客观地评价企业的获利能力。

成本费用利润率指标从耗费角度补充评价企业收益状况，有利于促进企业加强内部管理，节约支出，提高经济效益。该指标越高，表明企业为取得收益所付出的代价越小，企业成本费用控制的越好，企业的获利能力越强。

同利润一样，成本也可以分为几个层次：主营业务成本、经营成本（主营业务成本＋营业费用＋主营业务税金及附加）、营业成本（经营成本＋管理费用＋财务费用＋其他业务成本）、税前成本（营业成本＋营业外支出）和税后成本（税前成本＋所得税）。因此，反映企业成本利润关系的具体指标有如下几种：

$$销售成本毛利率=\frac{商品销售毛利}{主营业务成本}\times100\%$$

$$经营成本利润率=\frac{商品经营利润}{商品经营成本}\times100\%$$

$$营业成本利润率=\frac{营业利润}{营业成本}\times100\%$$

$$税前成本利润率=\frac{利润总额}{税前成本}\times100\%$$

$$税后成本利润率=\frac{净利润}{税后成本}\times100\%$$

综合来看，各种销售利润率和各种成本利润率是按生产、销售的各个步骤逐层计算的。因此，研究各个步骤的利润率可以查找生产销售环节的各个费用开支的情况，便于找到成本管理的薄弱环节，重点突破。

16.2.3 总资产报酬率

总资产报酬率是指企业一定时期内获得的报酬总额与平均资产总额的比率。总资产报酬率表示企业包括净资产和负债在内的全部资产的总体赢利能力，是评价企业资产运营效益的重要指标。其计算公式为：

$$总资产报酬率=\frac{利润总额+利息支出}{平均资产总额}\times100\%$$

上式中，利润总额是指企业实现的全部利润，包括企业当年营业利润、投资收益、补贴收入、营业外收支净额等项内容，如为亏损，以“－”号表示；利息支出是指企业在生产经营过程中实际支出的借款利息、债券利息等；平均资产总额是指企业资产总额年初数与年末数的平均值，即：

$$平均资产总额=\frac{期初资产总额+期末资产总额}{2}$$

总资产报酬率表示企业全部资产获取收益的水平，全面反映了企业的获利能力和投入产出状况。通过对该指标的深入分析，可以增强各方面对企业资产经营的关注，促进企业提高单位资产的收益水平。

一般情况下，企业可将此指标与市场资本利率进行比较，如果该指标大于市场利率，则表明企业可以充分利用财务杠杆，进行负债经营，以获取收益的最大化。总资产报酬率越高，表明企业的资产利用效益越好，整个企业赢利能力越强，经营管理水平越高。

16.2.4 净资产收益率

净资产收益率是指企业一定时期内的净利润同平均净资产的比率。净资产收益率充分体现了投资者投入企业的自有资本获取净收益的能力，突出反映了投资与报酬的关系，是评价企业资本经营效益的核心指标。净资产收益率的计算公式是：

$$净资产收益率 = \frac{净利润}{平均净资产} \times 100\%$$

上式中，净利润是指企业的税后利润，即利润总额扣除应交所得税后的净额，是未作任何分配的数额。由于净利润受各种政策等其他人为因素影响较少，能够比较客观、综合地反映企业的经济效益，准确体现投资者投入资本的获利能力。平均净资产是企业年初所有者权益同年末所有者权益的平均数，即：

$$平均净资产 = \frac{所有者权益年初数 + 所有者权益年末数}{2}$$

所有者权益包括实收资本、资本公积、盈余公积和未分配利润。

净资产收益率是评价企业自有资本及其积累获取报酬水平的最具综合性与代表性的指标，又称权益净利率，反映企业资本运营的综合效益。该指标通用性强，适应范围广，不受行业局限。

通过对净资产收益率指标的综合对比分析，可以看出企业获利能力在同行业中所处的地位以及与同类企业的差异水平。

企业净资产收益率越高，企业自有资本获取收益的能力越强，对企业投资人、债权人投资的保障程度越高。

16.2.5 资本保值增值率

资本保值增值率是指企业本年末所有者权益扣除客观增减因素后同年初所有者权益的比率。资本保值增值率表示企业当年资本在企业自身努力下的实际增减变动情况，它反映了企业对股东股本的保值增值能力。是评价企业财务效益状况的辅助指标。其计算公式为：

$$资本保值增值率 = \frac{扣除客观因素后的年末所有者权益}{年初所有者权益} \times 100\%$$

资本保值增值率是根据“资本保全”原则设计的指标，更加谨慎、稳健地反映了企业资本保全和增值状况。它充分体现了对所有者权益的保护，能够及时、有效地发现侵蚀所有者权益的现象。该指标越高，表明企业的资本保全状况越好，所有者的权益增长越快，债权人的权益越有保障，企业发展后劲越强。

资本保值增值率大于100%，说明所有者权益增加，如小于100%，则表明企业资本受到侵蚀，所有者权益遭受损失。

16.2.6 出口每美元成本

出口每美元成本反映企业出口换取每个美元外汇所发生的人民币成本，它是分析出口成本及盈亏的重要指标，对计算分析出口商品的成本、盈亏原因，调整出口商品结构，降低出口成本具有重要的作用。该项指标既可以按出口商品总成本来计算分析，也可以按商品分类或单项商品来分别计算分析，其计算公式为：

$$\text{出口每美元成本(人民币)}=\frac{\text{出口商品总成本(人民币)}}{\text{出口商品销售收入(美元)}}$$

出口商品总成本 = 出口商品进价 + 出口直接费用 + 应摊的间接费用（如管理费用、财务费用）+ 出口关税 − 应退消费税

上述数据来自出口商品成本及盈亏表和有关成本核算表。

16.3 企业营运资金状况分析

企业营运能力分析是对企业资金周转状况进行的分析，资金周转得越快，说明资金利用效率越高，企业的经营管理水平越好。

营运能力指标包括应收账款周转率、存货周转率、营业周期、流动资产周转率、不良资产比率和总资产周转率等指标。

16.3.1 应收账款周转率

应收账款周转率又称应收账款周转次数，指年度内应收账款转为现金的平均次数，它说明应收账款的变现速度。从时间角度分析，反映企业应收账款变现的指标应该是应收账款周转天数，即企业从发生应收账款到收回现金所需要的时间。其计算公式为：

$$\text{应收账款周转率(次)}=\frac{\text{销售(营业)收入净额}}{\text{应收账款平均余额}}$$

上式中，应收账款是指企业因赊销产品、材料、物资和提供劳务而应向购买方收取的各种款项。应收账款平均余额是指应收账款年末与年初的平均数。

企业的应收账款周转率越高，平均收账期越短，说明企业的应收账款回收得越快；反之，则企业的营运资金过多地呆滞在应收账款上，会严重影响企业资金的正常周转。

应收账款周转率反映了企业应收账款的流动速度，即企业本年度内应收账款转为现金的平均次数。用时间表示的周转速度称为平均应收账款回收期，即应收账款周转天数，其计算方法为：

$$应收账款周转天数 = \frac{360}{应收账款周转率}$$

应收账款在流动资产中占较大份额，及时收回应收账款，能够减少营运资金在应收账款上的占用，从而提高企业的资金利用效率。

采用这项指标的目的在于促进企业通过合理制定赊销政策、严格销货合同管理、及时结算等途径加强应收账款的前后期管理，加快应收账款回收速度，活化企业营运资金。由于季节性经营、大量采用分期收款或现金方式结算等都可能使这项指标结果失实，所以，应结合企业的前后期间、行业平均水平进行综合评价。

16.3.2 存货周转率

存货周转率也叫存货周转次数，是企业一定时期的主营业务成本与平均存货的比率。存货周转率可用以测定企业存货的变现速度，衡量企业的销货能力及存货是否储备过量。它是对企业供、产、销各环节管理状况的综合反映。

用时间表示的存货周转率就是存货周转天数，指企业的存货自入库登账之日起到发运出售之日止的平均天数。其计算公式为：

$$存货周转率（周转次数）= \frac{主营业务成本}{存货平均余额}$$

$$= \frac{主营业务成本}{（期初存货 + 期末存货）\div 2}$$

$$存货平均周转天数 = \frac{360}{存货周转率}$$

企业存货的周转速度越快，存货的资金占用水平就越低，流动性就越强，存货的变现速度越快。所以，提高存货周转率可以提高企业的变现能力。

在外经贸企业中，存货在流动资产中所占比重较大，因此必须重视存货周转率的分析研究。采用本指标的目的在于针对存货管理中存在的问题，促使企业在保证生产经营连续性的同时，提高资金的使用效率，增强企业的短期偿债能力。

运用这项指标时，还应综合考虑进货批量、生产销售的季节性变动以及存货结构等因素。

16.3.3 营业周期

企业的营业周期是指企业从取得存货开始到销售存货并收回现金为止的时间。营业周期的长短取决于存货周转天数和应收账款周转天数。其计算公式为：

营业周期 = 存货周转天数 + 应收账款周转天数

营业周期说明企业需要多长时间能将期末存货全部变成现金。一个企业的营业周期短，说明资金周转速度快；营业周期长，说明资金周转速度慢。由于营业周期的长短取决于存货周转率和应收账款周转天数，所以决定企业资产流动性强弱的主要因素是存货周转天数和应收账款周转天数。

16.3.4 流动资产周转率

流动资产周转率又叫流动资产周转次数，是销售（营业）收入净额与全部流动资产平均总额的比率。它反映的是全部流动资产的利用效率。用时间表示流动资产周转速度的指标叫流动资产周转天数，它表示流动资产平均周转一次所需的时间。是评价企业资产利用效率的另一主要指标。流动资产周转率计算公式为：

$$\text{流动资产周转率（次数）}=\frac{\text{销售（营业）收入净额}}{\text{流动资产平均总额}}$$

上式中，流动资产平均总额是指企业流动资产总额的年初数与年末数的平均值。即：

$$\text{流动资产平均总额}=\frac{\text{年初流动资产总额}+\text{年末流动资产总额}}{2}$$

流动资产周转率是分析流动资产周转情况的一个综合指标。流动资产周转快，会相对节约流动资产，相当于扩大了企业资产投入，增强了企业赢利能力；反之，若周转速度慢，为维持正常经营，企业必须不断投入更多的资源，以满足流动资产周转需要，导致资金使用效率低，也降低了企业赢利能力。

要实现该指标的良性变动，应以销售（营业）收入增幅高于流动资产增幅作保证。在企业内部，通过对该指标的分析对比，一方面可以促进企业加强内部管理，充分有效地利用其流动资产，如降低成本、调动暂时闲置的货币资金用于短期投资创造收益等；另一方面也可以促进企业采取措施扩大销售，提高流动资产的综合使用效率。

16.3.5 不良资产比率

不良资产比率是企业年末不良资产总额占年末资产总额的比重。不良资产比率是从企业资产管理角度对企业资产营运状况进行的修正。其计算公式为：

$$\text{不良资产比率}=\frac{\text{年末不良资产总额}}{\text{年末资产总额}}\times 100\%$$

上式中，年末不良资产总额是指企业资产中存在问题，难以参加正常生产经营运转的部分，主要包括3年以上应收账款、积压商品物资和不良投资等。年末资产总额指企业资产总额的年末数。

不良资产比率着重从3年以上应收账款、积压商品物资和不良投资3个主要方面反映企业资产的质量，揭示企业在资产管理和使用上存在的问题，用以对企业资产的营运状况进行补充修正。这项指标有利于企业发现自身不足，改善管理，提高资产利用效率。

一般情况下，不良资产比率越高，表明企业资产沉积、经营潜亏、不能正常参加经营运转的资金越多、资金利用率越差。该指标越小越好。

16.3.6 总资产周转率（次）

总资产周转率是指企业一定时期销售（营业）收入净额同平均资产总额的比值。

总资产周转率是综合评价企业全部资产经营质量和利用效率的重要指标。其计算公式为：

$$总资产周转率(次)=\frac{销售(营业)收入净额}{平均资产总额}$$

上式中，销售（营业）收入净额是指企业当期销售产品、商品、提供劳务等主要经营活动取得的收入减去销售折扣与折让后的数额。

总资产周转率是考察企业资产运营效率的一项重要指标，体现了企业经营期间全部资产从投入到产出周而复始的流转速度，反映了企业全部资产的管理质量和利用效率。由于该指标是一个包容性较强的综合指标，因此，从因素分析的角度来看，它要受到流动资产周转率、应收账款周转率和存货周转率等指标的影响。

该指标通过当年已实现销售价值与全部资产比较，反映出企业一定时期的实际产出质量及对每单位资产实现的价值补偿。通过该指标的对比分析，不但能够反映出企业本年度及以前年度总资产的运营效率及其变化，而且能发现企业与同类企业在资产利用上存在的差距，促进企业挖掘潜力、积极创收、提高产品市场占有率、提高资产利用效率。

总资产周转次数越多，周转天数越少，则表明企业全部资产的利用效率越高，获利能力就越强。

16.4 企业偿债能力状况分析

企业资产负债表从静态上全面反映了企业财务状况，为分析企业的资产负债结构及偿债能力创造了条件。企业偿债能力分为短期偿债能力和长期偿债能力。

企业偿债能力指标包括流动比率、速动比率、现金流动负债比率、资产负债率、已获利息倍数和长期资产适合率等。

16.4.1 企业短期偿债能力分析

短期偿债能力是指企业偿还短期债务的能力，通常指企业流动资产对流动负债的担保程度。

企业短期偿债能力的分析主要包括以下内容。

(1)银行短期借款偿还能力。企业在申请得到银行短期借款后，应该根据债务契约的规定，在规定日期前归还借款。由于银行会根据企业的信用来决定以后是否再继续贷款给企业，所以，企业应该及时归还银行本金及利息。

(2)应付账款归还能力。应付账款是在1年内必须偿还的购货款。应付账款也有一个信用问题，企业要想保持自己良好的信誉就应该及时归还。

短期偿债能力还包括应付工资、应付税金及短期负债的归还能力。

衡量企业短期偿债能力的指标有3项。

1. 流动比率

流动比率即流动资产与流动负债的比率。表明企业每一天流动负债有多少流动资产来作为偿还的保证，其计算公式为：

$$流动比率=\frac{流动资产}{流动负债}\times 100\%$$

上式中，流动资产指企业可以在1年或超过1年的一个营业周期内变现或被耗用的资产。流动负债是指偿还期限在1年或者超过1年的一个营业周期以内的债务。

流动比率是衡量企业资金流动性的大小，充分考虑流动资产规模与流动负债规模之间的关系，判断企业短期债务到期前，企业资产可以转化为现金用于偿还流动负债的能力。

企业流动比率越高，企业流动资产流转得越快，偿还流动负债的能力越强，表明企业财务状况稳定可靠，除了满足日常生产经营的流动资金需要外，还有足够的财力偿付到期的短期债务。但须注意，该指标若过高则表明企业流动资产占用较多，会影响资金的使用效率，进而影响获利能力，对企业的生产经营也不利。

国际上公认标准比率为200%，我国较好的比率为150%左右。

【例16-1】 设某外贸企业流动资产为31 200万元，流动负债为16 000万元，则其流动比率为：

$$\frac{31\ 200\text{万元}}{16\ 000\text{万元}}\times 100\% = 195\%$$

即流动比率是195%。这就意味着该企业流动资产是流动负债的1.95倍。相当于对每1元的流动负债，企业都有1.95元的流动资产为其作保障。

运用流动比率时，必须注意以下几个问题。

(1)虽然流动比率越高，企业偿还短期债务的流动资产保证程度越强，但这并不等于说企业已有足够的现金或存款用来偿债。流动比率高也可能是存货积压、应收账款增多且收账期延长以及待摊费用和待处理财产损失增加所致，而真正可用来偿债的现金和存款却严重短缺。所以，企业应在分析流动比率的基础上，进一步对现金流量加以分析。

(2)从短期债权人的角度看，自然希望流动比率越高越好。但从企业经营角度看，过高的流动比率通常意味着企业闲置现金的持有量过多，必然降低企业现金的获利能力。因此，应合理调整这一结构，降低货币资金的闲置水平。

(3)流动比率是否合理，不同的企业以及同一企业不同时期的评价标准是不同的，因此，不应用统一的标准来评价各企业流动比率合理与否。

2. 速动比率

速动比率是指企业速动资产与流动负债的比率。所谓速动资产，是指流动资产减去变现能力较弱且不稳定的存货、待摊费用、待处理流动资产损失等后的余额。我们也可把速动比率看作流动比率的一种特殊情况。

由于速动资产剔除了存货等变现能力较弱且不稳的资产，速动比率比流动比率更能客观、准确、可靠地反映企业的短期偿债能力。其计算公式为：

$$速动比率=\frac{速动资产}{流动负债}\times 100\%$$

上式中，速动资产是指扣除存货后流动资产的数额，即：

$$速动资产=流动资产-存货$$

一般认为速动资产包括现金和应收账款两部分，可方便计算。

速动比率是对流动比率的补充，是在剔除了流动资产中变现力较差的存货后，计算企业实际的短期债务偿还能力较为准确。该指标越高，表明企业偿还流动负债的能力越强，但指标过高也表明企业资金利用效率低。合理的速动比率表明企业既有好的债务偿还能力，又有合理的资产结构。国际上公认的标准速动比率为100%，即速动比率为1时是安全边际。我国目前较好的速动比率在90%左右。但由于行业间的关系，速动比率合理水平值的差异较大，在实际运用中，应结合行业特点分析判断。

【例16-2】 如果上述外贸企业有速动资产15 680万元，流动负债仍为16 000万元，则速动比率为：

$$\frac{15\ 680\ 万元}{16\ 000\ 万元}\times 100\% = 98\%$$

在分析时需注意的是：尽管速动比率较之流动比率更能反映出流动负债偿还的安全性和稳定性，但并不能认为速动比率较低的企业的流动负债到期绝对不能偿还。实际上，如果企业存货流转顺畅，变现能力较强，即使速动比率较低，只要流动比率高，企业仍然有望偿还到期的债务本息。

3. 现金比率

现金比率是企业的现金类资产与流动负债的比率。所谓现金类资产包括企业拥有的货币资金和持有的有价证券。

一般速动资产扣除应收账款后的余额即为现金类资产。这是因为应收账款存在不能按时收回的可能，所以，把应收账款这一项目排除掉，现金比率就更能直接反映企业偿付流动负债的能力。其计算公式为：

$$现金比率=\frac{现金+有价证券}{流动负债}\times 100\%$$

【例16-3】 如果上述外贸企业有速动资产15 680万元，其中包括应收账款5 000万元，流动负债16 000万元，则该外贸企业的现金比率为：

$$\frac{15\ 680\ 万元-5\ 000\ 万元}{16\ 000\ 万元}\times 100\% = 66.75\%$$

从企业经营角度看，现金比率较高，最能反映企业短期偿债能力。但现金比率也不能过高，企业不可能、也没必要保留过多的现金类资产。这一比率过高，意味着企业流动负债未得到充分利用，存在资金闲置的情况。

16.4.2 企业长期偿债能力分析

企业长期偿债能力，指企业偿还长期债务的能力。反映企业长期偿债能力的指标有五项。

1. 资产负债率

资产负债率是指企业负债总额与资产总额的比率，也称负债比率。该比率表明企业中由债权人提供的资金来源占资金总来源的比重。这一比重越小，企业资产对债权人权益的保障程度也就越高，企业的长期偿债能力也就越强。其计算公式为：

$$资产负债率=\frac{负债总额}{资产总额}\times 100\%$$

公式中的负债总额指企业的全部负债，不仅包括长期负债，而且包括流动负债。这是因为，就一笔流动负债而言，企业要在短期内偿还，但在企业长期的经营活动中，流动负债总是被长期占用的。比如：一项应付账款在短期内要偿还，但由于经营的需要，企业总是要长期地保持一定数量的应付账款，这部分应付账款就成为企业长期资本来源的一部分。因此，将流动负债包括在负债总额内，用于计算资产负债率是合理的。公式中的资产总额指企业的全部资产总额，包括流动资产、固定资产、长期投资、无形资产和递延资产等。

财务理论通常认为，存在所得税和市场不完善的市场情况下，企业存在一个最佳的资本结构。但是，至少目前人们还不能准确计算出一个企业的最佳资本结构。

企业的目标资本结构，是根据成功企业的经验数据得出的。一般认为，资产负债率的适宜水平是40%～60%。

企业对债务的态度除了国家或地区差别之外，不同行业也有差别。对于经营风险比较高的企业，为减少财务风险应选择比较低的资产负债率，例如许多高科技的企业负债率都比较低；对于经营风险低的企业，为增加股东收益应选择比较高的资产负债率。

【例16-4】 某外贸加工企业资产总额为800 000万元，流动负债为465 000万元，长期负债15 000万元，负债总额为480 000万元，则企业资产负债率为：

$$\frac{480\ 000万元}{800\ 000万元}\times 100\%=60\%$$

如果此项比率较大，从企业所有者来说，利用较少量的自有资金投资，形成较多的生产经营用资产，不仅扩大了生产经营规模，而且在经营状况良好的情况下，还可以利用财务杠杆作用，得到较多的投资利润。但如果这一比率过大，则表明企业的债务负担重，企业资金实力不强，不仅对债权人不利，而且企业有濒临倒闭的危险。

2. 有形资产负债率

在企业资产总额中，有一些项目，如待摊费用、待处理财产损失、无形资产等，其本身并无直接的变现能力，通俗地说，就是变不成现钱。把这些项目放在资产负债率中一并考虑就必然降低了这一比率的可靠性。因此,我们在资产总额中减去无形资产、待摊费用、待处理财产损失等项目,提出有形资产这一概念。有形资产负债率计算公式为:

$$有形资产负债率=\frac{负债总额}{有形资产总额}$$

$$有形资产总额=资产总额-(无形资产及递延资产+待摊费用+待处理财产损失)$$

有形资产负债率比资产负债率更能稳定地反映企业的长期偿债能力。

3. 产权比率

产权比率是指企业的负债总额与所有者权益的比率。运用这一比率评价企业财务结构是否稳定合理,它反映了企业的所有者权益对债权人权益的保障程度,其计算公式为:

$$产权比率=\frac{负债总额}{所有者权益}\times 100\%$$

这个指标是通过企业负债与所有者权益进行对比来反映企业资金来源的结构比例关系,主要是用于衡量企业的风险程度和对债务的偿还能力。这个指标越大,表明风险越大;反之,则越小。同理,这一比率越低,表明企业的长期偿债能力越强,债权人将资金借给企业时承担的风险越小。

如果认为资产负债率应当在40%~60%之间,则意味着产权比率大约应当维持在70%~150%之间。

【例16-5】 上例某外贸加工企业资产总额800 000万元,负债总额为480 000万元,即所有者权益为320 000万元,则企业的产权比率为:

$$\frac{480\ 000\text{万元}}{320\ 000\text{万元}}\times 100\%=150\%$$

4. 有形净值负债率

有形净值负债率与有形资产负债率相似,净资产中也有一些项目变现力较差,如无形资产等。所以,有形净值是所有者权益扣除无形资产后的余额。有形净值负债率的计算公式为:

$$有形净值负债率=\frac{负债总额}{有形净值总额}\times 100\%$$

$$有形净值=所有者权益(净资产)-无形资产$$

5. 利息保障倍数

利息保障倍数又叫已获利息倍数,是指企业未付利息费用和所得税费用之前的利润与利息费用的比率,反映企业利润额对债务偿付的保证程度。其计算公式为:

$$利息保障倍数=\frac{税前利润+利息费用}{利息费用}$$

利息保障倍数指标反映了当期企业经营收益是所需支付的债务利息的多少倍,

从偿债资金来源角度考察企业债务利息的偿还能力。如果利息保障倍数适当，表明企业偿付债务利息的风险小。因企业所处的行业不同，利息保障倍数有不同的标准界限，国际上公认的利息保障倍数为3。一般情况下，该指标如大于1，则表明企业负债经营能够赚取比利息更高的利润，但这仅表明企业能维持经营，还远远不够，如小于1，则表明企业无力赚取大于利息的利润，企业债务风险很大。

【例16-6】某企业本年税前利润为3 000 000万元，财务费用中债务利息为500 000万元，则该企业利息保障倍数为：

$$\frac{3\ 000\ 000+500\ 000}{500\ 000}=7$$

从长期看，若要维持企业基本的偿债能力，利息保障倍数至少应大于1。该企业的利息保障倍数为7，说明企业的长期偿债能力很强。

16.5 企业发展能力状况分析

企业的发展能力，也称企业的成长性，它是企业通过自身的生产经营活动，不断扩大积累而形成的发展潜能。企业能否健康发展取决于多种因素，包括外部经营环境、企业内在素质及资源条件等。

企业内部的发展资金，主要来源于企业的销售收入和企业降低开支而节约的资金。

企业可动用的资金总额是企业实际收入和实际支出之差，是企业真正拥有的自身发展能力。企业可动用的资金总额实际上也是企业真正拥有的现金支付能力，是企业现金支付能力的累计结存额。

企业发展能力状况分析指标一般包括销售（营业）增长率、资本积累率、总资产增长率、固定资产成新率、三年利润平均增长率和三年资本平均增长率等。

1. 销售（营业）增长率

销售（营业）增长率是指企业本年销售（营业）收入增长额同上年销售（营业）收入总额的比率。

销售（营业）增长率指标表示，企业销售（营业）收入与上年相比的增减变动情况，是评价企业成长状况和发展能力的重要指标。其计算公式为：

$$销售（营业）增长率=\frac{本年销售（营业）增长额}{上年销售（营业）总额}\times 100\%$$

上式中，上年销售（营业）收入总额指企业上年全年销售（营业）收入总额，本年销售（营业）增长额是企业本年销售（营业）收入与上年销售（营业）收入的差额，即：

本年销售（营业）增长额=本年销售（营业）收入-上年销售（营业）收入

如本年销售（营业）收入低于上年，本年销售（营业）收入增长额用“-”表示。

销售（营业）增长率是衡量企业经营状况和市场占有能力、预测企业经营业务拓展趋势的重要标志，也是企业扩张增量和存量资本的重要前提。不断增加的销售（营业）收入，是企业生存的基础和发展的条件，世界500强的排序主要就是以企业销售收入的多少为依据的。

该指标若大于0，表示企业本年的销售（营业）收入有所增长，指标值越高，表明增长速度越快，企业市场前景越好；若该指标小于0，则说明企业产品不能适应市场需求、质次价高，或是在售后服务等方面存在问题，产品销售不畅，市场份额萎缩。

该指标在实际操作时，应结合企业历年的销售（营业）水平、市场占有率情况、行业未来发展及其他影响企业发展的潜在因素进行前瞻性预测，或者结合企业前三年的销售（营业）收入增长率做出趋势性分析判断。

2. 资本积累率

资本积累率是指企业本年所有者权益增长额同年初所有者权益的比率。资本积累率指标表示企业当年资本的积累能力，是评价企业发展潜力的重要指标。其计算公式为：

$$资本积累率=\frac{本年所有者权益增长额}{年初所有者权益}\times 100\%$$

上式中，年初所有者权益是指所有者权益的年初数，本年所有者权益增长额是指企业本年所有者权益与上年所有者权益的差额，即：

本年所有者权益增长额 = 所有者权益年末数—所有者权益年初数

资本积累率是企业当年所有者权益总的增长率，反映了企业所有者权益在当年的变动水平。资本积累率体现了企业资本的积累情况，是企业发展强盛的标志，也是企业扩大再生产的源泉，展示了企业的发展活力。同时，资本积累率也反映了投资者投入企业资本的保全性和增长性，该指标越高，表明企业的资本积累越多，资本保全性越强，应付风险、持续发展的能力越大。该指标如为负值，表明企业资本受到侵蚀，所有者利益受到损害，应予充分重视。

3. 总资产增长率

总资产增长率是企业本年总资产增长额同年初资产总额的比率。总资产增长率衡量企业本期资产规模的增长情况，评价企业经营规模总量上的扩张程度。总资产增长率指标是考核企业发展能力的重要指标。其计算公式为：

$$总资产增长率=\frac{本年总资产增长额}{年初资产总额}\times 100\%$$

上式中，本年总资产增长额是指资产总额年末数与年初数的差额，即：

本年总资产增长额 = 资产总额年末数 - 资产总额年初数

如本年资产总额减少，用“ - ”表示。

总资产增长率指标是从企业资产总量扩张方面衡量企业的发展能力，表明企业规模增长水平对企业发展后劲的影响。该指标越高，表明企业一个经营周期内资产经营规模扩张的速度越快。但实际操作时，应注意资产规模扩张的质与量的关系以及企业的后续发展能力和管理水平，避免资产盲目扩张。

4. 固定资产成新率

固定资产成新率是企业当期平均固定资产净值同平均固定资产原值的比率。其计算公式为：

$$固定资产成新率=\frac{平均固定资产净值}{平均固定资产原值}\times 100\%$$

上式中，平均固定资产净值是指企业固定资产净值的年初数与年末数的平均值。平均固定资产原值是指企业固定资产原值的年初数与年末数的平均值。

固定资产成新率反映了企业所拥有的固定资产的新旧程度，体现了企业固定资产更新的快慢和持续发展的能力。该指标高，表明企业固定资产比较新，对扩大再生产的准备比较充足，发展的可能性比较大。

在运用该指标分析固定资产新旧程度时，应剔除企业应提未提折旧对房屋、机器设备等固定资产真实状况的影响。

5. 三年利润平均增长率

三年利润平均增长率表明企业利润的连续三年增长情况，体现企业的发展潜力。其计算公式为：

$$三年利润平均增长率=\sqrt[3]{\frac{本年利润总额}{三年前年末利润总额}}-1$$

上式中，三年前年末利润总额指企业三年前的利润总额数。假如评价企业 2007 年的效绩状况。则三年前年末利润总额是指 2004 年利润总额年末数。

利润是企业积累和发展的基础，该指标越高，表明企业积累越多，可持续发展能力越强，发展的潜力越大。利用三年利润平均增长率指标，能够反映企业的利润增长趋势和效益稳定程度，较好地体现企业的发展状况和发展能力，避免因少数年份利润不正常增长而对企业发展潜力的错误判断。

6. 三年资本平均增长率

三年资本平均增长率表示企业资本连续三年的积累情况，体现企业的发展水平和发展趋势。其计算公式为：

$$三年资本平均增长率=\sqrt[3]{\frac{本年所有者权益}{三年前年末所有者权益}}-1$$

上式中，三年前年末所有者权益指企业三年前的所有者权益年末数。假如评价 2007 年企业效绩状况，三年前所有者权益年末数是指 2004 年年末数。

由于一般增长率指标在分析时具有“滞后”性，仅反映当期情况，而利用该指标，能够反映企业资本保值增值的历史发展状况以及企业稳步发展的趋势。该指标越高，表明企业所有者权益得到的保障程度越大，企业可以长期使用的资金越充足，抗风险和保持连续发展的能力越强。

企业发展能力主要用于技术改造、扩大生产、产品更新换代等各项投资活动，也可直接运用于企业当前生产经营活动之中，以改善资金结构或消除生产经营环节的不协调因素。

企业以未来实现的自我发展能力投资于简单再生产或者扩大再生产，是一种以当前确定的支出来换取企业未来预期获利的风险活动。因此企业自身发展能力的使用也就是对企业投资方案的选择。如果投资回收期短，预计投资收益大于投资所需的支出，投资方案就可行。投资方案的选择通常使用投资赢利率和投资回收期两项指标。

参 考 文 献

[1] 于强. 基础会计[M]. 天津:天津大学出版社,2006.
[2] 2007 年度注册会计师全国统一考试辅导教材. 会计[M]. 北京:中国财政经济出版社,2007.
[3] 王秀丽. 财务会计[M]. 北京:中国对外经济贸易出版社,2002.
[4] 2007 年度全国会计专业技术资格考试辅导教材. 初级会计实务[M]. 北京:中国财政经济出版社,2007.
[5] 2007 年度全国会计专业技术资格考试辅导教材. 中级会计实务[M]. 北京:中国财政经济出版社,2007.
[6] 戴德明,林钢,赵西卜. 财务会计学[M]. 北京:中国人民大学出版社,2006.
[7] 于强. 外商投资企业会计实务[M]. 天津:天津大学出版社,2007.
[8] 于小镭. 新企业会计实务讲解[M]. 北京:机械工业出版社,2007.
[9] 企业会计准则——基本准则,2006 年 2 月 15 日财政部发布.
[10] 企业会计准则第 12 号——债务重组,2006 年 2 月 15 日财政部发布.
[11] 企业会计准则第 13 号——或有事项, 2006 年 2 月 15 日财政部发布.
[12] 企业会计准则第 18 号——所得税,2006 年 2 月 15 日财政部发布.
[13] 企业会计准则第 28 号——会计政策、会计估计变更和差错更正,2006 年 2 月 15 日财政部发布.
[14] 企业会计准则第 30 号——财务报表列报,2006 年 2 月 15 日财政部发布.
[15] 企业会计准则第 31 号——现金流量表,2006 年 2 月 15 日财政部发布.
[16]《企业会计准则第 18 号——所得税》应用指南,2006 年 10 月 30 日财政部发布.
[17]《企业会计准则第 30 号——财务报表列报》应用指南,2006 年 10 月 30 日财政部发布.
[18]《企业会计准则第 31 号——现金流量表》应用指南,2006 年 10 月 30 日财政部发布.
[19] 企业会计准则应用指南(附录 - 会计科目和主要账务处理). 2006 年 10 月 30 日财政部发布.
[20] 丁园林. 外贸会计[M]. 上海:立信会计出版社,2004.
[21] 2005. 商务部规划司,中国对外经济贸易会计学会. 对外经济贸易会计基础工作手册.